ΣBEST シグマベスト

シグマ基本問題集

英文法

文英堂編集部 編

ENGLISH GRAMMAR

文英堂

特色と使用法

◎**「シグマ基本問題集 英文法」**は，問題を解くことによって教科書の内容を基本からしっかり理解していくことをねらった**日常学習用問題集**である。編集にあたっては，次の点に気を配り，これらを本書の特色とした。

学習しやすい小項目主義

➡ 学校の授業にあわせて学習しやすいように，**「英文法」**の内容を 32 項目に分けた。これにより，1つ1つの内容をしっかりと身につけることができる。

「基本問題」と「応用問題」の２段階編集

➡ **基本問題**は教科書の内容を理解するための問題で，**応用問題**は教科書の知識を応用して解く発展的な問題である。どちらにも小問ごとに ◦できたらチェック 欄を設けてあるので，できたかどうかをチェックし，弱点の把握に役立ててほしい。また，解けない問題は ガイド などを参考にして，できるだけ自分で考えよう。

定期テスト対策も万全

➡「基本問題」のなかで定期テストに出やすい問題には テスト必出 を，「応用問題」のなかで定期テストに出やすい問題には 差がつく マークをつけた。テスト直前には，これらの問題をもう一度解き直そう。また，巻末には**「文法総仕上げ問題」**を２回入れた。最後に文法の総合的な力を試そう。できるだけ辞書を引かず，また標準時間内で解く練習をしておくこと。

「理解しやすい英文法」と連係

➡ 本書の 32 の項目は基本的に文英堂版**「理解しやすい英文法」**の章立てに準じている。より詳しく各文法項目を学習したいときには同書の使用を勧める。

くわしい解説つきの別冊正解答集

➡ 解答は答え合わせをしやすいように別冊とし，問題の解き方が完璧(かんぺき)にわかるようにくわしい解説をつけた。全問題文に**日本語訳**をつけたので，英文の理解に役立ててほしい。また， テスト対策 では，定期テストなどの試験対策上のアドバイスや留意点を示した。大いに活用してほしい。

もくじ

1 文

テストに出る重要ポイント

1 文の成り立ち

- 文はふつう主部と述部とからなる。主部の中心となる語を主語，述部の中心となる動詞を述語動詞と言う。

My **wife** / **works** in the garden on Sunday.
主部（wife＝主語）/ 述部（works＝述語動詞）
（私の妻は日曜日には庭で働く）

- **文の要素と品詞**

文を構成する要素には主語（**S**），述語動詞（**V**），補語（**C**），目的語（**O**）がある。それ以外の語句を修飾語句（**M**）と言う。

I teach English at the high school.（私はその高校で英語を教えている）
S V O M

- 単語は10種類の品詞に分類できる。

名詞，代名詞，形容詞，副詞，動詞，前置詞，接続詞，間投詞，助動詞，冠詞

2 文の種類

- 平叙文…ある事実や考えを述べる文で，文尾にピリオド(.)をつける。「～ではない」と打ち消す文を**否定文**と言う。

He **has** two sisters.（彼には２人の姉妹がいる）
I **do not** [**don't**] **have** any brothers.（私には兄弟がいません）

- 疑問文…ものをたずねる文で，文尾に**疑問符(？)をつける**。

Do you like peaches?（あなたは桃が好きですか）
What does she like?（彼女は何が好きですか）

- 命令文…「～しなさい」という意味で，**動詞の原形で始める**。

Stand up, please.（立ってください）

- 感嘆文…「なんと～なのだろう」という意味で，**How**，**What**で始め，**文尾に感嘆符(！)をつける**。

How strong he is!（彼はなんて強いのだろう）
What a big fish this is!（これはなんて大きな魚なのだろう）

基本問題

解答 → 別冊 *p. 2*

1-A 主部と述部

できたらチェック。

次の文を主部と述部に分けなさい。

□ (1) She works from nine in the morning until five in the afternoon.

□ (2) The Great Sphinx of Giza is 73.5 meters long and 20 meters high.

□ (3) Hiro's best friend Kayo's sister sang in the hall.

□ (4) Both of us went to the library to borrow books.

□ (5) A 38-year-old housewife from Kobe wrote a letter to the newspaper company.

ガイド (2) the Great Sphinx of Giza「ギザの大スフィンクス」 (5) housewife「主婦」

1-B 次の文の主語(S)と動詞(V)を指摘しなさい。

□ (1) Last Saturday I walked over to my aunt's house.

□ (2) My mother and I planned a surprise party for Liz.

□ (3) An old gentleman sat on a bench in the park.

□ (4) Mike was chosen as chairperson.

ガイド (2) surprise party「サプライズ[不意打ちの]パーティー」

2 文の要素

下線部が目的語か補語かを指摘しなさい。

□ (1) English is not <u>our first language</u>.

□ (2) She taught <u>Japanese</u> in Australia in her 20s.

□ (3) Emma bought <u>a tie</u> for her father.

□ (4) I feel really <u>happy</u> to be here.

□ (5) Shohei Ohtani hit <u>46 home runs</u> in 2021.

3 品詞

下線部の語の品詞を名詞，動詞，形容詞，副詞から選びなさい。

□ (1) Would you like a cup of coffee?

□ (2) I like classical music best.

□ (3) In Japan, students almost always stay in the same classroom.

□ (4) We played a very exciting video game.

4 否定文と疑問文

次の文を(a)否定文，(b)疑問文に変えなさい。

□ (1) Akira practices soccer on Mondays.

□ (2) We can use English on the Internet.

□ (3) There are some useful Websites for soccer fans on the Internet.

□ (4) Chika went to Australia at the end of 2019.

5 疑問詞，付加疑問文 テスト必出

次の文の(　　)内に入る最も適当な1語を書きなさい。

□ (1) (　　　)(　　　) do you want to stay in London?
—— For five days or so.

□ (2) (　　　)(　　　) classes do you have on Monday?
—— I have six classes on Monday.

□ (3) (　　　) do you want to go?
—— Take me to the Royal Zoo, please.

□ (4) You broke his new cell phone, (　　　)(　　　)?
—— I'm sorry. Was he angry?

□ (5) You didn't forget your key, (　　　)(　　　)?
—— Of course not. I am not so forgetful.

ガイド (1)～(3) いずれも答えの文から用いる疑問詞を考える。

応用問題 解答 ➡ 別冊 p. 4

6 〈差がつく〉 次の日本文の意味になるように，(　　)内の語(句)を並べかえなさい。

□ (1) (don't / enough / have / money / to go / to that restaurant / you)?
あのレストランに行けるだけのお金を持っていないのですか。

□ (2) (our school uniforms / we'll have to / , / wear / won't we)?
学校の制服を着なくてはいけないのですよね。

□ (3) (taught / about the Internet / who / you)?
だれがインターネットについて教えてくれましたか。

□ (4) (grow / how / old / quickly / we)!
私たちはなんとはやく年老いてしまうことだろう。

□ (5) (a / is / place / the earth / what / wonderful)!
地球はなんてすばらしい場所なのだろうか。

7 (1)〜(3)は共通する１語を，(4)〜(5)は日本文を参考にして適当な１語を入れなさい。

□ (1) (a) Don't tell a (　　) to me. I want to know the truth.
(b) It's such a nice day. Let's go outside and (　　) down on the grass.

□ (2) (a) My house is (　　) to the station. It is only 100 meters to the station.
(b) Will you (　　) the door? It's cold in here.

□ (3) (a) Last night, we went to the theater to watch a new (　　).
(b) The baby liked to (　　) with the new toy.

□ (4) トムと呼んでくださいね。
Please call me Tom, (　　) (　　)?

□ (5) 放課後映画に行こうね。
Let's go to the movies after school, (　　) (　　)?

2 文構造（文型）

★テストに出る重要ポイント

- **S+V** … **補語**も**目的語**もない文構造。
  The first car appeared in 1884.（S: car, V: appeared）
  （最初の自動車は 1884 年に登場した）

- **S+V+C** … **be**，**become**，**feel** などに補語が続く文構造。補語は主に名詞・形容詞。
  Their songs are famous all over the world.（S: songs, V: are, C: famous）
  （彼らの歌は世界中で有名だ）

- **S+V+O** … 動詞のあとに**目的語**が続く文構造。目的語は名詞・代名詞や名詞相当語句(不定詞・動名詞・接続詞の導く節など)。
  I watched an interesting program on TV.（S: I, V: watched, O: program）
  （私はテレビでおもしろい番組を見た）

- **S+V+O+O** … **授与動詞**（bring，buy，give，make など）に目的語が2つ続く文構造。目的語は「人＋物」の順になる。
  My uncle gave me a guitar for my birthday.（S: uncle, V: gave, O: me, O: guitar）
  （誕生日におじさんが私にギターをくれた）
  この文構造の文は，**S+V+O** の語順に書きかえることができる。
  ＝ My uncle gave a guitar to me for my birthday.（S: uncle, V: gave, O: guitar）

- **S+V+O+C** … 目的語の他に補語のある文構造。目的語のあとに，それを説明する補語が続く。補語は主に名詞・形容詞。
  They call the meat of a pig pork in England.（S: They, V: call, O: meat, C: pork）
  （イギリスでは豚肉をポークと呼ぶ）

- 次のような文構造も覚えておこう。
  There＋be 動詞＋**S**（～がある） ／ Here＋be 動詞＋**S**（ここに～がある）
  Here＋**V**＋**S**.（ほら～だよ） ／ Let's＋動詞の原形～（～しよう）

基本問題

解答 → 別冊 p. 4

8　5つの文構造

できたらチェック。

次の文で，S・V・O・C にあたる部分をそれぞれ指摘しなさい。

□ (1) The plane rose slowly into the sky.

□ (2) Do you still feel hungry?

□ (3) Have you finished your math homework?

□ (4) To make me interested in the stars, my father bought me a telescope.

□ (5) Everyone in the class calls that tall boy Jumbo.

9　S＋V＋C　テスト必出

次の文の(　　)内に入る最も適当な動詞を下から選び，必要ならば形を変えて書きなさい。ただし，同じ語を２度使ってはいけない。

□ (1) I didn't know anything about it, so I (　　　) silent.

□ (2) Haiku (　　　) popular in the United States after World War II.

□ (3) Mary (　　　) sad. What has happened to her?

□ (4) How about dinner tonight? —— (　　　) great.

【 become, keep, seem, sound 】

10　S＋V＋O

次の文の(　　)内に入る最も適当な語句を, (a)~(d) より１つずつ選びなさい。

□ (1) She decided (　　　).

□ (2) My friends and I enjoy (　　　).

□ (3) She asked for my advice, but I didn't know (　　　).

□ (4) They thought (　　　).

(a) what I should say
(b) to write a book about her experience
(c) that girls did not need education
(d) talking about fashion

11 S＋V＋O＋O

(A) の形の文は (B) の形に，(B) の形の文は (A) の形に書きかえなさい。

(A) He gave me a drink.

(B) He gave a drink to me.

□ (1) Could you lend me your eraser?

□ (2) Naomi made me a beautiful wedding dress.

□ (3) Jasmine's mother taught some Arabic words to her.

□ (4) He cooked me lunch yesterday.

□ (5) I showed them the pictures.

□ (6) My mother sold her piano to them.

ガイド (3) Arabic「アラビア語の」

12 S＋V＋O＋C

次の日本文の意味になるように，(　　) 内の語(句)を並べかえなさい。

□ (1) (the program / very interesting / I / found).
その番組は大変おもしろかった。

□ (2) (bridge / light green / black / painted / the / they).
彼らはその黒い橋を明るい緑色に塗った。

□ (3) (called / the world's / unknown artist / Yoko / John / most famous).
ジョンはヨーコのことを世界で最も有名な無名の芸術家だと呼んだ。

□ (4) (a very nice / Jacob / I / thought / young man).
私はジェイコブは大変すばらしい若者だと考えていた。

□ (5) (always keep / clean / should / you / your room).
部屋は常にきれいにしておきなさい。

□ (6) What (to / are / name / you / going) the new puppy?
新しい子犬にはどんな名前をつけるつもりですか。

応用問題

解答 → 別冊 p. 6

13 次の(1)～(5)と同じ文構造の文を，下の (a)～(i) からすべて選びなさい。

□ (1) Birds sing.

□ (2) His song sounds beautiful.

□ (3) I like songbirds.

□ (4) My uncle gave me a bird.

□ (5) I named the bird Chi-chan.

(a) Large stone temples stood silent under vines.
(b) He sent me a photograph of the temple last week.
(c) In my village, people still leave their doors unlocked.
(d) They walked over to the river to swim.
(e) They built the temple about four hundred years ago.
(f) The temple attracts millions of tourists each year.
(g) The temple lay still in the middle of the forest.
(h) They kept the name of the town unknown.
(i) Save me a place at your table, will you?

ガイド (3) songbird「さえずる鳥」 (a) vine「つた」 (g) still「静かに」

14 差がつく 次の各組の文がほぼ同じ意味を表すように，(　　)内に適当な１語を入れなさい。

□ (1) A week has seven days.
There (　　) (　　) (　　) (　　) (　　) week.

□ (2) How many seats are there in this hall?
How many seats (　　) this hall (　　)?

□ (3) Kate got me a concert ticket.
Kate got a concert ticket (　　) (　　).

□ (4) May I ask you a favor?
May I ask a (　　) (　　) (　　)?

3 修飾語句 ― 形容詞・形容詞句・形容詞節

★テストに出る重要ポイント

1 形容詞の用法

▶ 限定用法…名詞につけて，修飾語句として用いる。
「冠詞など＋形容詞＋名詞」の語順となるが，例外的な「-thing ＋形容詞」の語順に注意する。cf. something cold（何か冷たいもの）

▶ 叙述用法…**S+V+C / S+V+O+C** の補語になる。
To study English is interesting.（英語を勉強することはおもしろい）
S V C

I found the book interesting.（私はその本をおもしろいと思った）
S V O C

▶ **注意すべき形容詞**

・（限定用法だけの形容詞）elder，only，wooden など
（叙述用法だけの形容詞）afraid，asleep，content など

・数・量・程度を表す数量形容詞は名詞との関係に注意する。
数えられる名詞につける。 cf. **many** friends，**a few** guests
数えられない名詞につける。cf. **much** rain，**a little** money

・**形容詞の語順**：all the three big white dogs
all 冠詞 数量 大小 色

2 形容詞句・形容詞節

▶ 形容詞句…形容詞の働きをし，「**S+V**」を含まない語群。
前置詞 ― flowers in the garden（庭の花）
不定詞 ― something to drink（何か飲む物）
分詞 ― the boys playing soccer（サッカーをしている少年たち）

▶ 形容詞節…形容詞の働きをし，「**S+V**」を含む語群。
関係代名詞 ― the animal which I like best（私が一番好きな動物）
S V
関係副詞 ― the house where he was born（彼が生まれた家）
S V

基本問題

解答 ⟹ 別冊 p. 7

15 限定用法と叙述用法

できたらチェック。

次の文の形容詞を指摘し，その用法が (a) 限定用法，(b) 叙述用法のどちらであるか記号で答えなさい。

□ (1) Hitchhiking was wonderful. Many kind people gave me rides.

□ (2) When we got into the taxi, we found the seats very clean.

□ (3) There's something strange about Mike.

□ (4) Zebras are famous for their beautiful white and black coats.

□ (5) These exciting space fantasies were made by George Lucas.

16 限定用法と叙述用法の注意すべき形容詞

下線部の用法に注意して，次の文を日本語になおしなさい。

□ (1) Dejima was the <u>only</u> place <u>open to the outside world</u>.

□ (2) In the beginning of the 19th century the football field became its <u>present</u> size.

□ (3) Thousands of people were <u>present</u> at his funeral.

□ (4) He fell <u>asleep</u> in the middle of the examination.

□ (5) An asteroid was named "Itokawa," after the <u>late</u> Dr. Itokawa Hideo.

ガイド (1) Dejima「(長崎の)出島」 (3) funeral「葬式」 (5) asteroid「小惑星」，Dr. Itokawa Hideo「糸川英夫博士」

17 数量形容詞

次の文の(　　)内から適当なほうを選びなさい。

□ (1) A small car doesn't use (much, many) gas.

□ (2) I have seen the picture (much, many) times.

□ (3) They eat meat only (a few, a little) times a year.

□ (4) E-mail takes very (few, little) time to send and receive messages.

□ (5) Americans spend (a lot of, many) money on their pets.

18 形容詞の順序 ＜テスト必出

次の文の(　　)内の語を，適当な順序に並べかえなさい。

□ (1) She took care of (two / her / children / small).

□ (2) (all / members / other / the) agreed to the plan.

□ (3) It's (red / a / brick / big / building) with a blue door.

□ (4) He was a member of (team / national / Japanese / soccer / the).

□ (5) They are looking at pictures (Japanese / of / stylish) on the Internet.

ガイド (3) brick「れんがの」 (5) stylish「スマートな」

19 いろいろな形容詞

次の文の(　　)内に入る最も適当な形容詞を下から１つずつ選びなさい。ただし，同じ語を２度使わないこと。

□ (1) It is sometimes (　　) to hear certain sounds in English.

□ (2) You will see a (　　) building on the right.

□ (3) In the paint section, you'll find a (　　) number of colors.

□ (4) I got the (　　) Internet connection to enjoy Web pages.

□ (5) A (　　) blue can relax you when you are very tired.

【 light, difficult, fast, large, tall 】

ガイド (3) paint section「絵の具売り場」 (4) connection「接続」

20 形容詞句と形容詞節

次の文で形容詞の働きをしている句，もしくは節を指摘しなさい。

□ (1) He lived in a house on the shore of a lake.

□ (2) Olivia went into the hall full of guests.

□ (3) I want to be a person who cuts or arranges people's hair.

□ (4) Why don't we have something to eat first?

□ (5) Himeji is famous for its castle built in the 17th century.

応用問題 ……………………………………… 解答 ➡ 別冊 *p.* 9

21 差がつく　次の日本文の意味になるように，(　　)内に適当な１語を入れなさい。

□ (1) They made a crane 120 feet (　　　) and 215 feet (　　　).
彼らは高さ 120 フィート，幅 215 フィートのクレーンをつくった。

□ (2) The movie will appeal to the (　　　).
その映画は若者に受けるだろう。

□ (3) There are quite a (　　　) students studying Italian at this school.
この学校にはイタリア語を勉強している生徒がたくさんいる。

□ (4) (　　　) of people visit this museum every day.
何百人という人々が毎日この博物館を訪れる。

22 次の文の(　　)内の語を適当な形に変えなさい。

□ (1) In (that) days, a piano was as expensive as a house.

□ (2) (This) days, a lot of Japanese are playing an active part in the world.

□ (3) As soon as the star player came in, the game became (excite).

□ (4) George is very (excite) to hear that he passed his exam.

□ (5) Murakami's books are very (interest). He is a very imaginative writer.

ガイド　(2) play an active part「活躍する」　(5) imaginative「想像力に富んだ」

23 次の文の誤りの箇所を指摘し，正しい形になおしなさい。

□ (1) This is a picture painting by Picasso.

□ (2) It is of great important to preserve nature.

□ (3) There's wrong something with the engine.

□ (4) I'd love to go to Europe with you, but I have saved a little money.

□ (5) There are much books around us but few are worth reading.

ガイド　(2) preserve「～を保護する」　(5) worth reading「読む価値がある」

4 修飾語句 ― 副詞・副詞句・副詞節

テストに出る重要ポイント

1 副詞の用法

- 副詞は動詞を修飾する他，形容詞や他の副詞を修飾することもある。
- 副詞は形容詞の語尾に -ly をつけてつくるものが多い。
- 副詞の位置：**S+V** では動詞のあと，**S+V+O / S+V+C** では **O** や **C** のあと。形容詞・副詞を修飾する場合はその前。
  頻度や**否定**を表す副詞は，一般動詞では動詞の前，be 動詞・助動詞ではそのあと。cf. I often *go*. He *is* always kind. / I've never *met* him.
- **注意すべき副詞**
  - **「動詞＋副詞」の群動詞** ― 目的語が代名詞のときは「動詞＋目的語（代名詞）＋副詞」の語順になる。cf. turn *it* on
  - **文修飾の副詞** ― 文全体を修飾する。
    cf. Fortunately I was not injured.（幸い私はけがをしなかった）
  - **enough** ― 修飾する形容詞・副詞のあとに置く。
  - **very** ― 形容詞・副詞を修飾。
    much ― 動詞，過去分詞，形容詞・副詞の比較級・最上級を修飾。
    cf. He is very *clever*.（彼はとても利口だ）
    He is much *cleverer* than Ken.（彼はケンよりずっと利口だ）
  - **ago** ― 過去の文で用いる。
    before ― 現在完了・過去完了の文で用いる。
  - **hardly, barely**「ほとんど～ない，かろうじて」と弱い否定を表す。

2 副詞句・副詞節

- 副詞句…前置詞・不定詞の導く句。
  I ate ice cream in the park.（食べた←公園で）
  前置詞句
  She came here to study Japanese.（来た←日本語の勉強に）
  不定詞句
- 副詞節…主に従属接続詞によって導かれる。**時**を表す他，**原因・理由**，**目的**，**結果**，**条件**，**譲歩**などがある（→ 29「**接続詞(2)**」参照）。

基本問題

解答 → 別冊 p. 10

24 副詞の用法

できたらチェック。

次の文の副詞と，それらが修飾している部分を指摘しなさい。

□ (1) The landscape was really beautiful.

□ (2) On a clear night, you can easily see the Milky Way.

□ (3) They all went to bed early.

□ (4) It is important to observe everything very carefully.

□ (5) Scientists are working hard to increase the electricity output.

ガイド (2) the Milky Way「天の川」 (5) electricity output「電気出力」

25 副詞の位置 テスト必出

次の文の(　　)内の副詞を，文中の語と語の間に補う場合，最も適当な位置を∧印で示しなさい。

□ (1) Isamu thought of America as his true home. (really)

□ (2) They tried to change our country. (hard)

□ (3) I've heard there are some good seafood restaurants here. (pretty)

□ (4) People must get some sunlight to get enough vitamin D. (often)

□ (5) These days I have headaches. (sometimes)

□ (6) Cold water is kept in a container. (always)

□ (7) I've done anything like this before. (never)

□ (8) We use inches, feet, and miles to measure length. (usually)

26 注意すべき副詞

次の文の(　　)内から，適当なほうを選びなさい。

□ (1) Kimonos aren't practical and it is difficult to (put on them, put them on).

□ (2) Alex was (enough kind, kind enough) to give an old lady his seat.

□ (3) I have a terrible headache. I feel (much, very) tired.

□ (4) Emily looked (much, very) younger than her age.

□ (5) Miso and soy sauce were invented about 2,500 years (ago, before).

□ (6) I could (hard, hardly) keep from laughing when I heard his jokes.

ガイド (5) soy sauce「醤油」 (6) keep from -ing「～しないでいる」

27 副詞句

次の文の副詞句と，それらが修飾している部分を指摘しなさい。

□ (1) I went to the drugstore to buy some medicine.

□ (2) At 8:03, I leave my house. I take the same train to work every day.

□ (3) I often find nice clothes on the Internet.

□ (4) Light comes from the sun and it shines everything on the earth.

□ (5) Last night I saw a wonderful movie, *Roman Holiday*, on DVD.

ガイド (1) 前置詞が導く句と不定詞が導く句と２つある。
(4) 前置詞が導く形容詞句と副詞句の区別に注意する。

28 副詞節

下線部の副詞節の意味に注意して，次の文を日本語になおしなさい。

□ (1) Many people smile <u>when they see baby animals</u>, such as a baby panda.

□ (2) A lot of people in Africa die <u>because they cannot eat enough or they get sick</u>.

□ (3) It was raining <u>so hard that we couldn't go out</u>.

□ (4) I'll stay at home <u>if it rains tomorrow</u>.

□ (5) He could not lift up the rock, <u>though he was a very strong man</u>.

□ (6) He closed the door <u>so that the dog would not walk out of the room</u>.

応用問題

解答 → 別冊 p. 11

29 次の日本文の意味になるように，（ ）内の語（句）を並べかえなさい。

□ (1) (a child / you / alone / in / leave / shouldn't / the house).
子どもを家で1人にしておくべきではない。

□ (2) (after / discovered / fortunately / it started / soon / the fire / was / ,).
幸い，火事は出火してすぐに発見された。

□ (3) The (naturally / master / helped / dog / his) in the river.
その犬が川で彼の主人を助けたのは当然だった。

□ (4) (a / soccer team / good / has / high school / our / pretty).
私たちの高校には大変立派なサッカーチームがあります。

□ (5) (I / if / do it / you / my own way / mind / don't / will / ,).
差しつかえなければ，私なりのやり方でやりたいのですが。

30 差がつく 次の文の（ ）内に入る最も適当な語（句）を，a〜d から選びなさい。

□ (1) I knew George would come late to the party, so I didn't go on time ( ).
a. well b. too c. either d. also

□ (2) Can you give me your e-mail address ( ) I need to contact you?
a. however b. although c. unless d. in case

□ (3) Rieko plays the guitar very well ( ) she has never had lessons.
a. even though b. if c. because d. unless

□ (4) ( ) are from the northern part of Japan.
a. Almost my friends b. Most of my friends
c. My most friends d. Almost friends of mine

5 動詞の活用

テストに出る重要ポイント

- 「**原形 — 過去形 — 過去分詞形**」の変化を**動詞の活用**と言う。
- **be 動詞の語形変化**

原形	現在形	過去形	過去分詞形	現在分詞形
be	am, are, is	was, were	been	being

- **規則動詞**：ふつうは原形に **-ed** をつけて**過去形・過去分詞形**をつくる。それ以外の場合は以下の通り。

語尾の形	つくり方	例
(1) e	-d だけをつける	arrive → **arrived**
(2)「子音字＋y」	y を i に変えて -ed	marry → **married**
(3)「短母音＋1 子音字」	子音字を重ねて -ed	stop → **stopped**

語尾 **-ed** の発音には [d] [t] [id] の 3 種類がある。

- **不規則動詞**：よく使う重要な動詞が多い。

A-B-B 型　bring - brought - brought　　feel - felt - felt
A-B-A 型　come - came - come　　run - ran - run
A-A-A 型　cut - cut - cut　　hit - hit - hit
A-B-C 型　blow - blew - blown　　drink - drank - drunk

- **活用形のまぎらわしい動詞**

{ lie（横たわる：自動詞）- lay - lain
{ lay（横たえる：他動詞）- laid - laid

{ find（見つける）- found - found
{ found（設立する）- founded - founded

- **3 人称単数現在形**：原形に **-s**，**-es** をつけるか，**y を i に変えて -es** をつける。have は has にする。

例　go → **goes**，study → **studies**

- **現在分詞**：ふつうは原形にそのまま -ing をつける。それ以外は以下の通り。

語尾の形	つくり方	例
(1) e	e をとって -ing	write → **writing**
(2) ie	ie を y に変えて -ing	die → **dying**
(3)「短母音＋1 子音字」	子音字を重ねて -ing	run → **running**

基本問題

解答 → 別冊 p. 12

できたらチェック。

31 be 動詞，have の語形変化

次の文の(　)内の動詞を適当な形に変えなさい。

□ (1) They started to exchange e-mails with the students in Peru. One of the students (be) Jimmy.

□ (2) Japanese (have) some wonderful expressions such as "Even a monkey falls from a tree."

□ (3) Long, long ago, there (be) an old couple. One day, the old woman (have) a child — a very small child. He (be) only one inch tall. They raised him very carefully.

□ (4) A: Ketchup and mustard (be) over there. That'll be six pounds twenty-five, please.
B: I'll pay. Here you (be).

ガイド (3) raise「育てる」 (4) pound「ポンド」：イギリスの通貨単位

32-A 規則動詞

次の動詞の過去形・過去分詞形を書きなさい。

□ (1) agree　□ (2) answer　□ (3) cause　□ (4) change
□ (5) close　□ (6) cry　□ (7) decide　□ (8) die
□ (9) enjoy　□ (10) hope　□ (11) invite　□ (12) worry

32-B テスト必出 次の文の(　)内の動詞を適当な形に変えなさい。

□ (1) On that evening, the president (appear) on TV to explain why the plan was important.

□ (2) On August 15, 1945, we (arrive) in Boston.

□ (3) It is (believe) that the story is false.

□ (4) Mr. Suzuki has (carry) out the experiment in front of the students before.

□ (5) My father was a farmer, so I (plan) to become a farmer when I was young.

32-C 次の(1)～(12)の動詞の下線部の発音は，下の (A)～(C) のいずれと同じかを答えなさい。

□ (1) worked　□ (2) wondered　□ (3) wished　□ (4) kicked

□ (5) tested　□ (6) started　□ (7) recorded　□ (8) reported

□ (9) married　□ (10) ordered　□ (11) killed　□ (12) helped

(A) washed　(B) opened　(C) visited

33-A 不規則動詞

次の動詞の過去形・過去分詞形を書きなさい。

□ (1) become　□ (2) buy　□ (3) catch　□ (4) eat

□ (5) fall　□ (6) find　□ (7) forget　□ (8) get

□ (9) go　□ (10) hear　□ (11) keep　□ (12) lead

□ (13) see　□ (14) leave　□ (15) lose　□ (16) make

□ (17) meet　□ (18) put　□ (19) sleep　□ (20) swim

33-B 次の文の（　）内の動詞を過去形，もしくは過去分詞形に変えなさい。

□ (1) In 2008, members of a Japanese NGO (begin) planting trees with local children.

□ (2) This Indian building was (build) in the seventeenth century.

□ (3) They (drive) to the bank and arrived there just before noon.

□ (4) Have you (read) today's paper yet?

□ (5) It's mine! Jeff (sell) me this camera last year.

34 現在分詞

次の動詞の **-ing** 形を書きなさい。

□ (1) swim　□ (2) begin　□ (3) die　□ (4) lie

□ (5) make　□ (6) give　□ (7) happen

応用問題 解答 → 別冊 p. 14

35 〈差がつく〉 次の文の(　　)内に入る最も適当な語(句)を，a～d から選びなさい。

□ (1) As soon as he came home last night, he (　　　) on the bed.
a. lied　b. lay　c. laid　d. lain

□ (2) Sachiko (　　　) her husband's golf bag on the floor.
a. lie　b. lied　c. lay　d. laid

□ (3) Emma was (　　　) on her back in the sunshine.
a. lain　b. laying　c. lying　d. lie

□ (4) The theater (　　　) in 1973 and rebuilt in 1990.
a. was founded　b. founded　c. had founded　d. found

□ (5) I put on my coat and (　　　) a scarf around my neck.
a. wounded　b. wound　c. winded　d. wind

ガイド (5) wind (巻く) — wound — wound,
wound (傷つける) — wounded — wounded

36 次の文の(　　)内に入る最も適当な動詞を下から選び，必要ならば形を変えて書きなさい。

□ (1) They think that a large object (　　　) the earth early in its history.

□ (2) The necklace was very beautiful and the diamonds (　　　) brilliantly under the lights.

□ (3) Famous presidents such as Washington and Lincoln were (　　　) as national symbols.

□ (4) We (　　　) hands, and I thanked him for answering my letter.

□ (5) The birds (　　　) away in all directions when I approached them.

【 choose, hit, fly, shake, shine 】

6 現在形・過去形

テストに出る重要ポイント

1 現在形の用法

- 一般動詞では動詞の**原形**を用いるが，主語が3人称単数のときには **-(e)s** をつける。

- **現在の動作・状態を表す**

Here comes Ms. Takei.（ほら，武居先生が来たよ）［動作］

I believe in ghosts.（私は幽霊がいると信じている）［状態］

- **現在の習慣・反復的動作を表す**

We eat different kinds of foods.（私たちは様々な食べ物を食べる）

- **不変の真理・一般的事実を表す**

The moon goes round the earth once every four weeks.
（月は4週間に1度地球を回る）

- **確定した未来，時・条件の副詞節で未来を表す**

My train leaves Euston at 11 : 30.［確定した未来］
（私の乗る列車は11時半にユーストン駅を出る）

Go down this street until you come to an intersection.
（交差点に出るまでこの通りを進んでください）［時・条件の副詞節］

時・条件を表す副詞節は，when，until，after，before，as soon as などで導かれる。

2 過去形の用法

- 動詞の**過去形**を用いる。

- **過去の動作・状態を表す**

We sat at a table and ate instant noodles.［動作］
（私たちはテーブルについて，インスタントラーメンを食べた）

He loved sports, but he wasn't very good at them.［状態］
（彼はスポーツが大好きだったが，あまり得意ではなかった）

- **過去の習慣・反復的動作を表す**

A long time ago, pandas ate meat.［習慣］
（大昔，パンダは肉を食べていた）

基本問題

解答 → 別冊 p. 14

できたらチェック。

37 現在形の用法

次の文の(　　)内から適当なほうを選びなさい。

- □ (1) My brother (lives, lived) in Hokkaido now.
- □ (2) People do not (agree, agreed) with each other just because they speak the same language.
- □ (3) Look! There (goes, went) Mr. Green.
- □ (4) The lunch break (start, starts) at 12:25 this week.
- □ (5) She (hope, hopes) to travel around the world someday.
- □ (6) A year (has, had) twelve months.
- □ (7) As soon as he (arrive, arrives) at the airport, please let me know.
- □ (8) An emu (is, was) a large Australian bird with long legs.
- □ (9) The earth (move, moves) around the sun.
- □ (10) He never (smoke, smokes) but (drink, drinks) a little.

ガイド (2) just because ～「～というだけで」 (7) as soon as ～ は時を表す副詞節。
(8) emu「エミュー」

38 過去形の用法

下線部の動詞の用法に注意して，次の文を日本語になおしなさい。

- □ (1) I asked her to marry me, and she agreed.
- □ (2) As I didn't know what to say, I kept silent.
- □ (3) At 9:00 every night, I watched the news.
- □ (4) A civil war broke out in 1970 in Cambodia.
- □ (5) I dropped a coin. I think it's under your foot.

ガイド (4) civil war「内戦」，break out「(戦争が)起きる」

39 現在形・過去形 テスト必出

次の文の(　　)内の動詞を，必要ならば適当な形に変えなさい。

□ (1) In the 1920s, country music first (become) popular in the South.

□ (2) When I was in college, I (start) to sing.

□ (3) I (catch) a bad cold, so I couldn't go to school for a few days.

□ (4) We (go) to Meiji shrine to pray for a good year yesterday.

□ (5) The baby takes the toy apart, and his father (put) it together.

□ (6) Last summer I (sleep) in a tent for the first time.

□ (7) We learned in school that water (boil) at 100°C.

□ (8) All of us are glad we (meet) you. Please come back soon.

□ (9) Please turn off the lights when you (leave) the room.

□ (10) A nickname often (come) from a part of the first name.

ガイド (4) shrine「神社」, pray for ～「～を求めて祈る」 (5) take ～ apart「～を分解する」

40 過去形

次の日本文の意味になるように，(　　)内に適当な1語を入れなさい。

□ (1) Ms. Brown (　　　) in front of the class.
ブラウン先生が生徒の前に立った。

□ (2) John (　　　) up in Brooklyn, New York City.
ジョンはニューヨーク市の，ブルックリンで育った。

□ (3) Sakura (　　　) him on the head with her notebook.
サクラはノートで彼の頭をたたいた。

□ (4) We formed a team and (　　　) two afternoons a week.
私たちはチームを結成し，1週間に2回午後練習をした。

□ (5) Jody Williams (　　　) the Nobel Peace Prize in 1997.
ジョディ・ウィリアムズは1997年にノーベル平和賞を受賞した。

応用問題 ・・・ 解答 ➡ 別冊 *p. 15*

41 次はガリバー旅行記の一部です。物語が成立するように，(　　)内に入る適当な動詞を下から１つずつ選び，必要ならば形を変えて書きなさい。同じ語を２度使わないこと。

□ When Gulliver's ship went on the rocks near an island, he was the only man that (1) safely to land. He was very tired and (2) down on the short soft grass and soon (3) asleep.

When he (4) up the next morning he (5) that he could not move his arms and his legs, and his whole body was tied to the ground with very thin ropes.

When he turned his head a little, Gulliver saw that around him on every side were hundreds of very little men, less than six inches tall. Some of them seemed to be soldiers, and when he (6) to break the ropes, they (7) at him with their bows and arrows. The arrows (8) in his hands, and some (3) on his face and (9) him. But when he (2) quite still, the soldiers (10) shooting.

【 fall, start, shoot, get, wake, stop, lie, find, hurt, stick 】

ガイド　tie「結ぶ」，thin「細い」，soldier「兵士」，bows and arrows「弓矢」

42 差がつく 次の文の誤りの箇所を指摘し，正しい形になおしなさい。

□ (1) When many pandas died, people found that they know very little about pandas.

□ (2) Can you call me back on 76-5432 as soon as you will hear this message?

□ (3) How did you hurt your back?
—— I falled down the stairs when I was going to the bathroom.

□ (4) Please wait here until they will call your name.

□ (5) When I visited my aunt, she lead me to her room and gave me a doll.

7 未来を表す表現

★テストに出る重要ポイント

1 単純未来

主語や話し手の意志を含まない単なる未来。「～だろう」

▶ 主語の人称に関係なく〈**will＋動詞の原形**〉を用いる。

I **will be** seventeen years old next month.（私は来月 17 歳になる）

2 意志未来

主語や話し手の意志を表す。「～するつもりだ」「～しよう」

▶ **主語の意志を表す未来の表現** I [We] will ～. の形が最も多い。

I'll call her tonight.（私は今夜彼女に電話をするつもりだ）

I **won't eat** anything.（私は何も食べません） [won't = will not]

▶ **相手の意志をたずねる未来の疑問文**

Shall I ～?「～しましょうか」

Shall I carry your bag?（あなたのかばんを運びましょうか）

Shall we ～?「一緒に～しませんか」

Shall we go to the sushi restaurant?（寿司屋さんに行きましょうか）

Will you ～?「～するつもりですか」

Will you take this one?（これをお求めになりますか）

他に，「～してくれませんか」(**依頼**)・「～しませんか」(**誘い**)の意味。

Will you open the window?（窓を開けてくれませんか）

3 be going to ＋動詞の原形

主語の意図・計画を表す場合と，近い未来を表す場合がある。

「～だろう，～するつもりだ」「～しようとしている」

What **are** you **going to watch**?（何を見るつもりですか）

It **is going to snow** tomorrow.（明日は雪になりそうだ）

4 その他の未来を表す表現

be to ＋動詞の原形 「～する予定だ」

be about to ＋動詞の原形 「～するところだ」

The plane **is about to take** off.（飛行機は今まさに離陸するところだ）

基本問題

解答 ➡ 別冊 p. 16

できたらチェック。

43 未来の意味

未来の意味に注意して，次の文を日本語になおしなさい。

□ (1) The coach said, "Okay, I will give you a chance."

□ (2) He will never stop trying to change the old system.

□ (3) In the near future we will use up all the oil in the world.

□ (4) To get to Sao Paolo, you will have to change planes at New York.

□ (5) In the mountain area, there will be a lot of rain from early morning.

□ (6) Challenge yourself, and you will find the road to success.

□ (7) I won't go with you tomorrow.

□ (8) In any case, I won't change my mind.

□ (9) I'm sure we're going to meet here again.

□ (10) I was going to get a compact car, but I bought a SUV instead.

ガイド　(3) use up ～「～を使いはたす」　(4) Sao Paolo「サンパウロ」
(6)〈命令文, +and～〉の形。　(8) in any case「ともかく」
(10) SUV（sport utility vehicle）「スポーツ用多目的車」

44 未来の疑問文　テスト必出

次の文の(　　)内から，適当なほうを選びなさい。

□ (1) (Will I, Shall I) give you a ride to the airport?

□ (2) (Shall I, Will you) look after these customers, please?

□ (3) Where (will you, shall we) eat?
―― I'm on a diet, so let's go to a sushi restaurant.

□ (4) I don't have a pencil. (Shall we, Will you) lend me one?

□ (5) Where (shall, would) we go today?
―― I don't know. Maybe to the nearby park.

□ (6) Let me see the picture of your trip, (will you, shall you)?

□ (7) Let's go by train, (won't you, shall we)?

45 be going to

次の文を〈**be going to** ＋動詞の原形〉の形を用いて書きかえなさい。

□ (1) Will we do anything special to celebrate New Year's Day?

□ (2) Listen to me. I will tell you something.

□ (3) Where will we eat tonight?

□ (4) Mom's niece, Lily, will get married.

□ (5) I will not drive a car.

ガイド (1) celebrate「祝う」 (4) niece「めい」

46 現在形・過去形と未来の表現

次の会話が成立するように，(　　)内に入る適当な語句を (a)〜(e) より１つずつ選びなさい。ただし文頭にくる語も小文字にしてある。

□ [At Daniel's farewell party]

Daniel: Well, it's hard to say good-bye. (　1　) you all. Thanks for everything.

Kaori: (　2　) you've enjoyed staying in Japan.

Daniel: It's been wonderful. I've made so many friends and learned so much here.

Ken: All of us are glad (　3　) you. (　4　) back soon?

Daniel: Sure. And please (　5　) in St. Louis.

(a) come and visit me
(b) we met
(c) will you come
(d) I'll miss
(e) we hope

ガイド farewell party「お別れ会」, St. Louis「セントルイス」: アメリカの都市
(d) miss 〜「〜がいなくてさびしく思う」

応用問題

解答 ➡ 別冊 p. 17

47 〈差がつく〉 次の日本文の意味になるように，(　　)内に適当な１語を入れなさい。

□ (1) Which DVD (　　　) I play for you?
どの DVD をかけましょうか。

□ (2) A: What time (　　　) (　　　) meet, six or six thirty?
B: Either will do.
A: 何時に会いましょうか。6 時，それとも 6 時半ですか。
B: どちらでもいいです。

□ (3) (　　　) (　　　) please leave us alone for a few minutes?
ちょっと席をはずしていただけますか。

□ (4) My brother (　　　) (　　　) get married next April.
私の兄は今度の 4 月に結婚する予定です。

□ (5) Something strange (　　　) about (　　　) happen.
何か奇妙なことが起ころうとしている。

48 次の各組の文がほぼ同じ意味を表すように，(　　)内に適当な１語を入れなさい。

□ (1) Why don't we take a break?
Let's take a break, (　　　) (　　　)?

□ (2) Do you want me to get you a cup of coffee?
(　　　) (　　　) get you a cup of coffee?

□ (3) Why don't you introduce yourself to us?
Please introduce yourself to us, (　　　) (　　　)?

□ (4) I was to see him at 10, and it's half past 11 already.
I was (　　　) (　　　) see him at 10, and it's half past 11 already.

□ (5) We were just going to leave when Mike came.
We were just (　　　) to leave when Mike came.

ガイド (1) Why don't we ～?「～しようよ」 (5)「ちょうど～するところだった」の意味。

8 進行形

テストに出る重要ポイント

1 現在進行形・過去進行形

▶ **現在行われている動作**は，主に**現在進行形**で表す。**過去進行形**は**過去のある一時点での動作の進行**を表す。現在進行形は〈**am[are, is] + -ing**〉，過去進行形は〈**was[were] + -ing**〉の形を用いる。

▶ 進行中の動作「～している」「～していた」

My sister **is** still **studying**.（姉[妹]はまだ勉強している）

▶ 反復的動作「～ばかりしている[いた]」

進行形に always，constantly，repeatedly などがつくと，「(～ばかりしていて)困ったものだ」というニュアンスを持つ場合がある。

She **was** always **making** mistakes.（彼女は間違えてばかりいた）

▶ 近い未来の予定

come，go，leave などの往来・発着を表す動詞がよく使われる。

He **is coming** soon.（彼はもうすぐ来る）

2 未来進行形

▶ **未来進行形**は**未来のある一時点での動作の進行**を，〈**will be + -ing**〉の形を用いて表す。

▶ 未来における進行中の動作「～しているだろう」

They **will be visiting** the museum at this time tomorrow.
（彼らは明日の今ごろ，美術館を訪れているだろう）

▶ 近い未来の予定

I **will be seeing** her next week.（来週彼女に会うことになるだろう）

3 進行形にしない動詞

▶ 動詞自体が継続の意味を含んでいる場合は，ふつう進行形にしない。

・状態を表す動詞：be 動詞，have（所有の場合），belong など

・感覚・心理を表す動詞：see，hear，smell，feel；love，like，hate，believe，want，know など

基本問題

解答 ➡ 別冊 p. 18

できたらチェック。

49 現在進行形

次の文の(　　)内の動詞を現在進行形に変えなさい。

□ (1) I (think) of going shopping in Shibuya.

□ (2) They (look) for information on the Internet about the event.

□ (3) A surprising thing (happen) in Egypt.

□ (4) We (leave) London for Edinburgh on August 5th.

□ (5) You always (forget) to wash your hands before dinner.

50 過去進行形

次の文の(　　)内の動詞を過去進行形に変えなさい。

□ (1) He (plan) to stay another two years in Japan.

□ (2) Many people (have) breakfast as usual.

□ (3) On the platform, she (look) at me and smiling.

□ (4) When John talked to me, I (eat) alone at the cafeteria.

□ (5) Though she (smile), her eyes looked sad.

□ (6) When Reika visited her grandfather, he (lie) on the bed.

51 現在・過去・未来進行形

次の文の(　　)内の動詞を適当な進行形に変えなさい。

□ (1) Today more and more people (use) computers.

□ (2) Thirty years from now, we (use) computers that can think by themselves.

□ (3) I often listen to the radio while I (drive).

□ (4) Ms. Hirabayashi said that in Africa, people (die) because they didn't have clean water to drink.

□ (5) About this time tomorrow, I (sleep) in bed at home.

□ (6) We felt that we (learn) something important about nature.

52 進行形にしない動詞 テスト必出

次の文の(　　)内から適当なほうを選びなさい。

□ (1) Which club (do you belong to, are you belonging to)?

□ (2) I'm eating seaweed and it (is tasting, tastes) very good.

□ (3) A: I think I'm free on Sunday.
B: Good! I (was thinking, thought) of going to an afternoon showing.

□ (4) I (am liking, like) sports and Japanese culture, so I joined the Judo Club.

□ (5) They (are believing, believe) that dogs are people's best friends.

□ (6) A: Hi, Miki. What's up?
B: Oh, hi, Yuki. (I write, I'm writing) an essay on travel. Will you help me?

応用問題

解答 → 別冊 p. 20

53 差がつく 次の文の誤りの箇所を指摘し，正しい形になおしなさい。

□ (1) We are knowing that Urashima Taro brought back a *tamatebako*, a treasure box from the underwater castle.

□ (2) Many people were walking along the street that night. Some were going home. Others were about going to have dinner at some restaurant.

□ (3) Everyone in the class will be enjoy the barbecue at this time next Sunday.

□ (4) Nobody knows when dogs were first becoming pets.

□ (5) Betty is her sister, so it's no wonder they are resembling each other.

□ (6) Honoka still ran to school when class began.

ガイド (5) It's no wonder (that) ～「～なのは当然だ」, resemble「似ている」

54 次の文の(　　)内の動詞を適当な形に変えなさい。進行形にする場合には **be** 動詞を，未来の表現にする場合は **will** を補いなさい。

□ A: Kate, what time (1)(we leave) school for the outing tomorrow morning?

B: At 8: 30. We (2)(meet) in our classroom at 8:00.

A: Is it going to be canceled if it (3)(rain)?

B: No. It's on, rain or shine. The weather forecast says it (4)(be) a nice day.

55 次の各組の文の(　　)内に共通して入る動詞を下から選び，必要ならば形を変えて書きなさい。

□ (1) (a) What does he (　　　)? —— He is an engineer.

(b) How are you (　　　)? —— Not so good.

□ (2) (a) I was very surprised when he (　　　) me banana ice cream.

(b) In L.A. there're many bands, and they're always (　　　) concerts.

□ (3) (a) If anything (　　　) wrong, we can come to help you at any time.

(b) I saw you with Ken. Are you two (　　　) steady?

□ (4) (a) I'm from Pennsylvania. I'm (　　　) a wonderful time here! I love Japan.

(b) Saki (　　　) a big box when I met her yesterday.

□ (5) (a) Today climbing is (　　　) more and more popular.

(b) Hiroki sometimes (　　　) up as early as five o'clock when he was a student.

□ (6) (a) Hi, Nao. Are you (　　　) your dog for a walk?

(b) Remi looked up at me and (　　　) off her hat without saying a word.

【 get, do, have, take, go, give 】

ガイド (4)(a) Pennsylvania「ペンシルベニア」：米国東部の州

9 現在完了

テストに出る重要ポイント

1 現在完了の形

- **現在完了**は〈**have [has] ＋過去分詞**〉の形で，過去の動作・状態を**現在を基準にして**表す。明らかに過去を表す場合には用いない。

I **have seen** him before.（私は今までに彼を見たことがある）

× I have seen him yesterday.

←「昨日」は明らかに過去

2 現在完了の用法

- 完了・結果「**～したところだ**」「**～してしまった（その結果今～だ）**」

完了に用いる副詞：just, now, already, yet

I **have** *just* **done** the dishes.［完了］
（私はちょうど皿を洗ったところだ）

I **have lost** my smartphone.［結果］
（私はスマートフォンをなくしてしまった［今もない］）

- 経験「**今までに～したことがある**」

経験に用いる副詞（句）：before, once, twice, ～ times, often, ever, never

Have you *ever* **slept** in a tent?
（テントで寝たことはありますか）

I've *never* **been** to China.（私は中国へ行ったことがない）

- 継続「**今までずっと～である**」

継続に用いる副詞（句・節）：for ～, since ～, always, How long ～?

I **haven't talked** with you *since* we had lunch.
（お昼を食べてから，君とは話をしていない）

- 現在完了進行形「**今までずっと～している**」

現在完了進行形は〈**have [has] been＋現在分詞**〉の形で，**動作の継続**の意味を表すときに用いる。

A big dog **has been sitting** in front of the house for a long time.
（大きな犬が長いこと家の前に座っている）

cf. We **have known** each other since we were small children.
（私たちは小さいときからの知り合いだ）［know は状態を表す動詞］

基本問題

解答 → 別冊 p. 21

56 現在完了の形 テスト必出

できたらチェック。

次の文を( )内の語を使って現在完了の文にしなさい。

□ (1) I read the comic book. (just)

□ (2) I forget about the letter. (for a long time)

□ (3) I didn't find a clear answer to the problem. (yet)

□ (4) Did you see the play in New York? (ever)

□ (5) I made up my mind to go abroad to study. (already)

ガイド (5) make up one's mind (to～)「(～しようと)決心する」

57 現在完了の意味

現在完了の意味に注意して，次の文を日本語になおしなさい。

□ (1) There are many small plants that we haven't studied yet.

□ (2) We have just entered a new level of the network society.

□ (3) I have had many chances to talk to the people in the town.

□ (4) A: Hi, Rosa. Long time no see.
B: Oh, hi, Tetsuya. How have you been?

□ (5) John moved to Boston. I've not heard from him since then.

□ (6) The water pipes have frozen, so we can't get any water.

ガイド (2) level「段階」, society「社会」 (5) hear from ～「～から連絡がある」
(6) water pipe「水道管」, freeze「凍る」—froze—frozen

58 現在完了と過去形

次の文の( )内から適当なほうを選びなさい。

□ (1) When (did the Tokyo Olympics take, have the Tokyo Olympics taken) place?

□ (2) About 40 years ago, Egypt (built, has built) a big dam to control the flow of the Nile River.

□ (3) It (has been, was) cold for the past five days.

□ (4) He is not here now. He (has gone, went) shopping.

□ (5) I (didn't see, haven't seen) you for ages. Where have you been?

ガイド (1) take place「開催される」 (2) flow「流れ」 (5) for ages「とても長い間」

59 現在完了進行形

次の文を(　)内の語を使って現在完了進行形の文にしなさい。

□ (1) I watch TV. (for two hours)

□ (2) She teaches English. (since she was 22)

□ (3) You studied English. (for more than 300 hours in class now)

□ (4) They worked hard to solve the problems. (for a long time)

□ (5) She lives with her aunt and uncle. (for five years now)

□ (6) Do you practice the piano? (How long)

60 動作の継続と状態

次の文の(　)内から適当なほうを選びなさい。

□ (1) He has (been reading, read) the book for almost five hours.

□ (2) We have (been knowing, known) for a long time that the earth goes around the sun.

□ (3) It has (been raining, raining) since yesterday.

□ (4) I have (been wanting, wanted) to visit Boston for a long time.

□ (5) Takuma and Kenta have (been playing, played) tennis for two hours.

□ (6) How long have you (been watching, watched) TV?

応用問題

解答 → 別冊 p. 22

61 差がつく　次の日本文の意味になるように，(　　)内に適当な1語を入れなさい。

□ (1) I (　　) (　　) (　　) such a high tower before.
今までにこんなに高い塔は見たことがない。

□ (2) How (　　) have you (　　) (　　) here?
ここにはどのくらい滞在していますか。

□ (3) I (　　) just (　　) (　　) the airport to see my friends off.
友達を見送りに空港に行ってきたところだ。

□ (4) (　　) you (　　) to the new Indian restaurant?
新しいインドレストランに行ったことはありますか。

□ (5) I (　　) (　　) away from home (　　) about six months now.
私はもう6か月ほど家に帰っていない。

62 次の日本文の意味になるように，(　　)内の語(句)を並べかえなさい。

□ (1) (gone / you / ever / skydiving / have)?
スカイダイビングをしたことはありますか。

□ (2) (I / I / entered / have / in Nagoya / lived / since / university).
私は大学に入学してからずっと名古屋に住んでいる。

□ (3) Americans love baseball because (been / for / have / it / more than 150 years / playing / they).
アメリカ人は150年以上野球をしているので，野球を愛している。

□ (4) (ten years / at the meeting / have / met / passed / since / we).
私たちが会議で会ってから10年になる。

□ (5) Since (been / changes / have / many political / the beginning of the twentieth century / there / ,) in Africa.
20世紀の初めから，アフリカでは多くの政治的変化が起きている。

10 過去完了・未来完了

★テストに出る重要ポイント

1 過去完了〈had＋過去分詞〉／過去完了進行形〈had been＋-ing〉

- 過去の一時点を基準にして，そのときまでの動作・状態の「完了・結果」「経験」「継続」を表す。

The train **had** already **left** when I arrived. ［完了］
（私が着いたときには，すでに列車は出ていた）

I **had** never **seen** such a nice musical until then. ［経験］
（それまでそんなすてきなミュージカルは見たことがなかった）

I **had known** the singer before she became famous. ［継続］
（私はその歌手が有名になる前から彼女と知り合いだった）

- 過去の一時点より前の動作・状態も，過去完了形で表す(**大過去**)。

Tom **lost** the glasses he **had bought** the day before.
（lost：過去／had bought：lost より前（大過去））
（トムは前の日に買ったメガネをなくしてしまった）

- **動作の継続**を表すときには**過去完了進行形**〈had been＋-ing〉を用いる。

He **had been thinking** about what he could do for society since he was a university student.
（彼は大学生のころから，社会に対して何ができるのか考えていた）

2 未来完了〈will have＋過去分詞〉／未来完了進行形〈will have been＋-ing〉

- 未来の一時点を基準にして，そのときまでの動作・状態の「完了・結果」「経験」「継続」を表す。

She **will have done** her work by seven o'clock. ［完了］
（彼女は７時までには仕事を終えているだろう）

- 動作の継続を表すときには**未来完了進行形**〈will have been＋-ing〉を用いるが，実際にはほとんど使われない。

- 時・条件を表す副詞節内では，未来完了のかわりに現在完了を用いる。

I'll go jogging after I **have finished** my homework.
（宿題を終えたら，走りに行くつもりだ）

基本問題

解答 → 別冊 p. 23

63 過去完了の形

できたらチェック。

次の文の(　　)内の動詞を過去完了形に変えなさい。

□ (1) I (see) her several times before, so I recognized her at once.

□ (2) Someone (buy) it by the time I went back to the store.

□ (3) The boss asked him if he (do) that kind of work before.

□ (4) He (just get) home from school when the earthquake occurred.

□ (5) By the time they got home, the kids (already go) to bed.

64 過去完了の意味 テスト必出

過去完了の意味に注意して，次の文を日本語になおしなさい。

□ (1) When he got a telephone call, Mr. Sato had just finished reading the book.

□ (2) Almost everyone had left for home by the time we arrived.

□ (3) The plane had already taken off when I got to the airport.

□ (4) Until he came to Japan, Mr. Chen had never seen snow.

□ (5) I had always wanted to see the sights of Paris, so I agreed to go there with them.

ガイド (3) take off「離陸する」 (5) see the sights of ～「～の名所を見物する，観光する」

65 過去完了と過去完了進行形

次の文の(　　)内から適当なほうを選びなさい。

□ (1) For three years I had (been working, been worked) for the bank.

□ (2) When they got married, John and Mary had (known, been knowing) each other for 10 years.

□ (3) Mary had (watched, been watching) TV for three hours when she was scolded by her mother.

□ (4) They didn't know much about the town because they had (been just moving, just moved) there.

66 未来完了

次の文の(　　)内の動詞を未来完了形に変えなさい。

□ (1) We (go) to bed by the time you arrive.

□ (2) I (finish) cooking dinner by six.

□ (3) My family (live) here for four years next April.

□ (4) As of March next year, I (learn) the violin for exactly 15 years.

□ (5) By next Monday I (work) on that project for a month.

ガイド (4) as of ～「～の時点で」 (5) work on ～「～に従事する」

67 未来完了と現在完了

次の文の(　　)内から適当なほうを選びなさい。

□ (1) Please lend me the DVD after you (will have seen, have seen) it.

□ (2) We'll be late for the party unless we (have left, leave) now.

□ (3) You'd better wait here until he (comes, has been coming) back.

□ (4) Will you give me the book when you (have finished, will have finished) it?

□ (5) If you (have done, will have done) your homework, you may go out and play.

ガイド 時・条件を表す副詞節内の時制は，未来のことであっても現在形を用い，完了の場合は未来完了のかわりに現在完了を用いる。

応用問題

解答 ➡ 別冊 p. 24

68 次の文の(　　)内に入る最も適当な語(句)を，a～d から選びなさい。

□ (1) I'll have read through this magazine by the time I (　　) you again.

a. see　　b. saw　　c. will see　　d. had seen

□ (2) The movie ( ) started by the time we get to the movie theater.
a. have already b. had already
c. has already d. will have already

□ (3) My mother was sitting in an armchair. She was very tired because she ( ) so hard.
a. would work b. has been working
c. had been working d. was working

□ (4) By the time the 2002 World Cup was held, soccer ( ) already become a leading sport in Japan.
a. had b. has c. was d. is

69 〈差がつく〉 次の文の( )内に入る最も適当な語(句)を，a～d から選びなさい。

□ (1) The house ( ) my grandfather's until two years ago.
a. has been b. is c. is to be d. had been

□ (2) She came to my office while I ( ) the arrangements for my flight to Seoul.
a. was making b. am making
c. was made d. had made

□ (3) Tom ( ) for an hour at the station when his friend finally arrived.
a. has been waiting b. had been waiting
c. had been waited d. has been waited

□ (4) This coming May, we ( ) for twenty years.
a. had been married b. had married
c. will have been married d. will marry

ガイド (2) make arrangements「準備を整える」 (4) coming「来たる」

11 受動態

テストに出る重要ポイント

- **受動態は，動作の対象・動作自体に関心が置かれる場合**に用いる。〈be 動詞＋過去分詞〉で，**「～される」（動作），「～されている」（状態）**の意味を表す。

- **受動態のつくり方**

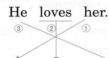

He loves her.
③ ② ①

She **is loved** by him.

①能動態の文の目的語を主語に。

②動詞を〈be 動詞＋過去分詞〉に。

③能動態の文の主語を by ～ に変えて文尾に。

by 以下が省略されるのは，行為者がばくぜんとした一般の人である場合や，自明で表す必要がない場合，不明で表せない場合などである。

- **受動態の時制は be 動詞の部分で表す。**

現在（am / are / is＋過去分詞），過去（was / were＋過去分詞）

未来（will be＋過去分詞），完了形（have / has / had been＋過去分詞）

- **受動態にできる文構造は「S＋V＋O」「S＋V＋O＋O」「S＋V＋O＋C」**

He gave me this book. → I **was given** this book by him.
S V O O → This book **was given** to me by him.

She made me happy. → I **was made** happy by her.
S V O C

- **注意すべき受動態**

  - They say that＋**S＋V**. → It is said that ... / **S** is[are] said to ...
  - 2 語以上の群動詞は，前置詞などを過去分詞のあとにつける。
    They *laughed at* me. → I *was laughed at* (by them).
  - 能動態の原形不定詞は，受動態では **to 不定詞**になる。
    We heard her *chat*. → She was heard *to chat*.
    （私たちは彼女がしゃべるのを聞いた）（彼女がしゃべるのが聞こえた）
  - 慣用表現：**be surprised at**，**be pleased with**，**be injured**，**be born**，**be covered with**，**be known to**，**be accustomed to** など

基本問題

解答 ➡ 別冊 p. 25

70 受動態の基本的な形 テスト必出

できたらチェック。

次の各組の文がほぼ同じ意味を表すように，(　　)内に適当な１語を入れなさい。

□ (1) Many people love dogs because they are friendly.
Dogs (　　　) (　　　) by many people because they are friendly.

□ (2) The teacher gave you a chance to learn the skill.
You (　　　) (　　　) a chance to learn the skill by the teacher.

□ (3) They gave him a toy patrol car.
→ He (　　　) (　　　) a toy patrol car.
→ A toy patrol car was (　　　) (　　　) him.

□ (4) They call the meat of a sheep mutton.
The meat of a sheep (　　　) (　　　) mutton.

□ (5) Ordinary tomato plants are grown in soil but they grew this plant in water.
Ordinary tomato plants are grown in soil but this plant (　　　) (　　　) in water.

ガイド　(4) mutton「マトン，羊肉」 (5) ordinary「ふつうの」，soil「土」

71 助動詞・完了形の受動態

次の各組の文がほぼ同じ意味を表すように，下線部に適当な語句を入れなさい。

□ (1) You can find comic magazines and books everywhere.
Comic magazines and books ______________ everywhere.

□ (2) The teacher has never scolded her.
She ______________ by the teacher.

□ (3) You must write the answers on one side of the paper only.
The answers ______________ on one side of the paper only.

□ (4) They had eaten all the food when I came home.
All the food ______________ when I came home.

72 注意すべき受動態

次の各組の文がほぼ同じ意味を表すように，下線部に適当な語句を入れなさい。

□ (1) They say that the Spanish are cheerful.
＿＿＿＿＿＿＿＿＿＿ that the Spanish are cheerful.

□ (2) People say that love is blind.
Love ＿＿＿＿＿＿＿＿＿＿ blind.

□ (3) They looked after the child with great care.
The child ＿＿＿＿＿＿＿＿＿＿ with great care.

□ (4) They made me wait for over an hour.
I ＿＿＿＿＿＿＿＿＿＿ for over an hour.

□ (5) They sometimes heard the girl play the piano beautifully.
The girl ＿＿＿＿＿＿＿＿＿＿ the piano beautifully.

応用問題

解答 ➡ 別冊 p. 26

73 次の日本文の意味になるように，（　）内に適当な1語を入れなさい。

□ (1) Good job! Excellent! I'm very (　　) (　　) your work.
よくやった。すばらしい。あなたの仕事に大変満足しています。

□ (2) Every single hour, three people (　　) (　　) or severely (　　) by landmines.
1時間ごとに3人の人が地雷で死ぬか，大けがをしている。

□ (3) About 75 percent of the earth's surface is (　　) (　　) water.
地球の表面の約75%が水におおわれている。

□ (4) Books which (　　) (　　) are not necessarily good.
よく売れる本が必ずしもいい本だとは限らない。

□ (5) The hall was (　　) (　　) a chorus of "Hey Jude."
ホールは「ヘイ・ジュード」のコーラスでいっぱいになった。

ガイド (2) landmine「地雷」 (3) surface「表面」
(4) not necessarily ～「必ずしも～とは限らない」

74 差がつく 次の文の(　　)内に入る最も適当な語句を，a～d から選びなさい。

□ (1) I sat down for a rest while the repairs (　　).
a. were doing　　b. were being done
c. had been done　　d. would be done

□ (2) The weather isn't very good now, but (　　) to be better tomorrow.
a. it's expected　　b. it's expecting
c. it expects　　d. it'll expect

□ (3) He has never (　　) lose his temper.
a. seen to　　b. been seen
c. been seen to　　d. been seeing

□ (4) He failed the test and was (　　) himself.
a. pleased with　　b. acquainted with
c. based on　　d. ashamed of

75 (1)～(7)は下線部を主語にして受動態の文に，(8)～(10)は能動態の文にしなさい。

□ (1) They speak <u>several languages</u> in Switzerland.

□ (2) We pay <u>extra money</u> to those who come to work during holidays.

□ (3) We don't allow <u>you</u> to smoke on the plane.

□ (4) They didn't give <u>the black people</u> the right to vote.

□ (5) Do they make <u>vegetarian *ramen*</u> in India?

□ (6) They saw <u>Carl</u> enter the building last night.

□ (7) They are building <u>a new hospital.</u>

□ (8) It is said that Rome was not built in a day.

□ (9) These windows must be kept locked at all times.

□ (10) Some of these rules should be done away with at once.

ガイド (2) extra「余分の」 (10) do away with ～「～を廃止する」

12 不定詞の用法

★テストに出る重要ポイント

- 不定詞はふつう〈**to ＋動詞の原形**〉の形であるが，toのない形（原形不定詞）もある。不定詞は主語の人称・数や時制によって語形変化しない。

- 名詞的用法…**「～すること」**の意味を表し，**名詞と同じ働き**をする。**目的語**，**主語**，**補語**になる。

  I hope **to be** an architect. ［目的語］（私は建築家になりたい）
  O

  His dream is **to study** abroad. ［補語］（彼の夢は留学することだ）
  C

- 形容詞的用法…**「～するための」「～すべき」**の意味を表し，**名詞・代名詞を修飾**する。

  Can I get you something **to drink**?（何か飲み物をとりましょうか）

  「不定詞＋前置詞」の用法もある。cf. a house **to live in**（住む家）

- 副詞的用法…**「～するために」「～して」**などの意味を表し，**動詞・形容詞・副詞を修飾**する。

  Mr. Kato studied French **to learn** literature. ［目的］
  （加藤さんは文学を学ぶためにフランス語を勉強した）

  ・**目的**をはっきり表すときはin order to ～，so as to ～ を使う。
  I used to watch TV programs for children **in order to learn** Japanese.
  （私は日本語を学ぶために，テレビの子供番組を見たものだった）

  ・感情を表す語について，**原因・理由**を表す。
  I was surprised **to learn** that you are going to Korea. ［原因］
  （あなたが韓国へ行くと知って驚いた）

  ・「**～して（その結果）…する**」の意味を表す。
  She lived **to be** 100 years old. ［結果］（彼女は100歳になるまで生きた）

基本問題

解答 → 別冊 p. 27

76-A 不定詞の用法

できたらチェック。

次の文の(　　)内に入る不定詞を，下から１つずつ選びなさい。

□ (1) My dream is (　　　) a newscaster.

□ (2) I passed the test.
—— I'm very glad (　　　) that.

□ (3) I need more time (　　　) it over.

□ (4) It's late and I want (　　　) home.

【 to go, to hear, to become, to think 】

76-B 次の文の(　　)内に入る不定詞を，下から１つずつ選びなさい。

□ (1) Columbus was not the first European (　　　) foot in the Americas.

□ (2) Cookie Monster loves (　　　) cookies.

□ (3) I'd like (　　　) more about your country.

□ (4) My job is (　　　) my students learn the English language.

【 to help, to eat, to know, to set 】

ガイド　(2) Cookie Monster「クッキーモンスター」：アメリカの教育ＴＶ番組「セサミストリート」のキャラクター

77 不定詞の形容詞的用法　テスト必出

次の日本文の意味になるように，(　　)内の語を並べかえなさい。

□ (1) Some robots have (learn / to / ability / language / some).
言語を学習する能力が少しはあるロボットもいる。

□ (2) Each person (something / brought / eat / to).
それぞれの人が何か食べ物を持ってきた。

□ (3) It is important (to / to / about / something / talk / have).
何か話すことを持っていることが重要だ。

□ (4) If you cannot solve the problem for yourself, (to / someone / find / help / you).
自分でその問題を解決できなかったら，だれか助けてくれる人を探しなさい。

78 不定詞の副詞的用法

下線部の不定詞が a～c のどの用法かを答えなさい。

□ (1) She grew up to be a great scientist.

□ (2) To finish this job, you need the ability to work as a team.

□ (3) I'm very glad to meet you.

□ (4) I want to go to a school to study Italian cooking.

□ (5) I was happy to get birthday presents from my daughters.

a. 目的「～するために」　　b. 原因「～して」
c. 結果「～して(その結果)…になる」

応用問題

解答 → 別冊 p. 28

79 下線部の不定詞の用法に注意して，次の文を日本語になおしなさい。

□ (1) I tried hard to lose weight last year, only to fail; in fact, I gained more weight.

□ (2) In order to be a good teacher, you need to have good knowledge and experience.

□ (3) One period of my life is over forever. The carefree school days are gone, never to return.

□ (4) To hear him speak, you might think he is a smart man.

□ (5) This small bag has no pockets to put documents in.

80 次の日本文の意味になるように，(　　)内の語(句)を並べかえなさい。

□ (1) Please do (to / you / ask / if / hesitate / not / me) have any questions.
質問がありましたら遠慮なくおたずねください。

□ (2) The railroad company (run / trains / plans / to / special) next summer.
その鉄道会社は来年の夏に特別列車を走らせる計画です。

□ (3) John was (doing / student / the first / finish / the homework / to).
ジョンは一番に宿題をやり終えた生徒だった。

□ (4) Japanese people (in order / careful attention / word choices / to / pay) not to offend others.
日本人は相手の感情を傷つけないために慎重に言葉を選ぶ。

□ (5) He (to / find / awoke / on a bench / himself) in a strange park.
目覚めると彼は見知らぬ公園のベンチにいた。

□ (6) She (wasn't / to find / hard / that / she / only / tried / ,) fit for the job.
彼女は一生懸命やってみたが，結局その仕事に向いていないことに気づいた。

ガイド　(1) hesitate to ～「～するのをためらう」 (5)(6)「結果」を表す形。

81 差がつく　次の日本文の意味になるように，(　　)内に適当な1語を入れなさい。

□ (1) She has no friends (　　)(　　)(　　).
彼女には話し合える友人がいない。

□ (2) I have (　　)(　　)(　　) today.
今日は何もすることがありません。

□ (3) The important thing (　　)(　　)(　　) your best.
大切なことは最善をつくすことです。

□ (4) She (　　)(　　)(　　) the bike, though it was expensive.
高かったけれど，彼女はその自転車を買うことに決めた。

□ (5) I would like something (　　)(　　)(　　).
何か冷たい飲み物がほしいね。

□ (6) Please (　　)(　　) see Mr. Nakamura before the meeting.
会議の前に，忘れずに中村さんと会ってください。

13 不定詞の重要構文

テストに出る重要ポイント

- **疑問詞＋不定詞**

how to 〜（どう〜すべきか，〜する方法），**what to 〜**（何を〜すべきか），**when to 〜**（いつ〜すべきか）など

- **It 〜 (for _) to ... ; S+V+it+C+to ...**

It was hard **for** us **to** climb the mountain.
形式主語　不定詞の主語　真の主語
（私たちがその山を登るのはきつかった）

cf. It was kind **of** you to help me.（手伝ってくださるとはご親切に）

I found **it** difficult **to** read the book.
形式目的語　真の目的語
（私はその本を読むのはむずかしいとわかった）

- **S+V+O+不定詞「O が〜することを V する」**

want 〜 to ...（〜に…してもらいたい），**tell 〜 to ...**（〜に…するように言う），**ask 〜 to ...**（〜に…するように頼む）

他に expect，order，believe，advise，allow，remind など

He **told** me **to go** there.（彼は私にそこに行くように言った）

- **S+V(自動詞)＋不定詞**

seem / appear to 〜（〜のように見える）

be 動詞＋ to 〜　予定・義務・当然など

You **are to be** home by six.（あなたは6時までに帰宅しないといけない）[義務]

- **too 〜 to ...**（あまりに〜なので…できない）；**〜 enough to ...**（…〔できる〕ほど〜だ），**so 〜 as to ...**（…するほどに〜だ）

This bag is **too** heavy for me **to** carry.
（このかばんは重すぎて私には運べない）

＝ This bag is **so** heavy **that** I **cannot** carry it.

- **「形容詞＋不定詞」の熟語**

be sure to 〜（きっと〜する），**S+is difficult [easy，impossible] to 〜**（S は〜するのがむずかしい〔やさしい，不可能だ〕）

基本問題

解答 → 別冊 p. 29

82 疑問詞＋不定詞

できたらチェック。

次の文の（　　）内に **how**, **what**, **where**, **which** のいずれか適当な語を入れなさい。ただし，同じ語を２度使わないこと。

□ (1) I didn't know (　　　) to do at first.

□ (2) They looked at the stars and knew (　　　) way to go.

□ (3) I showed my grandfather (　　　) to use the computer.

□ (4) He asked me (　　　) to buy the book.

83 It ～ to ... ; S ＋ V ＋ it ＋ C ＋ to ...

次の日本文の意味になるように，（　　）内に適当な１語を入れなさい。

□ (1) (　　　) is very important (　　　) have clear goals.
はっきりとした目標を持つことは大変重要だ。

□ (2) It's necessary (　　　) (　　　) to work hard to succeed.
成功するためにはあなたは一生懸命働くことが必要です。

□ (3) Most smokers find (　　　) (　　　) to stop smoking.
ほとんどの喫煙者が禁煙はむずかしいと思う。

□ (4) It is not (　　　) for us (　　　) (　　　) "No" to our friend's requests.
私たちが友達の頼みを断ることは簡単ではない。

84 S ＋ V ＋ O ＋不定詞　テスト必出

次の日本文の意味になるように，（　　）内の語(句)を並べかえなさい。

□ (1) I (to / you / want / take) a look at these photos.
私はあなたにこれらの写真を見てほしい。

□ (2) The doctor (to / told / stay / me) in bed.
医師は私に寝ているように言った。

□ (3) My mother (me / to / asked / go / to) the supermarket.
母は私にスーパーへ行くように頼んだ。

□ (4) Do you (me / to / believe / expect) that story?
あなたは私がそんな話を信じると思っているのですか。

85 いろいろな重要構文

次の文の(　　)内に入る最も適当な語(句)を，a～dから選びなさい。

□ (1) Our teacher reminded (　　) money for the school trip next week.
a. we ought to bring　b. that we bring
c. our bringing　d. us to bring

□ (2) My daughter is old (　　) to help me do the dishes.
a. as　b. enough　c. too　d. very

□ (3) That package is (　　) heavy for Mary to carry.
a. too much　b. as　c. far too　d. enough

□ (4) Do you know how (　　) the trumpet?
a. play　b. to play　c. playing　d. to playing

□ (5) Bob's fifteen years old, so he's still (　　) vote.
a. too young to　b. young enough to
c. too young for　d. too old to

□ (6) He is sure to (　　) in time.
a. coming　b. will come　c. come　d. came

□ (7) This book is (　　) for me to understand.
a. easy too　b. easy enough
c. such easy　d. so easy that

□ (8) The notice tells us that we are (　　) the final exam next week.
a. to take　b. taken　c. taken to　d. taking to

ガイド (2) do the dishes「食器を洗う」 (5) vote「投票する」
(8) notice「通知」, final exam「期末試験」

応用問題

解答 ➡ 別冊 p. 30

86 〈差がつく〉 次の各組の文がほぼ同じ意味を表すように，(　　)内に適当な１語を入れなさい。

□ (1) It seems that pets are good for our health.
(　　) (　　) (　　) be good for our health.

□ (2) You should stay here until he returns.
You (　　) (　　) stay here until he returns.

□ (3) They are too tired to do anything.
They are (　　) tired that they (　　) do anything.

□ (4) She was so strong that she could run a full marathon.
She was (　　) (　　) to run a full marathon.

□ (5) You were kind enough to listen to my story.
You were so kind (　　) (　　) listen to my story.

□ (6) It is easy to read these guidebooks.
These guidebooks (　　) (　　) to read.

□ (7) Some parts of Japanese culture are hard to understand.
(　　) (　　) hard to understand some parts of Japanese culture.

□ (8) You are very kind to show me the way.
It is very kind (　　) (　　) to show me the way.

□ (9) Tell me how I can start this car.
Tell me how (　　) start this car.

□ (10) By chance Mai and I took the same bus on that night.
Mai and I just (　　) (　　) take the same bus on that night.

□ (11) Shall I wash the clothes?
Do you want (　　) (　　) wash the clothes?

14 原形不定詞・不定詞の完了形など

テストに出る重要ポイント

S+V+O+原形不定詞

to のない動詞の原形のみの不定詞を，**原形不定詞**と言う。知覚動詞・使役動詞のある文で使われる。

知覚動詞「～が…するのを見る[聞く]」(see, hear, feel, watch など)

I **saw** him **cross** the street.
S V O 原形不定詞
（私は彼が通りを渡るのを見た）

使役動詞「～に…させる」(make, let, have など)

They **made** us **work** for 12 hours a day.
（彼らは私たちを，1日12時間働かせた）

cf. I **got** her **to open** the door.（私は彼女にドアを開けさせた）

不定詞の否定形 … not, never を不定詞の直前につける。

His father told him **not to do** that again.
（彼の父は彼に2度とそんなことはするなと言った）

不定詞の完了形 … 〈**to have ＋過去分詞**〉で，述語動詞よりも**前の時**を表す。

He seems **to have been** tired.（彼は疲れていたようだ）
現在 現在より前＝過去

(= It seems that he **was** tired.)

代不定詞

同じ動詞を繰り返さないために，to *do* ... を to だけで表す形。

We can save energy if we really want **to**.
（私たちが本当に望めば，エネルギーを節約できます）＝ to save energy

不定詞の慣用表現

to tell the truth（本当のことを言うと），**to be frank with you**（素直に言えば），**to be sure**（確かに），**to begin with**（まずはじめに），**fail to ～**（～しそこなう），**had better ＋原形不定詞**（～するほうがよい）

had better の否定は〈had better **not**＋原形不定詞〉。

You **had better not** eat too much.（あまり食べ過ぎないほうがよい）

基本問題

解答 → 別冊 p. 31

できたらチェック。

87 S＋V（＝知覚動詞）＋O＋原形不定詞

次の日本文の意味になるように，(　　) 内の語(句)を並べかえなさい。

□ (1) (cry / the woman / heard / I) from across the street.
通りの反対側でその女性が叫ぶのが聞こえた。

□ (2) I have never seen (angry / get / my English teacher).
私は私の英語の先生が怒るのを見たことがない。

□ (3) (felt / the earth / I / shake) under my feet.
私は大地が足元で揺れるのを感じた。

□ (4) I have (a horse / her / watched / ride).
私は彼女が馬に乗るのを見たことがある。

88 S＋V（＝使役動詞）＋O＋原形不定詞

次の日本文の意味になるように，(　　) 内の語(句)を並べかえなさい。

□ (1) I (promise / my daughter / made) to call me once a week.
私は娘に週に１度私に電話するよう約束させた。

□ (2) (if / know / let / me / there's) anything I can do for you.
あなたのために私ができることがあるかどうか，教えてください。

□ (3) Shall I (call back / my wife / have)?
妻に折り返し電話をさせましょうか。

□ (4) You should (your report / check / have / him).
彼にあなたのレポートをチェックしてもらうべきです。

□ (5) The river is terribly polluted. How can we (clean it / get / people / to)?
その川はひどく汚されている。どうやって人々に清掃させることができるだろうか。

ガイド (5) pollute「汚す」，get は原形不定詞ではなく，〈get＋目的語＋to *do*〉「〜に…させる」の形になる。

89　不定詞の否定形；完了形；代不定詞　テスト必出

次の文の(　　)内の語を，適当な順序に並べかえなさい。

□ (1) I decided (to / worry / not) about my future.

□ (2) Do you promise (to / never / forget) me?

□ (3) I am sorry (kept / to / have) you waiting so long.

□ (4) Soccer is (have / to / said) been introduced to Japan in 1873.

□ (5) Did you finish the report?
—— (to / I / tried), but I didn't have enough time.

90　不定詞の慣用表現

下線部の不定詞の表現に注意して，次の文を日本語になおしなさい。

□ (1) To begin with, tell me your name.

□ (2) It is difficult to read this book, to be sure, but you must not give it up.

□ (3) When you come into New York Harbor, you cannot fail to see the Statue of Liberty.

□ (4) You had better go and see the doctor.

□ (5) You had better not go out tonight.

ガイド　(3) New York Harbor「ニューヨーク港」, the Statue of Liberty「自由の女神像」

応用問題

解答 ➡ 別冊 p. 32

91　差がつく　次の文の(　　)内に入る最も適当な語(句)を，a～d から選びなさい。

□ (1) They (　　) her sing in front of a large audience.
a. got　b. led　c. made　d. caused

□ (2) You (　　) show up at the meeting now.
a. had better not　b. had not better
c. didn't have better　d. had better not to

□ (3) The teacher made the students (　　　) the school at once so that they could return home safely before the rainstorm got heavier.
a. to leave　b. leave　c. leaving　d. left

□ (4) The government (　　　) him to leave his homeland.
a. forced　b. let　c. had　d. made

□ (5) We decided not (　　　) business with that company.
a. did　b. done　c. doing　d. to do

□ (6) He (　　　) someone call his name when he was about to go to bed.
a. wanted　b. listened　c. looked　d. heard

□ (7) You need not do that job, if you don't want (　　　).
a. so　b. doing　c. to　d. such

□ (8) To be (　　　) you, I have no money in my pocket now.
a. frank with　b. honest for　c. straight to　d. friendly to

□ (9) Instead of wasting his time playing a video game, he (　　　) come and help us.
a. has better　b. had better　c. would better　d. had rather

□ (10) I never (　　　) to brush my teeth before going to bed.
a. set　b. leave　c. fail　d. make

92 次の日本文の意味になるように，(　　)内の語(句)を並べかえなさい。

□ (1) She spoke very (wake / not / to / as / so / quietly) anybody up.
彼女はだれも起こさないように，とても静かにしゃべった。

□ (2) (you / turn / made / what / down) the proposal?
なぜその提案を断ったのですか。

□ (3) There (been / between / have / misunderstanding / seems / some / to) them.
彼らの間には何か誤解があったようだ。

□ (4) Please (to / know / advance / don't / fail / let / in / me) when you come to Japan.
いつ日本においでになるのか，必ず前もってお知らせください。

15 動名詞

テストに出る重要ポイント

- **動名詞の形は〈動詞の原形＋-ing〉**で，名詞と同じ働きをして**主語・補語・目的語・前置詞の目的語**になる。

He is good at **dancing**. ［前置詞の目的語］
（彼は踊るのが上手だ）

- 動名詞の**完了形**は〈**having＋過去分詞**〉，**受動態**は〈**being＋過去分詞**〉。

She is proud of **having won** the game. ［完了形］
（彼女はその試合に勝ったことを誇りにしている）

Ann is afraid of **being scolded** by her mother. ［受動態］
（アンは彼女の母に叱られるのを恐れている）

- 動名詞の意味上の主語は，名詞・代名詞の所有格または目的格を動名詞の前につけて示す。

Do you mind **my**[**me**] **sitting** here?（〔私が〕ここに座ってもいいですか）

- begin，like などは不定詞と動名詞の両方を目的語にとるが，どちらか一方だけを目的語にとる動詞もある。

1）動名詞のみを目的語にとる動詞
admit，avoid，enjoy，escape，finish，mind，suggest など

2）不定詞のみを目的語にとる動詞
ask，decide，expect，hope，pretend，promise，wish など

cf. remember，regret，forget，try は，目的語が不定詞か動名詞かによって意味が異なるので注意する。

Remember **to mail** the letter.（忘れずに手紙を出しなさい）
Remember **mailing** the letter.（手紙を出したのを忘れないようにしなさい）

- **動名詞の慣用表現**

There is no -ing（～することはできない），**It is no use**[**good**] **-ing**（～しても無駄だ），**cannot help -ing**（～せずにはいられない），**be worth -ing**（～する価値がある），**on -ing**（～するとすぐに），**look forward to -ing**（～することを楽しみに待つ），**It goes without saying that ...**（…は言うまでもない）

基本問題

解答 → 別冊 p. 33

93 動名詞の基本的な働き

できたらチェック。

次の文の(　　)内の動詞を動名詞に変え，その働きを下から選びなさい。

□ (1) The teacher tried to avoid (hurt) her feelings.

□ (2) My hobby is (watch) stars.

□ (3) Thank you for (invite) me, Ayumi.

□ (4) (Give) a speech in English is really hard.

【 a. 主語　b. 補語　c. 目的語　d. 前置詞の目的語 】

94 動名詞の完了形・受動態；動名詞の意味上の主語 テスト必出

次の各組の文がほぼ同じ意味を表すように，(　　)内に適当な1語を入れなさい。

□ (1) I'm sorry to have kept you waiting.
I must apologize for (　　　) (　　　) you waiting.

□ (2) I have never been treated like that, so I am not used to it.
I am not used to (　　　) (　　　) like that.

□ (3) She insisted that I should stay there overnight.
She insisted on (　　　) (　　　) there overnight.

□ (4) I regret that I didn't work harder.
I regret (　　　) (　　　) worked harder.

ガイド　(2) 動名詞の受動態。　(4) 否定の not は動名詞の前に置く。

95 不定詞と動名詞 テスト必出

次の文の(　　)内の動詞を，動名詞か不定詞のいずれかの形に変えなさい。

□ (1) I hope (take) a trip around the world someday.

□ (2) We enjoy (talk) about fashion, music, and so on.

□ (3) Peggy, have you finished (read) today's paper?

□ (4) We promised (buy) my daughter a puppy.

96 S＋V＋不定詞とS＋V＋動名詞

次の各組の文を，下線部の違いに注意して日本語になおしなさい。

□ (1) (a) I remember crossing the bridge with Emma. She can't be far.
(b) If you want to have an active day, remember to eat a good breakfast.

□ (2) (a) I regret saying such a thing to her.
(b) I regret to inform you that you've failed the exam.

□ (3) (a) Why don't you try standing up and walking?
(b) I always try to give my opinion and act at once.

□ (4) (a) In 1972 farmers in the United States had to stop using DDT.
(b) I stopped to drink a glass of water.

ガイド (3) give opinion「意見を言う」 (4) DDT：殺虫剤の名称。

97 動名詞の慣用表現

次の日本文の意味になるように，(　　)内に適当な１語を入れなさい。

□ (1) There is (　　) denying that we need a lot of help.
私たちが多くの助けを必要としているのは否定できない。

□ (2) It's no (　　) asking me what I don't know.
私の知らないことをたずねてもむだだよ。

□ (3) I couldn't (　　) laughing at the man.
私はその男の人を見て笑わずにはいられなかった。

□ (4) Her speech is (　　) listening to.
彼女のスピーチは聞く価値がある。

□ (5) (　　) arriving at King's Cross Station, they started to look for a hotel.
キングス・クロス駅に着くとすぐに，彼らはホテルを探し始めました。

□ (6) She was looking (　　) to seeing her grandchildren on New Year's Day.
彼女はお正月に孫たちと会えるのを楽しみにしていた。

応用問題

解答 ➡ 別冊 p. 34

98 差がつく 次の文の(　　)内に入る最も適当な語(句)を，a～d から選びなさい。

□ (1) I am sure I locked the door when I left home. I clearly remember (　　).
a. locked it　　b. locking it
c. to have locked it　　d. to lock it

□ (2) I really can't bear (　　) in front of others.
a. for teasing　　b. against teasing
c. teased　　d. being teased

□ (3) There is (　　) what might come next in the present political situation.
a. no telling　　b. not known
c. not understandable　　d. impossible to realize

□ (4) You should avoid (　　) the street here if you are not in a hurry.
a. to cross　　b. of crossing
c. crossing　　d. that you cross

□ (5) The boys insisted (　　) to the amusement park.
a. on going　　b. going　　c. to go　　d. at going

□ (6) It is no use (　　) over spilt milk.〔ことわざ〕
a. complaining　　b. shouting　　c. crying　　d. weeping

□ (7) It (　　) without saying that "Practice makes perfect."
a. makes　　b. takes　　c. goes　　d. comes

□ (8) I'm so worried about the house (　　) yet.
a. being not sold　　b. being not selling
c. not being selling　　d. not being sold

□ (9) Just (　　) hard is not good enough to pass this examination.
a. trying　　b. being tried
c. having been tried　　d. try

16 分詞

テストに出る重要ポイント

現在分詞＋名詞；過去分詞＋名詞

現在分詞〈**動詞の原形＋-ing**〉は「**～している**（能動的）」，**過去分詞**は「**～された**（受動的）」の意味で，どちらも名詞を修飾することができる。

a **flying** bird（飛んでいる鳥）　a **boiled** egg（ゆでられた卵→ゆで卵）

「名詞＋分詞」の形

分詞のあとに目的語や修飾語などがつくと，分詞は修飾する名詞のあとに置かれる。

a boy **playing** with his little brother

（少年←弟と遊んでいる）

a beautiful girl **named** Ophelia

（美しい少女←オフィーリアという名前の）

S＋V＋分詞（C）

分詞は自動詞のあとに来て，補語として用いられ，主語の動作・状態を説明する。

A woman **came running** toward me.
S V C

（1人の女性が私のほうへ走ってきた）

S＋V＋O＋分詞（C）

分詞が「**S＋V＋O＋C**」の補語になるときは，目的語が分詞の意味上の主語になる。

She **kept** the engine **running** while she was waiting.
S V O C

（彼女は待っている間，車のエンジンをかけたままにしておいた）

I didn't **hear** my name **called**.
S V O C

（私は名前を呼ばれるのが聞こえなかった）

〈**have [get]＋O＋C**〉は「使役」や「被害」の意味を持つ。

I **had** my bike **repaired**. [使役]（私は自転車を修理してもらった）

基本問題

解答 → 別冊 p. 35

できたらチェック。

99 現在分詞＋名詞；過去分詞＋名詞 テスト必出

次の文の(　　)内の語を，適当な形に変えなさい。

□ (1) My father decided to buy a (use) car.

□ (2) Human beings are called the (talk) animal.

□ (3) The giant (glow) ball of gas is known as the planet Jupiter.

□ (4) An ambulance is a motor vehicle for carrying sick or (injure) people.

□ (5) Rock-and-roll is full of (excite) rhythms.

ガイド (3) The ～ gas までが主部。glow「輝く」, Jupiter「木星」 (4) vehicle「乗り物」 (5) rhythm「リズム」

100 名詞＋分詞

次の文の(　　)内の語(句)を，適当な順序に並べかえなさい。

□ (1) Aerobics means any exercise (to / the heart rate / keep / designed) high for some time.

□ (2) You can download a file (of / pictures / containing / some) your favorite singer.

□ (3) Here are some messages (the / to / president / sent).

□ (4) Methane hydrate is a (made / methane / solid / of).

□ (5) Who is the fat man (in / corner / sitting / the)?

ガイド 〈名詞＋分詞で始まる語句〉の語順。 (1) aerobics「エアロビクス」, heart rate「心拍数」 (4) methane hydrate「メタンハイドレート」, solid「固体」

101-A S＋V＋O＋分詞

次の文の(　　)内の語を，適当な形の分詞に変えなさい。

□ (1) I found the old man (surround) by his grandchildren.

□ (2) We found George (play) the piano.

□ (3) He has kept me (wait) for three hours.

□ (4) I heard my father (sing) a song in the bathroom.

□ (5) The room was so noisy that I could not make myself (hear).

101-B 次の日本文の意味になるように，(　　)内の語(句)を並べかえなさい。

□ (1) Jane (her / had / has / cut / hair).
ジェーンは髪の毛を切ってもらったところだ。

□ (2) I saw (waiting / her child / for / Susie) in front of the kindergarten.
私はスージーが幼稚園の前で子供を待っているのを見た。

□ (3) I (painted / my / had / nails) at the beauty shop.
私は美容院でネイルをしてもらった。

□ (4) I (crawling / something / felt / my back / on).
私は何かが私の背中をはっているのを感じた。

□ (5) I managed to (myself / make / understood) in English.
私はなんとか英語を通じさせた。

□ (6) Kaori (the door / unlocked / left).
カオリはドアに鍵をかけないままにしていた。

応用問題

解答 ➡ 別冊 p. 36

102 次の日本文の意味になるように，(　　)内に適当な１語を入れなさい。

□ (1) Mr. and Mrs. Hartnet were (　　　) (　　　) for their trip.
ハートネット夫妻は旅行の準備に忙しかった。

□ (2) On hot days the boys would (　　　) (　　　) in the river.
暑い日には少年たちは川に泳ぎに行ったものです。

□ (3) He (　　　) speaking about his vacation.
彼は休暇のことをしゃべり続けた。

□ (4) My parents (　　　) a whole month (　　　) in Australia this summer.
私の両親はこの夏，まる１か月オーストラリアを旅行して過ごした。

103 次の文の(　　)内に入る最も適当な語(句)を，a～d から選びなさい。

□ (1) The dog rushed to the window when it heard its owner (　　) its name.
a. calling　b. to call　c. called　d. calls

□ (2) Akiko had her bag (　　) and lost all her money.
a. steal　b. stole　c. stealing　d. stolen

□ (3) Don't put the kettle on the range. There isn't (　　) in it.
a. little water leaving　b. much water left
c. much water leaving　d. little water left

□ (4) Can I help you?
— Yes, please. I'd like to get this prescription (　　).
a. filled　b. to fill　c. fill　d. filling

□ (5) The movie was so (　　) that we couldn't sleep last night.
a. excitingly　b. excited　c. excite　d. exciting

□ (6) Before the first day of school, he got so (　　) that he couldn't sleep.
a. exciting　b. excited　c. excite　d. excitement

□ (7) Tom had his driver's license (　　) for speeding.
a. to suspend　b. suspend　c. suspending　d. suspended

□ (8) Tom doesn't have anything to do now. I'm sure he (　　).
a. boring　b. is boring　c. bored　d. is bored

□ (9) Can you smell something (　　) in the refrigerator?
a. to be going bad　b. go bad
c. going bad　d. to go bad

□ (10) You should have your eyes (　　) by the eye doctor.
a. examine　b. examined
c. to be examined　d. to examine

ガイド (3) kettle「やかん」, range「(電気・ガス)レンジ」 (4) prescription「処方薬」
(7) suspend「(免許を)停止する」, speeding「スピード違反」

17 分詞構文

テストに出る重要ポイント

- **現在分詞・過去分詞で始まる語句**が文を修飾する形を分詞構文と言う。

- **分詞構文のつくり方**

When I heard the sound, I ran out of the room.
① ② ③

①副詞節の接続詞を取り去る。②主節の主語と一致している主語を取り去る。
③副詞節の動詞を現在分詞に変える。

= **Hearing** the sound, I ran out of the room.
（私は物音を聞いて，部屋から走り出た）

分詞構文の否定形は〈not [never] + 分詞〉とする。

= **Not knowing** the way, they got lost.
（道を知らなかったので，彼らは道に迷った）

- **分詞構文の意味**

a) 時「〜するとき」，b) 理由「〜ので」，c) 付帯状況「〜しながら」，
d) 条件「〜すれば」，e) 譲歩「〜だが」（d，e は比較的少ない）

- **分詞構文の受動態・完了形**

受動態— being を省略して，**過去分詞**で始める。
完了形—〈**having ＋過去分詞**〉で始める。

- **独立分詞構文**

主節の主語と分詞の意味上の主語が一致しない場合は，分詞の意味上の主語を分詞の前につける。「意味上の主語（主格）＋分詞」の形になる。

It being fine, we went on a picnic.
（晴れていたので，私たちはピクニックに出かけた）

- **with＋名詞＋分詞** 付帯状況「〜を…して」

He sat **with** his legs **crossed**.（彼は脚を組んで座っていた）

- **分詞構文の慣用表現**

judging from 〜（〜から判断すると），**generally speaking**（一般的に言えば），**frankly speaking**（率直に言えば），**talking of 〜**（〜と言えば），**considering 〜**（〜を考えれば）

基本問題

解答 → 別冊 p. 37

104 分詞構文のつくり方

できたらチェック。

次の文の下線部を分詞構文で書きかえなさい。

□ (1) When I entered the room, I found everyone talking about the accident.

□ (2) As we have a test tomorrow, we are studying hard.

□ (3) While I was flying to London, I watched a lot of movies.

□ (4) When you leave the room, don't fail to turn off all the lights.

□ (5) Because I didn't know what to do, I kept silent.

105-A 分詞構文の意味 テスト必出

次の各組の文がほぼ同じ意味を表すように，(　　)内に適当な１語を入れなさい。

□ (1) Driving carefully, we can avoid most accidents.
(　　) we (　　) carefully, we can avoid most accidents.

□ (2) Not having enough money, I decided not to go on a trip.
(　　) I (　　) have enough money, I decided not to go on a trip.

□ (3) Walking along the street, I saw Risa and Hiro walking hand in hand.
(　　) I was (　　) along the street, I saw Risa and Hiro walking hand in hand.

□ (4) Admitting what you say, I still do not think I am wrong.
(　　) I (　　) what you say, I still do not think I am wrong.

105-B 下線部の分詞構文の意味に注意して，次の文を日本語になおしなさい。

□ (1) Singing and shouting, they waited until their leader appeared on the stage.

□ (2) He asked people to remain calm, speaking of love.

□ (3) He traveled around the country, speaking to many people in many cities.

□ (4) “Pleased to see you,” Mr. Sato said, smiling and shaking hands with me.

106 分詞構文の受動態・完了形

次の各組の文がほぼ同じ意味を表すように，(　　)内に適当な１語を入れなさい。

□ (1) As I had got up early, I felt pretty tired.
(　　) (　　) up early, I felt pretty tired.

□ (2) Because I had never been there before, I lost my way.
(　　) (　　) (　　) there before, I lost my way.

□ (3) When she was left alone, the baby began to cry.
(　　) (　　), the baby began to cry.

□ (4) If you see the mountain from here, it looks like a bear.
(　　) (　　) here, the mountain looks like a bear.

ガイド　(1)(2) 副詞節と主節の時制の違いに着目する。

107 独立分詞構文；with＋名詞＋分詞

次の各組の文が同じ意味を表すように，(　　)内に適当な１語を入れなさい。

□ (1) Since it was very cold, May did not go out.
(　　) (　　) very cold, May did not go out.

□ (2) As there was no objection, they accepted that proposal.
(　　) (　　) no objection, they accepted that proposal.

□ (3) Jane was standing there. Her hair was waving in the wind.
Jane was standing there (　　) (　　) (　　) waving in the wind.

□ (4) If I speak generally, dogs are loyal to their owners.
(　　) (　　), dogs are loyal to their owners.

□ (5) If I judge from the way he speaks, I think he is from Australia.
(　　) (　　) the way he speaks, I think he is from Australia.

ガイド　(1)(2) 副詞節と主節の主語が異なることに注意。　(2) objection「反対」

応用問題

解答 ➡ 別冊 p. 39

108 次の日本文の意味になるように，(　)内の語を並べかえなさい。

□ (1) (having / map / not / studied / the), he didn't know which way to go.
地図を調べていなかったので，彼はどちらに行けばよいのかわからなかった。

□ (2) Not (friends / and / I / in / interested / movie / that / my / ,) left our seats after a few minutes.
その映画に興味がわかなかったので，友人たちと私は数分後に席を立った。

□ (3) (energy / with / people / many / so / wasting), we'll run out of it soon.
非常に多くの人々がエネルギーを浪費しているので，じきになくなってしまうだろう。

□ (4) A thick fog covered the road, (it / drive / impossible / making / to) safely.
濃い霧が道路に立ち込めて，安全に運転するのは不可能になった。

□ (5) (my / from / state / the / clothes / judging / of / uncle's), he slept in them last night.
私のおじの服の状態から判断すると，彼は昨夜あれを着たまま寝たのだ。

109 日本語を参考にして，(　)内に適当な１語を入れなさい。

□ (1) She was listening to my story with (　　) (　　) (　　).
(目を閉じて)

□ (2) The old man just sat there (　　) (　　) (　　) folded.
(腕を組んで)

□ (3) I left the kitchen (　　) the water (　　).
(水を出しっぱなしにして)

□ (4) (　　) his age, the president looks pretty young.
(年齢を考慮すると)

□ (5) Weather (　　), we will go swimming in the river.
(天候が許せば)

18 助動詞

テストに出る重要ポイント

can, may, must

・**can** (a)可能・能力　(b)許可「〜してよい」　(c)推量(否定文で)「〜のはずがない」,(疑問文で)「いったい〜だろうか」

＊過去形では could や was[were] able to,未来では will be able to。

The rumor **cannot** be true.(そのうわさは本当のはずがない)［否定的な推量］

・**may, might** (a)許可　(b)推量「〜かもしれない」　(c)祈願

・**must** (a)必要・義務　(b)禁止(否定文で)「〜してはいけない」　(c)推定「〜にちがいない」＊過去形では had to,未来では will have to。

can, may, must の慣用表現

cannot[can't] 〜 too ...(いくら〜してもしすぎることはない),**may [might] well 〜**(〜するのももっともだ,〜だろう),**may[might] as well 〜**(〜するほうがよい),**may[might] as well 〜 as ...**(…するくらいなら〜するほうがましだ)

その他の助動詞

・**need**「〜する必要がある」・**dare**「あえて〜する」

・**ought to** (a)義務「〜すべきである」　(b)当然の推量「〜するはずだ」

・**used to**　過去の習慣・状態「〜するのが常だった」「以前は〜だった」

・**will** (a)習性・傾向　(b)固執・主張「どうしても〜する」

(c)現在の習慣「よく〜する」　(d)現在の推量「〜するものだ」

・**would** (a)丁寧な表現　(b)過去の習慣「よく〜したものだ」

(c)過去の意志・拒絶「どうしても〜しようとしなかった」

・**should** (a)義務・当然「〜すべきである」　(b) **that** 節中(It is natural **that**＋**S**＋**should** 〜 / **S**＋suggest **that** 〜 **should**)

助動詞＋完了形

cannot[can't]＋完了形(〜したはずがない),must＋完了形(〜したにちがいない),should[ought to]＋完了形(〜すべきだったのに〔しなかった〕),may＋完了形(〜したかもしれない)

You **should have** come earlier.(あなたはもっと早く来るべきだった)

基本問題

解答 → 別冊 p. 39

110-A 助動詞の基本的な意味

できたらチェック。

それぞれの助動詞の意味に注意して，次の文を日本語になおしなさい。

□ (1) You can use my dictionary if you like.

□ (2) What can we do to stop global warming?

□ (3) If you continue practicing reading aloud in English, you will be able to improve your English ability.

□ (4) You may be right, but I still think it's wrong.

ガイド (2) global warming「地球温暖化」 (3) read aloud「声に出して読む」, improve「向上させる」 (4) この may は「推量」を表す。

110-B **must**, **need** の意味に注意して，次の文を日本語になおしなさい。

□ (1) You must be hungry after your long walk.

□ (2) In California, children must go to school from age six to sixteen.

□ (3) You must not speak with your mouth full.

□ (4) You have plenty of time to think. You needn't decide in a hurry.

ガイド (3) with your mouth full「口に食べ物をいっぱい入れて」

110-C 次の文の(　　)内から，適当なほうを選びなさい。

□ (1) Do you think people (ought, should) to be allowed to smoke in public places?

□ (2) I (used, would) to enjoy reading books, but I don't have time for it now.

□ (3) Natural rubber (will, would) stretch easily when pulled.

□ (4) It is important that we (need, should) take action to protect the environment.

ガイド (1)(2) 直後の to に着目する。 (3) natural rubber「天然ゴム」, stretch「伸びる」

110-D 日本語を参考にして，(　　)内に適当な１語を入れなさい。

□ (1) You (　　) be too careful in choosing your books.
(注意しすぎることはない)

□ (2) He (　　) well be proud of his talent. (誇りに思うのももっともだ)

□ (3) If you are interested in it, you might (　　) (　　) give it a try. (挑戦するほうがよい)

111 助動詞の用法 テスト必出

次の文の(　　)内から，適当なほうを選びなさい。

□ (1) You (don't have to, ought not) decide right now. Just take your time.

□ (2) If you want to get a good job, you (need not, must not) make spelling mistakes on your resume.

□ (3) The doctor said I (must, ought) to give up the trip.

□ (4) When John lived in Oxford, he (should, would) often come to see me.

□ (5) (Would, Should) you tell me the way to the Ritz Hotel?

112 助動詞の完了形

次の文の(　　)内から，適当なほうを選びなさい。

□ (1) The soup is too salty. I (must not have, shouldn't have) put so much salt in it.

□ (2) You (must, cannot) have seen Ken in Nara yesterday. He is still in Scotland.

□ (3) Someone (must have broken, might break) into our house while we were away.

□ (4) You (ought to have sent, need to have sent) the package by special delivery.

ガイド (1)「～すべきではなかった」という過去の行為に対する後悔。

応用問題 解答 ➡ 別冊 p. 41

113 〈差がつく〉 次の各組の文がほぼ同じ意味を表すように，(　　)内に適当な１語を入れなさい。

□ (1) I cannot live without you.
I won't (　　　) (　　　) (　　　) live without you.

□ (2) Tom has good reason to be angry.
Tom may (　　　) be angry.

□ (3) All you have to do is just tell me the truth.
You have (　　　) (　　　) tell me the truth.

□ (4) It is not necessary for you to work overtime tonight.
You don't (　　　) (　　　) work overtime tonight.

□ (5) It is not good that he didn't do his best.
He ought to (　　　) (　　　) his best.

□ (6) Jane's office is locked. I'm sure she's gone home.
Jane's office is locked. She (　　　) (　　　) gone home.

□ (7) She is late. Perhaps she has missed her usual bus.
She is late. She (　　　) have missed her usual bus.

□ (8) It is impossible that she could have done such a thing.
She (　　　) have done such a thing.

114 日本語を参考にして，(　　)内に適当な１語を入れなさい。

□ (1) He (　　　) not speak to her. (話しかける勇気がない)

□ (2) No one is answering the phone. They (　　　) be out.
(外出しているかもしれない)

□ (3) It's getting cloudy. It (　　　) rain soon. (雨が降るにちがいない)

□ (4) It's easy to find the post office. You (　　　) miss it.
(見のがすはずがない)

19 名詞・冠詞

テストに出る重要ポイント

1 名詞

- **数えられる名詞**…普通名詞(book, girl など), 集合名詞(family, class など)。
- **数えられない名詞**…固有名詞(Tom, Japan など), 物質名詞(water, wood など), 抽象名詞(art, beauty など)。
物質名詞の量を表す場合, 単位を表す語を用いる。cf. **a cup of** coffee
- **名詞の複数形**
規則変化は語尾に **-(e)s** をつける。発音は [s] [z] [iz]　cf. des**ks** [s]
f, fe で終わる語は **v** に変えて **-(e)s** をつける。cf. **knife → knives**
不規則変化　cf. man — men, child — child**ren**, passer-by — passer**s**-by
- 名詞の**所有格**は **'s** をつけて表すが, 複数形の -(e)s で終わる語には **'** だけをつける。cf. a girl**s'** school（女子校）
- **〈of＋抽象名詞〉は形容詞, 〈with＋抽象名詞〉は副詞として働く。**
cf. a man of ability = an able man, with care = carefully

2 冠詞

- 不定冠詞 **a, an**…数えられる名詞の単数形に用いられる。
(a)「1つの」(= one) (b)「～につき」(= per, each) (c)「ある～」(= some, certain) (d)「～というもの」(種類全体) (e)(固有名詞につけて)「～という人[物]」 (f)「同一の」(= the same)
- 定冠詞 **the**…「特定のもの」を表す。
(a) the＋修飾語句のつく名詞 (b) the only＋名詞 (c) the＋唯一のもの (d) the＋形容詞・分詞「～な人々」 (e)「～というもの」(種類全体) (f)「～の単位・割合」(g) the＋固有名詞 (h) the＋体の部位
- **冠詞の位置**
(a)〈such, quite など＋a[an]＋形容詞＋名詞〉 (b)〈all, both など＋the＋名詞〉 (c)〈so, too など＋形容詞＋a[an]＋名詞〉
such a beautiful sight（そんなに美しいながめ）

基本問題

解答 → 別冊 p. 42

115-A 名詞の複数形；所有格

できたらチェック。

次の日本語に当たる英単語の複数形を書き，さらに s で終わる名詞では語尾の発音が [s] なら (a)，[z] なら (b)，[iz] なら (c) と書きなさい。

- □ (1) 少年 □ (2) 箱 □ (3) ジャガイモ □ (4) 本 □ (5) 葉
- □ (6) 歯 □ (7) 女性 □ (8) 子供 □ (9) 赤ん坊 □ (10) 家

ガイド 〈子音字＋ y〉で終わる名詞は y を i に変えて -es をつける。

115-B 次の文の（ ）内の名詞を，必要があれば適当な形に変えなさい。

- □ (1) Can you catch many (fish) in the Tamagawa?
- □ (2) "Station" is a place where people can change (train).
- □ (3) The police asked (passer-by) if they had seen the accident.
- □ (4) A lot of (Japanese) learned about the accident through the newspapers.
- □ (5) I looked for some red (cloth) and made a ribbon.
- □ (6) A friend of (Romeo) was killed by (Juliet) cousin.
- □ (7) Your school has a (girls) field hockey team, doesn't it?
- □ (8) We're going to have a party at my (uncle) next Sunday.
- □ (9) A few (minute) walk will bring you to the park.

ガイド (2) shake hand<u>s</u> with ～「～と握手をする」などと同じ用法。 (9)「数分歩けば～」の意味。

116-A 普通名詞・集合名詞・固有名詞・物質名詞・抽象名詞 テスト必出

次の文の（ ）内から，適当なほうを選びなさい。

- □ (1) The whole (class, classes) were wearing the same T-shirt for the school festival.
- □ (2) In my high school all (class, classes) are taught in English.
- □ (3) The police (was, were) able to arrest the thief.

□ (4) My family (has, have) just put solar panels on our roof.

□ (5) Different nations and different (people, peoples) will approach the goals of peace in different ways.

116-B 次の文の(　　)内から，適当なほうを選びなさい。

□ (1) Brian picked up a (lump, piece) of chalk, and began to write on the blackboard.

□ (2) She is always drawing something on a blank (slice, sheet) of paper.

□ (3) I'd like (an information, some information) about trains, please.

□ (4) Stephen Hawking is sometimes called (Einstein, an Einstein) in a wheelchair.

□ (5) I had to buy (a bread, some bread) because I wanted to make (some sandwiches, some sandwich).

ガイド (3) information(情報)は数えられない名詞。 (4) Stephen Hawking「スティーヴン・ホーキング」: イギリスの理論物理学者，wheelchair「車椅子」

117 不定冠詞 a, an の用法

下線部の不定冠詞の意味を，(a)～(d)から選びなさい。

□ (1) Long, long ago, there lived <u>a</u> pretty girl in a village.

□ (2) I'd like to buy <u>a</u> jacket for the summer.

□ (3) Birds of <u>a</u> feather flock together.〔ことわざ〕

□ (4) Some people say we laugh about fifteen times <u>a</u> day.

(a) one　(b) per, each　(c) the same　(d) some, certain

118 冠詞の位置

次の文の(　　)内の語を，適当な順序に並べかえなさい。

□ (1) I'm surprised that you are (a / photographer / good / such).

□ (2) We like Charlie and (all / other / the) characters.

□ (3) He is (a / honest / boy / too) to tell a lie.

応用問題 解答 ➡ 別冊 p. 43

119 次の各組の文がほぼ同じ意味を表すように，(　　)内に適当な１語を入れなさい。

□ (1) The question is very important.
The question is of great (　　　).

□ (2) This information may be useful to him.
This information may be of (　　　) to him.

□ (3) Most Westerners living in Japan use chopsticks easily.
Most Westerners living in Japan use chopsticks with (　　　).

□ (4) We were late because it rained heavily.
We were late because of the (　　　) (　　　).

120 〈差がつく〉 次の文の誤りの箇所を指摘し，正しい形になおしなさい。

□ (1) How many furnitures do you have in your apartment?

□ (2) My favorite subject is mathematics, but physics are too difficult for me.

□ (3) I made friend with some foreigners at the party last night.

□ (4) I'll stay until a your friend gets here.

□ (5) My teacher didn't give me many advices after my presentation.

□ (6) My father told me to look him in his eye and listen to what he said.

□ (7) There is a wide gap between a rich and a poor in that country.

□ (8) I have a quite few books on SF movies.

□ (9) I used to go to school by the bus before we moved.

□ (10) I'm going to play the tennis with my friends on Saturday.

ガイド (2) 科目名は -s がついていても単数扱い。 (6)〈V＋人＋前置詞＋the＋体の部分〉の言い方。「人の～を…する」 (9)「～で」と交通の手段を表す場合は無冠詞。

20 代名詞

テストに出る重要ポイント

人称代名詞，指示代名詞など

・**注意すべき人称代名詞**
一般の人を指す we，you，they「人々」や，主語として天候・時間・距離・明暗・状況などを表す it は，日本語に訳さない。

・所有代名詞（mine，yours，his，hers，ours，yours，theirs）
「～のもの」の意味を表し，「所有格＋名詞」を１語で表す。

・再帰代名詞（-self，-selves）
He hurt **himself**.（彼はけがをした）［再帰用法］
慣用表現：**for oneself**（独力で），**by oneself**（１人で），**help oneself to ～**（～を自由に飲食する），**behave oneself**（行儀よくする）

・疑問代名詞 who（だれが），what（何が），which（どちらが）
Who are you waiting for?（あなたはだれを待っているのですか）
What made him so angry?（何が彼をそれほど怒らせたのですか）
疑問詞が主語→平叙文と同じ語順

・指示代名詞（this，these，that，those など）
The temperature here is higher than **that** of Tokyo.
（ここの気温は東京の気温よりも高い）　＝ the temperature

one，some，other など（不定代名詞）

・**some，any**（いくつか〔の〕）
some は**肯定文**，any は**否定文・疑問文**で用いる。

・**one** ＝〈a[an]＋単数名詞〉
He has a bike. I need **one**, too.（彼は自転車を持っている。私もそれが必要だ）

・**単数扱い**：**either**（どちらか，どちらも），**each**（それぞれ），**every**（あらゆる，すべての～），**neither**（どちらも～ない），**all**＋数えられない名詞

・**複数扱い**：**both**（両方），**all**＋数えられる名詞

・**不定代名詞の慣用表現**
one ～, the other(s) ...（１つは～，他方〔残りすべて〕は…），**one ～, another ...**（１つは～，もう１つは…），**each other**（お互いに）

基本問題

解答 → 別冊 p. 44

できたらチェック。

121 人称代名詞・所有代名詞

次の文の(　　)内から，適当な語を選びなさい。

□ (1) Between you and (I, my, me), I fell in love with Jane.

□ (2) My friends and (I, my, me) talked about the school festival.

□ (3) I just want to thank you on behalf of all of (we, ours, us).

□ (4) In this modern age of (us, our, ours) there are still mysterious things.

□ (5) How far is (that, it, they) from London to Edinburgh?

122 再帰代名詞

下線部の用法に注意して，次の文を日本語になおしなさい。

□ (1) While playing soccer yesterday, Jeff hurt <u>himself</u>.

□ (2) I didn't know how to spend my free time all <u>by myself</u>.

□ (3) He wanted the villagers <u>themselves</u> to continue growing pineapples.

□ (4) Please <u>help yourself to</u> as many cookies as you like.

□ (5) Jim's mother persuaded him to <u>behave himself</u>.

ガイド (3) villager「村人」 (5) persuade「説得する」

123 疑問代名詞

次の文の(　　)内に，適当な疑問代名詞を入れなさい。

□ (1) (　　　)'s calling, please? —— Oh, this is May.

□ (2) You know (　　　)? I love British rock music.

□ (3) (　　　) things are these? —— They belong to my parents.

□ (4) (　　　) is nicer, to hear your friend's voice or to read an e-mail letter?

□ (5) (　　　) do you think of the book? Is it interesting?

124 some, any, one, other, another　テスト必出

次の文の(　　)内から，適当な語(句)を選びなさい。

□ (1) Her speech must have moved the audience a lot. (Any, Some) of them were in tears.

□ (2) Do you have (any, some) idea where I can get something to drink?

□ (3) We usually buy new shoes when our old (them, ones, it) don't fit us.

□ (4) Do you have this sweater in any (another, other) colors?
—— We have (one, it) in red and light blue.

□ (5) There are two garbage cans. (It, One) is for everyday burnables. (The other, Another, Others) is for unburnables.

□ (6) They have four sons; one is a doctor, and (others, anothers, the others) are all teachers.

ガイド (5) burnables「可燃物」, unburnables「不燃物」 (5) (6) two, four という数に着目。

125 all, none, both, either, neither, each, every

次の文の(　　)内から，適当な語(句)を選びなさい。

□ (1) I began to feel that all of us (has, have) one thing in common: each of us (has, have) only one life to live.

□ (2) (None, Anyone) of the students were able to answer the question.

□ (3) My sister and I are afraid of heights, so (both, all) of us hate to fly in airplanes.

□ (4) You can write it in English or Japanese. Either (is, are) fine.

□ (5) (Each, Every) of the three contestants got a prize.

□ (6) Every one of us (is, are) different from all the (other, others).

□ (7) Fumiko and Takeshi have loved and trusted each (one, other, another) for a long time.

□ (8) On the one hand I hate green tea; (above all, on the other hand), it might be good for me.

応用問題

解答 → 別冊 p. 46

126 〈差がつく〉 次の文の(　　)内に入る適当な語を，下から選びなさい。

□ (1) The speed of an airplane is greater than (　　　) of a car.

□ (2) Would you like (　　　) ice cream? — No, thanks. I'm on a diet.

□ (3) You can do it by (　　　).

□ (4) (　　　) paper will do. I just want to write something down.

□ (5) (　　　) is more than 40 years since the Beatles broke up.

□ (6) (　　　) who wish to join the group can do so.

□ (7) To read English is one thing; to speak it is (　　　).

□ (8) Not (　　　) Japanese comic book is simple and childish.

□ (9) The children came in (　　　) after (　　　).

□ (10) I'm sorry, but we've decided not to come after (　　　).

【 all, another, any, every, it, one, some, that, those, yourself 】

ガイド (2) on a diet「ダイエット中で」 (5) break up「解散する」

127 次の文の(　　)内に入る適当な語(句)を，下から選びなさい。

□ (1) Parents and their children need to talk to (　　　) more often.

□ (2) Shall we go there by car or by train?
—— Well, it's quicker by train. (　　　), it's cheaper by car.

□ (3) Let me tell you how to use this. (　　　), push this button.

□ (4) (　　　), I had to accept his proposal against my will.

□ (5) I phone her almost (　　　) day.

【 after all, first of all, every other, on the other hand, one another 】

ガイド (4) against my will「私の意志に反して」

21 比較（1）

テストに出る重要ポイント

- **形容詞・副詞の比較級・最上級のつくり方**
  1) 規則変化　原級＋-er，-est / more，most＋原級
  2) 不規則変化：cf. good（よい）/ well（よく）― better ― best

- **原級の用法**
  〈**A ... as＋原級＋as B**〉「AはBと同じくらい～」
  〈**A ... not as[so]＋原級＋as B**〉「AはBほど～でない」

- **比較級の用法**
  〈**A ... 比較級＋than B**〉「AはBより～」
  ・比較級を強めるときは，very ではなく，much，far などを使う。
  Your house is **much bigger** than mine.（ずっと大きい）
  ・同じ人・物の性質・程度を比べるときは **more A than B**
  ・程度が低いことを表す場合は **less ～ than**
  ・than でなく to を用いる形容詞がある。
  cf. **senior to**（年上の），**superior to**（より優れた）など。
  ・〈**the**＋比較級＋**of the two**〉「2つのうちの～のほう」

- **最上級の用法**
  ・（**the**＋）最上級＋**of [in]** ～「～の中で一番…」
  He is **the tallest of** the three.（彼は3人の中で一番背が高い）
  of＋複数名詞
  I am **the youngest in** my family.（私は家族の中で一番若い）
  in＋単数名詞
  ・副詞の最上級では the をつけなくてもよい。
  I like soccer (**the**) **best** of all sports.
  ・〈**the**＋序数詞＋最上級〉「何番目に最も～」
  ・〈**one of the**＋最上級＋複数名詞〉「最も～なものの1つ」
  ・最上級の強めは much，by far，very など。
  This is **the very best** solution.（これはまさに最上の解決策だ）
  ・他との比較ではなく，同じ人・物の性質・程度の比較を表す形容詞が，補語として用いられるときは the をつけない。

基本問題

解答 → 別冊 p. 47

128-A 比較変化

できたらチェック。

次の空欄を埋めなさい。

	[原級]	[比較級]	[最上級]
□ (1)	big	( )	( )
□ (2)	( )	worse	( )
□ (3)	expensive	( )	( )
□ (4)	little	( )	( )
□ (5)	( )	( )	furthest

128-B テスト必出 次の文の( )内の語を，必要があれば適当な形に変えなさい。

□ (1) His skis are (wide), (long), and (heavy) than average skis.

□ (2) Italy is as (famous) for its food as France is.

□ (3) Making a speech is (easy) than you think.

□ (4) January is the (hot) month of the year in Sydney.

□ (5) It is not as (cold) as it was yesterday.

□ (6) Dr. Brown is one of the (busy) and (important) doctors in New York.

129 原級・比較級・最上級の用法

次の日本文の意味になるように，必要があれば形容詞・副詞の形を変えて，( )内の語(句)を並べかえなさい。

□ (1) (is / which / by taxi / fast / ,) or by train?
タクシーで行くのと電車で行くのとはどちらが速いですか。

□ (2) Solve (as / as / problems / many / can / you) by yourself.
自分でできるだけ多くの問題を解きなさい。

□ (3) Because of the snow (got / home / late / my father / than / usual).
雪のため父はいつもより遅く帰宅した。

□ (4) Ms. Koike (person / is / the / good / that) I have ever met.
小池さんは私がこれまでに会った中で一番いい人です。

□ (5) (the book / had / than / interesting / expected / was / I).
その本は思っていたよりおもしろかった。

130 注意すべき比較級の用法

次の各組の文がほぼ同じ意味を表すように，(　　)内に適当な１語を入れなさい。

□ (1) He is five centimeters taller than I am.
He is taller than I (　　) five centimeters.

□ (2) My aunt is not so young as she looks.
My aunt looks (　　) than she is.

□ (3) She is not as happy as she used to be.
She is (　　) (　　) than she used to be.

□ (4) She is a better player of tennis than her husband.
She is (　　) to her husband in playing tennis.

□ (5) Natsumi likes cake better than ice cream.
Natsumi (　　) cake to ice cream.

ガイド　(3) 程度が低いことを表す less を使った構文。　(5) than ではなく to をとる動詞。

131 注意すべき最上級の用法

次の文の(　　)内から，適当なほうを選びなさい。

□ (1) Osaka is the (three, third) largest city in Japan.

□ (2) Singapore has one of the world's (lower, lowest) crime rates.

□ (3) This movie is the most impressive (of, in) all the movies this season.

□ (4) His daughter must be the best singer (of, in) this school.

ガイド　(1)「何番目に〜な」という場合，序数を使う。　(2) crime rate「犯罪発生率」

応用問題 解答 → 別冊 p. 48

132 差がつく 次の文の(　　)内に入る最も適当な語(句)を，a～d から選びなさい。

□ (1) Of all five violins, this one is (　　　) expensive.
a. little　b. less　c. the less　d. the least

□ (2) Sorry we're late. Your house is much (　　　) than we thought.
a. far　b. the farthest　c. farther　d. the farther

□ (3) One of (　　　) in Florida is Orlando.
a. the most interesting places　b. most interesting places
c. most interesting place　d. the most interesting place

□ (4) Japanese schools have (　　　) more rules than American schools.
a. much　b. many　c. well　d. very

□ (5) We should eat (　　　) rice as meat.
a. as　b. as many　c. as more　d. as much

133 次の文の誤りの箇所を指摘し，正しい形になおしなさい。

□ (1) Fiona is cuter than beautiful.

□ (2) John is cleverest of the two boys.

□ (3) The design of my car is superior to one of his.

□ (4) India has the second large population in the world.

□ (5) Measuring time is one of the oldest human activity.

□ (6) Today women have less children than they did before.

□ (7) My sister Jane is four years senior from me.

□ (8) You can get the last information on the website.

□ (9) Yuki can dance more better than Saori.

□ (10) Nozomi is the by far best dancer in the club.

22 比較 (2)

テストに出る重要ポイント

as ～ as の慣用表現

・**as ～ as one can** = as ～ as possible（できるだけ～）

・**... times[twice / half] as ～ as**（－の…倍［2倍 / 半分］～）

・**not so much A as B**（AというよりはむしろB）

・**as ～ as any**（だれ[どれ]にも劣らず），**as ～ as ever**（あいかわらず）

比較級の慣用表現

・**比較級＋and＋比較級**（ますます～，だんだん～）

・**the＋比較級 ～, the＋比較級 ...**（～すればするほど，ますます…）

The richer he became, **the more** he wanted.
（金持ちになればなるほど，彼はますます欲深くなった）

・**no more[longer]** = **not ～ any more[longer]**
（もうこれ以上は[もはや]～ない）

A is no more B than C is D（AがBでないのはCがDでないのと同じ）

・**no more than ～**（たった～だけ）= only

no less than ～（～も）= as much as / as many as

not more than ～（せいぜい～）= at most

not less than ～（少なくとも～）= at least

・**much[still] less ～** 否定文の後で（まして～でない）

最上級の慣用表現

at one's best（最高の状態で），**do one's best**（全力をつくす），**make the most of ～**（～を最大限に利用する），**not ～ in the least**（少しも～でない）

最上級の内容を表す構文

最上級	Tokyo is **the biggest** city in Japan.（東京は日本最大の都市だ）
原　級	**No (other)** city in Japan is **as[so] big as** Tokyo.
比較級	Tokyo is **bigger than any other** city in Japan.
	No (other) city in Japan is **bigger than** Tokyo.

基本問題

解答 ➡ 別冊 p. 49

134-A いろいろな慣用表現 テスト必出

できたらチェック。

日本語を参考にして，(　　)内に適当な１語を入れなさい。

□ (1) You should write (　　) (　　) (　　) possible after you receive a gift.　(できるだけ早く)

□ (2) Bill has (　　) (　　) as (　　) DVDs as I do.　(私の３倍)

□ (3) He is (　　) (　　) (　　) a professor as a politician.　(教授というより政治家)

□ (4) She speaks English (　　) fluently (　　) (　　) student in her class.　(クラスのだれにも劣らず)

□ (5) (　　) (　　) I studied English, (　　) (　　) interesting I came to find it.　(勉強すればするほど)

□ (6) The world is getting (　　) and (　　), and the cultures of different countries are getting more and more similar.　(ますます小さくなる)

□ (7) John should go there by himself because he is (　　) (　　) a child.　(もう子供ではない)

□ (8) The painting cost him (　　) (　　) (　　) a million dollars.　(100万ドルも)

ガイド　(5)〈the＋比較級 ～, the＋比較級 …〉, (6)〈比較級＋and＋比較級〉の形。

134-B 下線部の意味に注意して，次の文を日本語になおしなさい。

□ (1) The cherry blossoms are <u>at their best</u> now.

□ (2) Vitamin D helps the body to <u>make the most of</u> calcium.

□ (3) She is <u>not in the least</u> a musician.

□ (4) You should try to <u>do your best</u> at all times.

□ (5) One liter of gasoline will move this car <u>at least</u> 20 kilometers.

ガイド　(2) vitamin「ビタミン」, calcium「カルシウム」 (5) liter「リットル」

応用問題

解答 ➡ 別冊 p. 50

135-A 次の各組の文がほぼ同じ意味を表すように，(　)内に適当な１語を入れなさい。

□ (1) He gave me no less than fifty dollars.
He gave me as (　　　) as fifty dollars.

□ (2) I had no more than two thousand yen when I arrived at the station.
I had (　　　) two thousand yen when I arrived at the station.

□ (3) Mt. Everest is the highest mountain in the world.
Mt. Everest is higher than (　　　) other (　　　) in the world.

□ (4) This new type of machine is the most powerful.
(　　　) (　　　) machine is so powerful as this new type.

□ (5) I have never seen such a beautiful sunrise as this.
This is (　　　) (　　　) beautiful sunrise I have ever seen.

135-B 次の文を(　　)内の指示に従って書きかえなさい。

□ (1) She has 40 DVDs while I have 20.　(twice を用いて)

□ (2) Nothing is more precious than time.　(最上級を用いて)

□ (3) The beautiful shrine is older than any other building in my hometown.　(最上級を用いて)

□ (4) As you get older, it becomes more difficult to get enough sleep.
(〈the＋比較級 〜, the＋比較級 ...〉の表現を用いて)

136 〈差がつく〉 次の文の(　　)内に入る最も適当な語句を，a〜d から選びなさい。

□ (1) He used to get up very early in the morning, but (　　　).
a. he isn't now　　b. I don't
c. never before　　d. not any more

□ (2) The baby can't even walk, (　　) run.
a. much less　b. all the more　c. no less　d. still more

□ (3) She earns (　　) as I do.
a. two times more　b. twice as much
c. double the amount　d. more than twice

□ (4) My brother has three (　　) as I have.
a. times more money　b. times money as much
c. times as much money　d. as much times money

□ (5) The higher up the mountain we climb, (　　) to breathe.
a. the more it becomes difficult　b. the more difficult it becomes
c. it becomes more difficult　d. it becomes the more difficult

137 次の日本文の意味になるように，(　　)内の語(句)を並べかえなさい。

□ (1) (is / more / the / than / Internet / there / interesting / nothing).
インターネットほどおもしろいものはない。

□ (2) I (had / I / I / more / more / realized / studied / that / the / the / to / ,) learn.
私は，勉強すればするほど，学ぶべきことが増えるのだと悟ったのです。

□ (3) It is (hundred / meters / more / no / one / than) from where you are now to the post office.
あなたが今いる所から郵便局までたった100メートルです。

□ (4) My parents are no (to / more / classics / Japanese / than / able / read / I) am.
私の両親は私同様，日本の古文を読むことができない。

□ (5) At the party she drank (as / as / much / three times / her husband / wine).
彼女はパーティーで夫の3倍のワインを飲んだ。

□ (6) She's (as / singer / a / so / much / not) a composer.
彼女は歌手というより作曲家です。

23 関係代名詞

テストに出る重要ポイント

1 who, which, that

- 関係代名詞は〈**接続詞＋代名詞**〉の働きをして2文をつなぐ。関係詞節が修飾する名詞[代名詞]を**先行詞**と言う。
- **who**…先行詞が「人」のときに用いる。先行詞が節中で**所有格**ならば **whose**，**目的格**ならば **who(m)**。
  which…先行詞が**人以外**，**that**…先行詞が**人**，**人以外**の両方。
  先行詞に**形容詞の最上級**や **all** などがつく場合，that が好まれる。
  I have a cat **which[that]** has blue eyes.（私は目の青い猫を飼っている）
  先行詞
  = I have a cat. + It has blue eyes.
  He is a boy **who(m)** I met yesterday.（彼は昨日私が会った少年だ）
  目的格の関係代名詞はよく省略される。
- 注意すべき関係代名詞の用法
  ・関係代名詞が**前置詞の目的語**になることがある。
  I know the man **to whom** she spoke at the station.
  （私は彼女が駅で話しかけた男の人を知っている）
  ・非制限用法：先行詞の後にコンマをつけ，先行詞を補足説明する。
  I have two sons**, who** live in China.
  = and they　この場合，関係代名詞 that は使えない。
  （私には息子が2人いて，2人とも中国に住んでいる）

2 what

- 「～するもの，～すること」の意味で，先行詞を含んでいる。
  This is **what** I want to buy.（これが私が買いたいものだ）
  = the thing which
- **what** の慣用表現
  what you [we / they] call ～，**what is called ～**（いわゆる～），**what is＋比較級**（さらに～なことには），**A is to B what C is to D**（AのBに対する関係は，CのDに対する関係と同じ），**what with A and (what with) B**（AやらBやらで），**what I am [was]**（現在[昔]の私）

基本問題

解答 → 別冊 p. 52

できたらチェック。

138-A 関係代名詞の基本的用法 〈テスト必出

次の文の( )内から，適当なほうを選びなさい。

□ (1) In English there is the word "adroit," (which, who) means "skilled."

□ (2) The number of young people (which, who) can speak English is increasing rapidly.

□ (3) He is married to a singer of (who, whom) you may have heard.

□ (4) All (that, which) glitters is not gold.

□ (5) What's the name of the person (who, whose) book you borrowed?

138-B 次の文の( )内の語(句)を，適当な順序に並べかえなさい。

□ (1) This is (I / a town / visited / which) a long time ago.

□ (2) (who / smoking / people / stop) will live a longer life.

□ (3) I have (a / whose / friend / is / mother) a flight attendant.

□ (4) Alaska has many (the / hunt / Inuits / animals / which / wild).

□ (5) People carry (can / electronic / that / small / store / devices) thousands of songs.

ガイド (4) Inuit「イヌイット」: 北極圏に住む先住民族 (5) store「保存する」, device「機器」

139 前置詞と関係代名詞

次の文の( )内の語(句)を，適当な順序に並べかえなさい。

□ (1) This is the apartment (the killing / took / which / in) place.

□ (2) Ken attended the wedding (which / friends / his / to / were) invited.

□ (3) We must have money (buy / we / food / which / with) and clothing.

□ (4) Yumi is a (I / play / with / girl / whom / often) tennis.

□ (5) Was the man (just now / you / spoke / whom / to) a friend of yours?

ガイド (1) killing「殺人事件」, take place (事件などが)「起こる」

140 関係代名詞の省略

次の文で省略できる語があれば, その語を[　　]でくくりなさい。なければ「なし」と答えなさい。

□ (1) Thanks for the great job that you did.

□ (2) You should think about the rules that are used in different cultures.

□ (3) You will have to experience the problems that all teenagers face.

□ (4) There are people who can access information, and there are people who can't.

□ (5) Aesop was a Greek writer who lived more than 2,500 years ago.

ガイド　省略できるのは目的格の関係代名詞。(3) face「直面する」 (5) Aesop「イソップ」

141 関係代名詞の非制限用法

関係代名詞の意味に注意して, 次の文を日本語になおしなさい。

□ (1) There was a bear named "Winnie," which was very popular among children.

□ (2) Santa Claus comes from "Saint Nicholas," who lived in Turkey in the third century.

□ (3) Child labor, which is a serious human rights problem, does not usually gain the attention of people in developed countries.

□ (4) John said he didn't know about the accident, which was a lie.

ガイド　(2) Saint Nicholas「聖ニコラス」, Turkey「トルコ」 (3) child labor「児童労働」, human rights「人権」, developed countries「先進国」

142 関係代名詞 what

次の文の(　　)内の語(句)を, 適当な順序に並べかえなさい。

□ (1) There is much (in / says / she / what / truth).

□ (2) (to / is / what / important / you) is also important to me.

□ (3) The town is (what / it / not / be / used to).

□ (4) He (call / a / what / is / gentleman / we).

□ (5) This computer software is useful and, (is / what / more), not so expensive.

応用問題

解答 → 別冊 p. 54

143 差がつく 次の日本文の意味になるように，( )内の語(句)を並べかえなさい。

□ (1) Nagasaki is an exotic town (beautiful / famous / for / is / its / which) scenery.
長崎は美しい景色で有名な異国情緒豊かな町だ。

□ (2) Twitter is (way / to / learn / useful / is / what / a) happening now.
ツイッターは今起こっていることを知るには有益な手段である。

□ (3) Her (from / it / different / was / what / appearance / is) ten years ago. 彼女の外見は10年前とは違う。

□ (4) I was (only / that / yesterday's / the / attend / not / person / did) meeting.
昨日の会議に出席しなかったのは私だけです。

□ (5) My husband lost his temper, (at / decided / I / point / which) to leave him.
私の夫はかんしゃくを起こした。その時点で私は彼の元を離れることにした。

□ (6) This is the gun (the politician / with / shot / was / by) the assassin.
これがその政治家が暗殺者によって撃たれた銃だ。

□ (7) She said she knew nothing about it, (to / which / a lie / be / proved).
彼女はそれについて何も知らないと言ったが，それは嘘だとわかった。

□ (8) The (, which / was / book / written / enjoyed / I /,) by an American.
その本は，私はおもしろく読んだが，アメリカ人が書いたものだ。

□ (9) This is (has / wanted / Mr. Suzuki / watch / that / the / to / long / very) buy.
この時計こそまさに長い間鈴木さんが買いたかったものだ。

24 関係副詞・複合関係詞

テストに出る重要ポイント

1 関係副詞

- 関係副詞は〈接続詞＋副詞〉の働きをして 2 文をつなぐ。

when(時), **where**(場所), **why**(理由), **how**(方法)

I remember the day **when** we first met.

先行詞が「時」

(私は私たちが初めて会った日のことを覚えている)

how の先行詞は **the way** だが, 必ず the way か how のどちらかを省略する。× the way how ～ の形はない。

- 関係副詞の非制限用法

I'll go there at nine o'clock**, when** the store will open.

= because　この場合, 関係副詞の why, how は使えない。

(9 時にそこに行くつもりだ, そのときにはその店が開くから)

2 複合関係詞

- 複合関係詞の基本用法

複合関係代名詞…先行詞を含み, 名詞節を導く。

who(m)ever (～する人はだれでも), **whatever** (～するものは何でも), **whichever** (～するものはどちらでも)

Whoever completes the questionnaire will get a free gift.

= Anyone who completes the questionnaire ...

(アンケートに答えた人はだれでも無料プレゼントがもらえます)

複合関係副詞…「前置詞＋先行詞」を含み, 副詞節を導く。

wherever (～するところはどこでも), **whenever** (～するときはいつでも)

Whenever I hear that song, I think of you.

= At any time when I hear that song, ...

(あの歌を聞くたびにあなたのことを思います)

- 譲歩(～しようとも)を表す複合関係詞

Whoever you ask, the answer is always the same.

= No matter who you may ask, ...

(だれに聞いても答えはいつも同じです)

基本問題

解答 → 別冊 p. 54

144 関係副詞１ テスト必出

できたらチェック。

次の文の（　）内から，適当な語(句)を選びなさい。

□ (1) This is (way, which, how) I came to know him.

□ (2) There are many countries (when, how, where) English is taught as a foreign language.

□ (3) I clearly remember the day (where, how, when) I first met you.

□ (4) There's a big difference in (which, the way, why) the knife and fork are used.

□ (5) About 1.4 billion people live in India, (which, how, where) many people make a living in agriculture.

145 関係副詞２

次の文の（　）内に入る最も適当な１語を書きなさい。

□ (1) We don't really know the exact reason (　　　) we sleep.

□ (2) I went to Nagoya, (　　　) I took a plane to Fukuoka.

□ (3) The time will soon come (　　　) we can enjoy space travel.

146 複合関係詞

下線部の意味に注意して，次の文を日本語になおしなさい。

□ (1) <u>Whoever</u> is the first to finish will get this prize.

□ (2) <u>Whatever</u> he may say, don't worry too much about it.

□ (3) I'll do <u>whatever</u> she tells me to do.

□ (4) <u>Whenever</u> the animals are sick, vets give them medical treatment.

□ (5) An artist goes <u>wherever</u> there is work.

□ (6) The time has come for this nation to keep its promise to its own people, <u>however</u> hard it may be.

応用問題

解答 → 別冊 p. 55

147 次の文の(　)内に入る最も適当な語(句)を，a〜d から選びなさい。

□ (1) The hotel (　　) I stayed was comfortable and cheap.
a. in that　b. how　c. where　d. when

□ (2) (　　) careful you may be, accidents will happen.
a. Whatever　b. Whichever　c. Whoever　d. However

□ (3) There are few countries in the world (　　) he has never visited.
a. where　b. which　c. what　d. in which

□ (4) The father didn't know the day (　　) his son was graduating from school.
a. at which　b. for that　c. of that　d. on which

□ (5) Christmas Day is (　　) everybody feels happy.
a. why　b. when　c. what　d. that

□ (6) Mother does not like (　　) I clean the house.
a. how do　b. how to　c. the way　d. the way of

□ (7) How can you stand him? He talks such nonsense.
—— I have to stay with him (　　) he says.
a. whatever　b. whoever　c. wherever　d. however

□ (8) My aunt always gives a hand to (　　) needs help.
a. whoever　b. whatever　c. whomever　d. whichever

□ (9) (　　) I go to Hawaii, I always stay at the same hotel.
a. Whatever　b. Wherever　c. Whenever　d. Whichever

□ (10) Tell me some specific cases (　　) the rule cannot be applied.
a. what　b. where　c. whenever　d. otherwise

ガイド　(3) 先行詞(few countries)が visited の目的語であることに注意。　(7) stand 〜「〜を我慢する」　(8) give a hand「手を貸す」　(10) specific case「具体例」，apply「適用する」

148 〈差がつく〉 次の各組の文がほぼ同じ意味を表すように，(　　)内に適当な１語を入れなさい。

□ (1) I'd like to see you whenever it's convenient for you.
I'd like to see you at any (　　　) when it's convenient for you.

□ (2) This is the laboratory in which Charlie and I first met.
This is the laboratory (　　　) Charlie and I first met.

□ (3) Anyone who reads this novel will be surprised.
(　　　) reads this novel will be surprised.

□ (4) We should learn how he makes good use of his time.
We should learn the (　　　) he makes good use of his time.

ガイド (1) convenient「都合のよい」 (2) laboratory「実験室」 (4) make good use of ～「～を上手に利用する」

149 次の文の(　　)内に入る最も適当な語を，a～h より１つずつ選びなさい。ただし，同じ語を２度使わないこと。また，語を入れる必要のない場合には×を書きなさい。

□ (1) (　　　) wrote the letter must have a good sense of humor.

□ (2) He brings flowers every time (　　　) he comes to see me.

□ (3) I'll give you (　　　) ticket you prefer.

□ (4) Everybody admired the way (　　　) he handled the emergency.

□ (5) Will you put it back (　　　) you found it?

□ (6) I cannot imagine (　　　) you took your mother to a place like that.

□ (7) He said nothing, (　　　) seemed to irritate her.

□ (8) All of you have made our school (　　　) it is now.

a. what　b. where　c. which　d. whichever
e. whoever　f. whom　g. whose　h. why

ガイド (1) sense of humor「ユーモアのセンス」 (4) admire「ほめる」, handle「対処する」, emergency「緊急事態」 (7) irritate「いらだたせる」

25 仮定法

テストに出る重要ポイント

- **直説法と仮定法**

直説法：現実に起こりうることとして，「ありうること」を表す。

仮定法：「事実に反する仮定」を述べる。

- **仮定法過去**（現在の事実に反するとき）

If＋S＋過去形(were)～, S´＋would[could, might]＋動詞の原形

もし～であれば，　…するのだが

If I **were** your father, I **would scold** you. [仮定法]
（もし私があなたの父親だったら，あなたを叱るのだが）

← Since I am not your father, I won't scold you. [直説法]

- **仮定法過去完了**（過去の事実に反するとき）

If＋S＋過去完了形～, S´＋would[could, might]＋have＋過去分詞

もし～であったら　…しただろうに

If I **had** not **been** tired, I **could have gone** snowboarding.
（もし疲れていなかったら，スノーボードに行けただろうに）

← As I was tired, I couldn't go snowboarding.

- **if節と主節**

「もし(以前)～だったら，(今)…だろう」という意味を表すとき，if節が仮定法過去完了で，主節が仮定法過去になることもある。

If he **had caught** that bus, he **would be** here now.
（もし彼があのバスに間に合っていたら，今ここにいるだろう）

← As he did not catch that bus, he is not here now.

- **if＋S＋should[were to]＋動詞の原形～, S´＋would[could]＋動詞の原形**

「万が一～ならば」実現性がきわめて少なく，起こりそうもないとき。

if S＋should は，主節が will, can, 命令文の場合もある。

If you **should** run into her, tell her about the plan.
（万が一彼女に会ったら，その計画について伝えてください）

If I **were to** die tomorrow, what **would** become of my children?
（もし仮に明日私が死ぬようなことがあれば，私の子供たちはどうなるだろうか）

基本問題

解答 → 別冊 p. 57

150 直説法と仮定法

できたらチェック。

直説法と仮定法の意味のちがいに注意して，次の文を日本語になおしなさい。

□ (1) What will happen to them if we quit buying their products?

□ (2) If I were rich, I would buy a German sports car.

□ (3) If things don't change, half of the animals will disappear.

□ (4) If I had a cell phone, I would call her right away.

□ (5) If I were in that situation, I would ask for Mr. Sato's advice.

151-A 仮定法過去・仮定法過去完了 テスト必出

次の日本文の意味になるように，(　　)内の語(句)を適当な形に変えなさい。

□ (1) If you (be) my brother, I (will) ask you for some money.
もしあなたが私の兄だったら，少しお金をお願いするのだが。

□ (2) If I (be) the teacher, I (will not give) so much homework.
もし私がその先生だったら，そんなに宿題は出さないだろうに。

□ (3) If she (have) enough time and money, she (will) study abroad.
もし彼女に十分な時間とお金があれば，留学をするのだが。

□ (4) If Chika (be) 180 cm tall, she (will) be a great basketball player.
もしチカの身長が180センチだったら，すばらしいバスケットボール選手になるでしょうに。

□ (5) I (will) go and talk to him, if I (be) in your place.
私があなたの立場だったら，彼と話をしに行くのだが。

151-B 次の日本文の意味になるように，(　　)内の語(句)を適当な形に変えなさい。

□ (1) If Chiharu (ask) me to marry her, I (will say) "yes."
もしチハルが結婚してくれと言ったら，「はい」と言っただろうに。

□ (2) If you (help) me at that time, I (will succeed).
もしあのときあなたが助けてくれたら，成功しただろうに。

□ (3) If you (come) a little earlier, you (can meet) the singer.
もしもう少し早く来ていたら，その歌手に会えたのに。

□ (4) If I (know) you were coming, I (will meet) you at the station.
もしあなたが来るとわかっていたら，駅まで迎えに行ったのに。

□ (5) If Mr. Noda (not be driving) so fast, he (can avoid) the accident.
野田さんがそんなにスピードを出していなければ，その事故は防げたのに。

152 if ～ should, were to

次の文の(　　)内の語(句)を，適当な順序に並べかえなさい。

□ (1) If (were / I / travel / to) in Africa, I would go to Kenya.

□ (2) Even if (were / the sun / to / rise) in the west, he would never stop loving his wife.

□ (3) (should / it / if / snow), I would stay at home.

□ (4) (should / if / anyone / come) to see me, tell him I'll be back by noon.

応用問題

解答 → 別冊 p. 58

153 次の文の(　　)内に入る最も適当な語(句)を，a～d から選びなさい。

□ (1) If we had more time, we (　　) a detailed report on that accident.
a. would write　　b. had written
c. wrote　　d. had been writing

□ (2) If you (　　) his advice, you would not have faced such a problem.
a. have taken　　b. took　　c. had taken　　d. would take

□ (3) If I had known about the good news earlier, I (　　) to congratulate you.
a. would have called　　b. must have called
c. would call　　d. should call

□ (4) She would be here by now if she (　　) the early train.
a. caught　　b. was caught　　c. has caught　　d. had caught

□ (5) If I had taken your advice then, I (　　　) happier now.
a. am　　b. can be
c. would be　　d. might have been

□ (6) He would be a rich man today if he (　　　) involved in that accident.
a. hasn't got　b. hadn't got　c. doesn't get　d. didn't get

154 差がつく 次の各組の文がほぼ同じ意味を表すように，(　　)内に適当な１語を入れなさい。

□ (1) Fred doesn't answer my e-mail, so I don't e-mail him.
I would e-mail Fred (　　　) he (　　　) my e-mail.

□ (2) Because we don't know her e-mail address, we cannot send her the file.
If we (　　　) her e-mail address, we could send her the file.

□ (3) Because I was sick, I couldn't attend the conference.
If I hadn't been sick, I (　　　) (　　　) (　　　) the conference.

□ (4) If he had been awake, he would have heard the noise.
He (　　　) (　　　) (　　　) the noise because he was asleep.

155 次の日本文の意味になるように，(　　)内の語(句)を並べかえなさい。

□ (1) I'm (explained / if / Mary / sure / understand / would / you) the situation to her.
もし君が事情を説明すれば，メアリーはきっとわかってくれるだろうに。

□ (2) I (would / appreciate / if / could / you / it) send me an e-mail by Monday.
月曜までにメールをいただけるとありがたいのですが。

□ (3) If I had walked there, (have / how / it / long / me / taken / would)?
そこまで歩いていたらどれくらい時間がかかったことだろう。

□ (4) If (be / taken / then / in better health / he would / he had / the doctor's advice / ,) now.
あのとき医者の忠告に従っていたら，彼は今もっと健康状態がよいだろうに。

26 注意すべき仮定法

テストに出る重要ポイント

- **I wish**＋仮定法過去（完了）「～なら（だったら）よい（よかった）のに」
  I **wish** I **knew** her address.（彼女の住所を知っていたらいいのだが）

- **as if[though]**＋仮定法過去（完了）「まるで～である（であった）かのように」
  He talked **as if** he **had known** the secret.
  （彼はまるでその秘密を知っていたかのように話した）

- **if ～に代わる表現**
  ・**倒置による if の省略**
  Had I been young, I would have taken part in the competition.
  ＝If I had been young（もし私が若かったら，その競技に出ただろうに）

  ・**主節だけの仮定法の文**：if 節がなく，主語や副詞句などに if 節に当たる内容が含まれている文。
  No one could live **without** water.（水がなければだれも生きられないだろう）
  ＝if it were not for water ［副詞句］

  An American would not say such a thing. ［主語］
  ＝If he or she were an American, he or she
  （アメリカ人ならばそんなことは言わないだろう）

- **仮定法を含む慣用表現**
  ・**丁寧な表現**　would, should, could, might「もし～していただけるとありがたい」
  ・**If only ～! ＝ I wish ～**「～さえすればなぁ」
  ・**even if[though] ～**「たとえ～するにしても」
  ・**if it were not for ～**「もし～がなければ」
  if it had not been for ～「もし～がなかったら」 } without ～ / but for ～
  ・**It is time＋仮定法過去**「もう～してもいいころだ」
  ・**that＋S＋(should)＋原形**　**「要求」「提案」**などを表す動詞や**「感情」「必要」**などを表す形容詞に続く that 節中では，〈**(should)＋動詞の原形**〉が用いられる。
  She **insisted** that I **(should) go** to Tokyo.
  （彼女は，私が東京に行くべきだと強く主張した）

基本問題

解答 → 別冊 p. 59

できたらチェック。

156 I wish ＋仮定法；as if ＋仮定法；if it were not for[if it had not been for]

次の文の(　　)内の動詞を，適当な形に変えなさい。

□ (1) I have to contact the company. I wish I (know) how to write business letters.

□ (2) Kenji told me his trip to London was wonderful. I wish I (participate) in that program.

□ (3) Mr. Yamazaki talks as if he (know) everything.

□ (4) Minami talks about London as if she (be) there before.

□ (5) If it (not be) for his idleness, he would be a nice fellow.

□ (6) If it (not be) for that error, she could have passed the examination.

ガイド (1)(2) いずれも前の文から時制を判断すること。 (5) idleness「怠惰なこと」

157 if ～に代わる表現 テスト必出

次の各組の文がほぼ同じ意味を表すように，(　　)内に適当な１語を入れなさい。

□ (1) Should Karen smile at you, I would buy you lunch.
(　　) Karen (　　) smile at you, I would buy you lunch.

□ (2) Had it not been (　　) enough oxygen in the spaceship, its crew would have died.
But (　　) enough oxygen in the spaceship, its crew would have died.

□ (3) If he were a wise person, he would not do such a thing.
(　　)(　　)(　　) would not do such a thing.

□ (4) If it were not for fresh water, people would soon die out.
(　　) fresh water, people would soon die out.

□ (5) Ayumi got the first prize because of his help.
If it had not (　　)(　　) his help, Ayumi would have missed the first prize.

□ (6) To hear him talk, you would think everyone admired him.
If (　　　) (　　　) him talk, you would think everyone admired him.

□ (7) She left at once; otherwise she would have missed the train.
If she (　　　) (　　　) at once, she would have missed the train.

ガイド (1) should Karen 以下が if の省略による倒置文。
(2) oxygen「酸素」, spaceship「宇宙船」, crew「乗組員」

応用問題

解答 → 別冊 p. 60

158 次の日本文の意味になるように, (　　) 内の語(句)を並べかえなさい。

□ (1) (more / with / a little / patience / could / you / ,) have solved the problem.
もう少し辛抱すれば, 君はその問題を解くことができただろうに。

□ (2) A man of (a / common / do / not / sense / such / thing / would).
常識のある人だったらそんなことはしないだろう。

□ (3) I wish (speak / could / as well / Russian / as / half / he does / I).
彼の半分くらいロシア語が話せるといいのに。

□ (4) At that moment, I (about / had / I / nothing / said / wished) my father.
そのとき, 私は父に関して何も言わなければよかったと思った。

□ (5) He speaks (it were / fluently / English / as if / his mother tongue / as).
彼は英語をまるで母国語のように流ちょうに話す。

□ (6) Our history teacher (he / Cleopatra / if / talked about / had / as) met her.
歴史の先生は, クレオパトラについてまるで会ったことがあるかのように話した。

□ (7) (no / if / water / living things / not / would / for / it were / ,) survive.
もし水がなければどんな生物も生きられないだろう。

□ (8) (been / for / had / help / his / it / not), I should have failed in the exam.
もし彼の助けがなかったら，きっと試験に合格できなかっただろう。

□ (9) If (I / it / could / only / finished / get) today.
今日それを終わらせることさえできればなあ。

159 差がつく 次の文の（　　）内に入る最も適当な語(句)を，a～d から選びなさい。

□ (1) Although we met today for the first time, I feel as if you (　　) my old friend.
a. have been　b. seem　c. were　d. would be

□ (2) (　　) I had left the office ten minutes earlier!
a. If not　b. If only　c. It's time　d. Only when

□ (3) She loves sushi, so he (　　) she go to the newly opened Japanese restaurant.
a. suggested　b. said　c. reminded　d. warned

□ (4) It is time he (　　) action against these people.
a. is taking　b. took　c. will take　d. is taken

□ (5) (　　) for the timely help from the earth at the time of the accident, astronauts on the Apollo 13 would not be alive now.
a. Had it not been　b. If it has not been
c. If it is not　d. Should it not be

□ (6) (　　) you find a spelling error, please let me know.
a. Could　b. Ought　c. Would　d. Should

□ (7) (　　) your help, I couldn't have set up this computer properly.
a. Despite　b. Due to　c. Without　d. Owing to

□ (8) Makoto was very tired last night. Otherwise, he (　　) to see the movie.
a. will go　b. have gone
c. will have gone　d. would have gone

27 前置詞

テストに出る重要ポイント

- 〈前置詞＋名詞・代名詞〉で副詞・形容詞の働きをする。

He was **in** his room.（彼は自分の部屋にいた）
副詞句

The book **on** the desk is mine.（机の上の本は私のものです）
形容詞句

- 前置詞と同じ形が，副詞や接続詞として用いられることもある。

副詞：in, on, off, up, down　接続詞：after, before, until[till], since

- 主な前置詞の用法

・場所を表す前置詞

【位置関係】at（せまい場所に），on（～の上に），in（～の中に）/ over（～の真上に），under（～の真下に）/ above（～の上方に），below（～の下方に）/ between（2つのものの間に），among（3つ以上の間に）【動き】into（～の中へ），out of（～から）/ along（～にそって），across（～を横切って），through（～を通り抜けて）/ (a)round（～のまわりに），over（～を越えて）/ to（～へ），toward（～の方へ），for（～へ向けて），from（～から）

・時を表す前置詞

【時点】at（時刻，時の1点に），on（日・曜日に），in（月・季節・年などに）
【期間】for（～の間），during（～の間じゅう），through（～の始めから終わりまで）【経過・継続】from（～から），since（～以来）/ until[till]（～までずっと），by（～までには），in（～後に）

・原因・手段などを表す前置詞

I go to school **by** train.（私は電車で通学する）[手段]

- 群前置詞：2語以上の語句で前置詞の働きをする。

instead of（～の代わりに），up to（～まで），as for（～と言えば），because of（～のために），according to（～によれば），owing to（～が原因で），thanks to（～のおかげで），at the cost of（～を犠牲にして），by means of（～によって），by way of（～経由で），for the sake of（～のために），in spite of（～にもかかわらず），on account of（～のために）

基本問題

解答 ➡ 別冊 p. 61

160 前置詞の働き

できたらチェック。

次の文を日本語になおし，下線部の前置詞句が副詞句か形容詞句かを指摘しなさい。

□ (1) Asato often chats <u>on the Internet</u> <u>with his American friend</u>.

□ (2) How do you feel <u>about people</u> <u>on the train</u> using cell phones?

□ (3) The building regulations <u>in this area</u> are <u>of great importance</u>.

□ (4) A thief got <u>into the house</u> <u>through the window</u>.

□ (5) Someday <u>in the future</u>, people may be able to go <u>into space</u> <u>without any special training</u>.

ガイド (1) chat「チャットをする」 (3) building regulation「建築規則」

161 前置詞と副詞・接続詞

次の文の(　　)内に共通して入る語を答えなさい。

□ (1) (a) Mr. Matsuzaki took (　　　) his jacket, hat, and shoes.
(b) The strong wind blew all the papers (　　　) my desk.

□ (2) (a) I ought to start studying French (　　　) I'm going to Paris for a year.
(b) I have had an interest in health care (　　　) my high school days.

162 主な前置詞の用法 テスト必出

次の文の(　　)内から適当な語を選びなさい。

□ (1) Lincoln made a speech (of, on, at) Gettysburg (at, in, on) 1863.

□ (2) What I like best is to lie (of, at, on) the beach and relax.

□ (3) Machu Picchu stands 2,430 meters (on, over, above) sea level.

□ (4) Hayabusa traveled six billion kilometers, 40 times the distance (among, beside, between) the sun and the earth.

□ (5) We hurried (on, along, toward) the house.

□ (6) They come from all (on, along, over) the world.

□ (7) Gifu Castle is (on, along, over) a hill and the view (to, for, from) the top is wonderful.

□ (8) A short walk brought me (among, to, at) the park.

□ (9) The Titanic hit an iceberg (at, in, on) April 14, 1912 and sank hours later (at, in, on) 2:20 a.m. (at, in, on) the 15th.

□ (10) I went to Yonaguni Island (during, in, while) the summer vacation.

□ (11) (By, Until, At) 2050, the world's population may reach 9.4 billion.

□ (12) Please wait here. I'll be back (for, by, in) an hour.

□ (13) I was very surprised (in, with, at) his words.

□ (14) Coins are made (of, by, from) metal.

□ (15) Have you ever heard (by, of, on) the Bill of Rights?

ガイド (3) Machu Picchu「マチュ・ピチュ」：インカ帝国の遺跡　(11) by と until[till]の使い分けに注意。by は「完了」の期限（～までには），until は「継続」の期限（～まで）を表す。(15) Bill of Rights「権利章典」

163 群前置詞

次の文の（　）内に入る最も適当な群前置詞を，下から１つずつ選びなさい。

□ (1) A man took a magazine (　　　) his bag and began reading it.

□ (2) (　　　) me, club activities are the best part of school life.

□ (3) (　　　) their religion, Muslim women can't show their skin to men.

□ (4) Some people use a *furoshiki* as an "eco bag" (　　　) plastic bags.

□ (5) I made Yuki sing (　　　) a large audience.

□ (6) (　　　) the fact that there was little rain, people wasted lots of water.

【 as for, because of, in spite of, instead of, out of, in front of 】

応用問題

解答 → 別冊 p. 63

164 次の文を日本語になおしなさい。

- □ (1) Whether you pay the doctor's bill by cash or by check is up to you.
- □ (2) Many social problems came into being owing to poverty.
- □ (3) By means of hard work she made up for her want of ability.
- □ (4) In spite of his absence, things went on as usual.
- □ (5) He gave up smoking for the sake of his health.

ガイド (1) bill「代金，請求書」，check「小切手」 (2) poverty「貧困」 (3) want of ability「能力不足」

165 次の文の(　　)内に入る最も適当な語句を，下から１つずつ選びなさい。ただし，同じ語句を２度，使わないこと。

- □ (1) The rice harvest was good this year (　　　) the nice weather.
- □ (2) All the classes were cancelled (　　　) the storm.
- □ (3) The dam was completed (　　　) many lives.
- □ (4) (　　　) today's paper, there was an earthquake in Mexico.
- □ (5) At this restaurant, electricity is used for cooking (　　　) gas.
- □ (6) This plane goes to New York (　　　) Chicago.

[according to, at the cost of, by way of,
instead of, thanks to, on account of]

166 差がつく 次の文の(　　)内に，適当な前置詞を入れなさい。

□ It was a cold Saturday (1) May. I was sitting (2) a bench (3) a ballpark. My son was (4) the baseball team. I was proud (5) my son. Though I worried (6) him, I was looking forward (7) seeing him play (8) the field. I looked (9) my son's number. You can imagine how happy I was to find him (10) bat.

28 接続詞 (1)

テストに出る重要ポイント

1 等位接続詞…語と語，句と句，節と節を対等の関係で結ぶ。

- **and, or, but, for**（というのは～だから），**so**（それで～）
- **命令文, + and [or] ...**「～しなさい。そうすれば[さもないと]…」
  Don't run too fast, **or** you'll get into trouble.
  （あまり速く走らないように。さもないと困ったことになりますよ）
- **not ～ but ...**「～ではなくて…」
  My father is **not** at home **but** at the office.
  （父は家ではなくて会社にいます）
- **both A and B**「A も B も両方とも」
  not only A but [also] B = B as well as A（A だけでなく B も）
  either A or B（A か B のどちらか），**neither A nor B**（A も B も～ない）
  動詞の人称・数は both ... は複数，その他は原則 B に一致させる。
  Either he **or** I am wrong.（彼か私かどちらかが間違っている）

2 従属接続詞…主となる節に別の従属する節を結びつける。

- **that の用法**…名詞節を導く。「～(という)こと」
  主語，補語，目的語になる。
  I think **that** he will come soon.（彼はすぐ来ると思う）［目的語］
  名詞と同格になる節を導く。
  The news **that** the singer died was wrong.
  同格
  （その歌手が死んだというニュースは間違っていた）
- **if, whether**…名詞節を導く。「～かどうか」if は主に動詞の目的語，whether は目的語・主語・補語になる。
  I want to know **if [whether]** he is free tomorrow.［目的語］
  （彼が明日暇かどうか知りたい）
- **疑問詞の導く節（間接疑問）** who, what, when, where など。
  間接疑問…疑問詞に導かれた名詞節(wh 節)が文の一部となった場合。
  I don't know **where** he lives.（彼がどこに住んでいるのか知らない）
  疑問詞　S + V

基本問題

解答 → 別冊 p. 64

167-A and, or, but, for, so

できたらチェック。

次の文の(　　)内に入る最も適当な語を，下から１つずつ選びなさい。ただし，同じ語を２度使わないこと。

- □ (1) He has finished his project very carefully (　　　) completely.
- □ (2) Many people applied for the job, (　　　) only one was hired.
- □ (3) I wanted a cup of tea, (　　　) I heated some water.
- □ (4) Products are carried by truck, ship, (　　　) plane.
- □ (5) I don't know where to go, (　　　) I'm a stranger here.

【 and, or, but, for, so 】

ガイド　(2) 空所の前後で文意が逆になっている点に着目。hire「雇う」　(4) product「製品」

167-B 次の文の(　　)内から，適当な語を選びなさい。

- □ (1) Hurry up, (and, or) you will arrive on time.
- □ (2) You may want to quit school now, (but, or) in the long run, you'll regret it.
- □ (3) Hurry up, (and, or) you will be late.
- □ (4) You'd better give me your answer quickly, (and, or) I'll withdraw the invitation.
- □ (5) This is not John (and, but, or) Tom.

ガイド　(2) in the long run「長い目で見ると，結局は」　(4) withdraw「取り消す」

168-A 相関接続詞　テスト必出

次の文の(　　)内から，適当な語を選びなさい。

- □ (1) (Either, Neither) Ken nor Julia will join us for the party next week.
- □ (2) The new workers are not only young (and, but) hardworking.
- □ (3) Both Ken (and, or, nor) Judy are single, aren't they?

□ (4) You may have (both, either, neither) soup or salad with your lunch.

□ (5) (Both, Either, Neither) rich and talented people live in Beverly Hills.

168-B 次の文の( )内から，適当な語を選びなさい。

□ (1) Both his father and grandfather (is, are) well-known lawyers.

□ (2) Either you or your sister (have, has) to visit him tomorrow.

□ (3) Not only people but every animal in the world (have, has) some inherent ability.

□ (4) Neither his parents nor he (expect, expects) him to pass the test.

□ (5) Both my assistant and I (am, are, have) fond of staying at work late at night.

169 thatの用法

次の文の下線部の **that** 節の働き(① 主語 ② 目的語 ③ 補語 ④ 同格)を選び，全文を日本語になおしなさい。

□ (1) I was surprised at the news <u>that Susan had got married</u>.

□ (2) The reason I came late was <u>that I overslept</u>.

□ (3) <u>That she didn't like it</u> was obvious.

□ (4) I don't doubt <u>that he is innocent of the crime</u>.

ガイド (3) obvious「明らかな」 (4) be innocent of ～「～(の罪)を犯していない」

170 if, whether；間接疑問

次の文の( )内の語(句)を，適当な順序に並べかえなさい。

□ (1) I'm not sure (coming / or not / is / he / whether).

□ (2) The officer asked him (about / he / if / knew / the robbery).

□ (3) Do you know (this word / means / what)?

□ (4) The question is (from / this custom / came / where).

□ (5) Scientists don't know (why / happened / this).

□ (6) Nobody is certain (true / is / which).

□ (7) I'm not sure (time / the game / what / starts).

応用問題

解答 → 別冊 *p. 65*

171 差がつく 次の各組の文が同じ意味を表すように，(　　) 内に適当な 1 語を入れなさい。

□ (1) If we don't keep our promise, we will not be trusted.
We must keep our promise, (　　　) we will not be trusted.

□ (2) If you think success, you are more likely to succeed.
Think success, (　　　) you are more likely to succeed.

□ (3) John wasn't able to solve the problem. Ken wasn't, either.
(　　　) John (　　　) Ken was able to solve the problem.

□ (4) He was not only my doctor but also my friend.
He was my friend (　　　) (　　　) (　　　) my doctor.

□ (5) The woman said, "Do you have a driver's license?"
The woman asked me (　　　) I had a driver's license.

172 次の日本文の意味になるように，(　　) 内の語 (句) を並べかえなさい。

□ (1) She (also / only / a / good singer / not / but / is) a wonderful dancer.
彼女は歌がうまいだけでなく，踊りもすばらしい。

□ (2) I (promise / my / am / that / broke / I / sorry).
約束を破ってごめんなさい。

□ (3) There is (a / will / that / rumor / a new / factory / be) built here.
ここに新しい工場が建つといううわさがある。

□ (4) My mother (to / if / asked / wanted / drink / I / me / some coffee).
母は私にコーヒーを飲みたいかどうか尋ねた。

29 接続詞 (2)

★テスト に出る重要ポイント

▶ 時を表す接続詞

- when（～するとき），while（～する間に，～なのに，一方）
- not ～ until[till] ...（…して初めて～）
- it is[has been] ～ since ...（…してから～たつ）
- as soon as ～ = no sooner ～ than（～するとすぐに）

As soon as he saw me, he ran away.
= He had no sooner seen me than
（彼は私を見るとすぐに逃げ出した）

▶ 理由・目的・結果を表す接続詞

［原因・理由］because, since, as などで表す。

［目的］so that ～ may[can, will] ...（～が…するように）
so that ～ may[can, will] not ...（～が…しないように）
I studied hard **so that** I **could** pass the exam.
（私は試験に合格するために一生懸命勉強した）

［結果］so＋形容詞・副詞＋that ...（とても～なので…）
such (a[an])＋形容詞＋名詞＋that ...（とても～なので…）
Ann is **such** a kind girl **that** everyone loves her.
（アンはとても親切な女の子なので，だれもが彼女を好きだ）

▶ 条件・譲歩などを表す接続詞

［条件］if（もし～ならば），unless (= if ～ not)（～しない限り），
in case（万一～の場合には）
If it rains, I won't go out.（雨が降ったら出かけません）

［譲歩］though[although]（～だけれども）
even if [though]（たとえ～でも）
whether ～ or ...（～であろうと…であろうと）
形容詞[名詞]＋as＋**S**＋**V** = though＋**S**＋**V**＋形容詞[名詞]
no matter how[where, when ...]（いかに[どこで，いつ…]～しても）
= however[wherever, whenever ...]

［様態］as（～のように） As ～, so ...（～のように…である）

［制限］as[so] far as, as[so] long as（～する限りは）

基本問題

解答 → 別冊 p. 66

173 時を表す接続詞

できたらチェック。

次の文の(　)内に入る最も適当な語(句)を下から選びなさい。

□ (1) Tim met Naoko (　　) he was working at a cell phone company.

□ (2) Please give me a call (　　) you have received the package.

□ (3) It was not (　　) 1945 that the war finally came to an end.

□ (4) I have been living in Nagoya (　　) I came to Japan six years ago.

□ (5) He had no sooner arrived (　　) he fell ill.

【 as soon as, until, than, while, since 】

174 理由・目的・結果を表す接続詞

次の文の(　)内に入る最も適当な語(句)を下から選びなさい。

□ (1) (　　) she had nothing to do, she called up Naomi.

□ (2) Leave early (　　) you won't miss the train.

□ (3) Miss Suzuki is (　　) a good teacher that all the students like her.

□ (4) I ran (　　) fast that I got out of breath.

【 as, so, so that, such 】

ガイド (2)「…しないように」と「目的」を表す形。 (4) get out of breath「息を切らす」

175 条件・譲歩などを表す接続詞 テスト必出

次の文の(　)内に入る最も適当な語(句)を下から選びなさい。

□ (1) The ceremony will be held outdoors (　　) it rains.

□ (2) You must not buy him candy (　　) he cries for it.

□ (3) It makes little difference (　　) the news is true or false.

□ (4) (　　) how hard you practice, you'll never be a professional dancer.

□ (5) You can stay here (　　　) you keep quiet.

□ (6) Leave the books (　　　) they are until the students come back to collect them.

【 as, as long as, even if, no matter, unless, whether 】

ガイド 空所の前後の文の意味をよく考えて接続詞を選ぶ。(6)「〜のままで」と様態を表す接続詞。

応用問題

解答 → 別冊 p. 67

176 差がつく 次の文の(　　)内に入る最も適当な語(句)を，a〜d から選びなさい。

□ (1) They will not give up their efforts (　　　) they have solved the problem.

a. because　b. only　c. until　d. whether

□ (2) It is not (　　　) we get sick that we start taking care of our health.

a. even　b. until　c. provided　d. while

□ (3) I wrote down her telephone number (　　　) I forgot it.

a. in case　b. so that　c. unless　d. when

□ (4) She is (　　　) kind a girl that she is loved by everybody.

a. as　b. how　c. so　d. such

□ (5) It was (　　　) lecture that the auditorium was full.

a. so a good　b. such good a　c. a so good　d. such a good

□ (6) (　　　) the solar system may seem so big, it is a very small part of the universe.

a. Although　b. Because　c. However　d. Nevertheless

□ (7) (　　　) she is only 16 years old, she seems very mature for her age.

a. Because of　b. Even though

c. In spite of　d. Why

□ (8) My wife is always awake waiting for me, no matter (　　) late I return home.
a. how　b. however　c. when　d. whenever

□ (9) (　　) we start to take care of the environment, we will leave many problems for future generations.
a. Unless　b. Although　c. If　d. However

□ (10) Your data will be safe (　　) you back up your files.
a. in case　b. so that　c. despite　d. as long as

ガイド　(5) auditorium「講堂」 (6) solar system「太陽系」 (7) mature「成熟した」

177 次の日本文の意味になるように，(　　)内の語(句)を並べかえなさい。

□ (1) She worked hard in the morning (that / she / in / so / could / relax) the afternoon.
彼女は午後ゆっくりできるようにと，午前中にがんばって働いた。

□ (2) These hotels are (is / make / popular / it / to / that / so / necessary) a reservation a year ahead.
これらのホテルはとても人気があるので，1年前から予約しておく必要がある。

□ (3) He made (no / that / a / argument / even / good / one / such) tried to counter it.
彼はとてもよい議論をしたので，だれもそれに反論しようともしなかった。

□ (4) You will be late (drive / fast / how / matter / no / you) in this weather.
この天候ではどんなに急いで運転しても遅れてしまうだろう。

□ (5) Tomorrow we (are / beach / going / it / rains / the / to / unless).
あす雨が降らなければ，海へ行くつもりです。

□ (6) You (don't have / told / do / you are / as / to).
言われた通りにする必要はありません。

30 否定

★テストに出る重要ポイント

- **not**…動詞・助動詞につけて文全体を否定する基本的な否定語。
  never(= not ever)…「これまで一度も〜したことがない」強い否定。
- 〈**no＋名詞**〉, **nothing**, **nobody**, **none**…主語・補語・目的語となって文全体を否定する。
- 準否定語「ほとんど〜ない」「めったに〜ない」
  - **hardly**, **scarcely**（〔程度が〕ほとんど〜ない）
  - **seldom**, **rarely**（〔頻度が〕めったに〜ない）
    A barking dog **seldom** bites.（ほえる犬はめったにかまない）
  - **few**（〔数が〕ほとんどない）, **little**（〔量・程度が〕ほとんどない）
- 部分否定と全体否定

部分否定		全体否定
not ～ all[every]（すべてが〜とは限らない）	⇔	not ～ any / none
not ～ both（両方とも〜とは限らない）	⇔	not ～ either / neither
not always（いつも〜とは限らない）		
not necessarily（必ずしも〜とは限らない）	⇔	never / not ～ at all
not quite[altogether]（全く〜というわけではない）		

- 注意すべき否定表現
  not ～ because ...（…だからといって〜ない）, **cannot[can't] ～ too ...**（いくら…してもしすぎることはない）, **never ～ without ...**（〜すると必ず…する）, **not ～ but ...**（〜ではなく…）, **the last ～ to[that] ...**（最も…しそうにない〜，決して…ない〜）, **fail to**（〜しそこなう）, **far from** = **anything but**（決して〜ではない，〜にはほど遠い）, **free from**（〜がない）, **above[beyond]**（〜の範囲を超えている，〜できない）, **nothing but** = only（〜だけ）

・**修辞疑問文**：疑問文を反語的に用いて「〜だろうか→いや，そんなことはない」という意味を表す。
Can it be true?（はたしてそれは本当だろうか → 本当のはずがない）

基本問題

解答 → 別冊 p. 68

できたらチェック。

178 準否定語 テスト必出

次の文の(　　)内から，適当なほうを選びなさい。

□ (1) I can (hardly, seldom) imagine her going abroad alone.

□ (2) We (hardly, seldom) see her laughing, do we?

□ (3) I (scarcely, rarely) skip breakfast. I make sure to eat it every day.

□ (4) Aren't you hungry? You (seldom, scarecely) ate today.

□ (5) There are (few, little) countries in the world he has never visited.

□ (6) We decide to cancel our trip abroad since we have (few, little) money left.

179-A 部分否定と全体否定

否定の表現に注意して，次の文を日本語になおしなさい。

□ (1) A novel is not always good just because it has been written by a famous writer.

□ (2) Jim said that either of us could go, but not both of us.

□ (3) Not everyone needs a car in everyday life.

□ (4) We do not necessarily grow wiser as we grow older.

□ (5) It is not quite true that the information on the Internet is reliable.

ガイド (1) not ～ just because ...「ただ…だからといって～ではない」の形に着目。
(5) reliable「信頼できる」

179-B 次の文を(　　)内の語(句)を使って，部分否定の文にしなさい。

□ (1) None of them knew that this would be their last meal. (every one)

□ (2) He never feels sorry for himself. (not always)

□ (3) This story always impresses the students. (not necessarily)

□ (4) I haven't done any work at all. (all)

180-A 注意すべき否定表現

下線部の語(句)に注意して，次の文を日本語になおしなさい。

□ (1) I am not against smoking simply because it's bad for our health.

□ (2) We have no choice but to accept the majority decision.

□ (3) He does nothing but complain about his brother.

□ (4) You can never hurt others without hurting yourself.

□ (5) My mother would be the last person to tell a lie.

□ (6) I never fail to brush my teeth before going to bed.

ガイド (1) against「反対の」 (2) have no choice but to ～「～するしかない」, majority decision「多数決」

180-B 次の各組の文がほぼ同じ意味を表すように，(　　)内から適当なほうを選びなさい。

□ (1) Your advice is never of any use.
(Which, What) is the use of your advice?

□ (2) The result was not satisfactory at all.
The result was far (from, away) satisfactory.

□ (3) Everyone has faults.
No one is (free, far) from faults.

□ (4) I couldn't do anything about the accident I had yesterday.
The accident I had yesterday was (beyond, over) my control.

□ (5) Every time I see her, I think of her sister.
I cannot see her (beyond, without) thinking of her sister.

応用問題

解答 → 別冊 p. 69

181 差がつく 次の各組の文がほぼ同じ意味を表すように，(　　)内に適当な1語を入れなさい。

□ (1) Who cares what you think?
(　　　) cares what you think.

□ (2) I am anything but a good cook.
I am (　　　) from a good cook.

□ (3) Please tell only the truth.
Please tell (　　　) but the truth.

□ (4) We cannot describe the beauty of the countryside.
The beauty of the countryside is (　　　) description.

□ (5) This story always impresses the audience.
This story never (　　　) to impress the audience.

182 次の日本文の意味になるように，(　　)内に適当な１語を入れなさい。

□ (1) I (　　　) (　　　) our family needs a car.
私たちの家族には車は必要ないと思います。

□ (2) Mary isn't very popular. She has very (　　　) friends.
メアリーはあまり人気がない。彼女にはほとんど友だちがいない。

□ (3) Solar power is economical, essentially (　　　) from pollution.
太陽光発電は経済的で，基本的に汚染はありません。

□ (4) (　　　) trip to India is complete without a visit to the Taj Mahal.
タージ・マハルを訪問せずしてインド旅行が完結することはない。

□ (5) (　　　) (　　　) of the books read by many people are worth reading.
多くの人に読まれている本がすべて読む価値があるというわけではない。

183 次の文の誤りの箇所を指摘し，正しい形になおしなさい。

□ (1) Anyone doesn't know whether there is life in space.

□ (2) My new dog never learn anything. Is there anything I could do?

□ (3) There is few time to prepare for the exams.

□ (4) The students don't necessary understand why they are studying.

31 時制の一致・話法

テストに出る重要ポイント

時制の一致

主節の動詞が過去形・過去完了形の場合，従属節の動詞もその影響を受ける。

I **know** he **is** an actor.（私は彼が俳優だと知っている）

↓

I **knew** he **was** an actor.（私は彼が俳優だと知っていた）

時制の一致の例外

・We **learned** that the earth **goes** around the sun.

不変の真理・格言→現在形のまま

（私たちは地球は太陽のまわりを回ると習った）

・He **told** me that he **goes** to school by bus.

現在の習慣→現在形のまま

（彼はバスで通学していると私に言った）

・We **learned** that the United Nations **was established** in 1945.

歴史上の事実→過去形のまま

（私たちは国際連合は1945年に設立されたと習った）

・I **said** that if he **were** well he **could** go with me.

仮定法の文→仮定法の時制のまま

（私はもし彼が元気だったら一緒に来られただろうと言った）

直接話法と間接話法

He said to me, "I will cook dinner tonight." ［直接話法］

He told① me (that)② he④ would③ cook dinner that night⑤. ［間接話法］

① 伝達動詞の変化（say to → tell, ask〔疑問・依頼〕など）
② 伝達される文を〈接続詞＋**S**＋**V**〉に変える（that, if / whether〔疑問文〕など）
③ 伝達される文中の動詞・助動詞の変化（時制の一致）
④ 伝達される文中の代名詞の変化
⑤ 副詞（句）の変化（here → there, now → then, yesterday → the day before など）

時間的・空間的なズレを，話し手の視点に立って調整する。

基本問題

解答 → 別冊 p. 70

できたらチェック。

184-A 時制の一致

次の文を，**I knew that** に続けて書きかえなさい。

□ (1) It is hard to solve the problem.

□ (2) We will have to do something to deal with the problem.

□ (3) It was caused by industrial waste.

□ (4) The war was over in 1918.

□ (5) People would be upset if they knew that fact.

184-B 次の文を，**I thought** に続けて書きかえなさい。

□ (1) The book will be read by many people.

□ (2) The chemical is harmless to people.

□ (3) The company did something illegal.

□ (4) If they hadn't started the project, this problem would not have been brought about.

□ (5) The chemical has been causing various kinds of diseases.

ガイド (2) chemical「化学物質」 (3) illegal「違法の」 (4) 仮定法の文であることに注意。

185-A 直接話法と間接話法 テスト必出

次の各組の文がほぼ同じ意味を表すように，(　　)内に適当な１語を入れなさい。

□ (1) The lady (　　) (　　) me, "It's so nice to see (　　)."
The lady told me that it was so nice to see me.

□ (2) I said to Mina, "I (　　) say anything about (　　) to others."
I told Mina that I wouldn't say anything about her to others.

□ (3) I said to the police, "(　　) (　　) never visited the shop."
I told the police that Lisa had never visited the shop.

□ (4) I said to Alex, "(　　) (　　) (　　) talk about?"
I asked Alex what he had talked about.

□ (5) Mr. Jones said to Yuko, "(　　　) (　　　) (　　　) to take part in the discussion?"
Mr. Jones asked Yuko if she wanted to take part in the discussion.

185-B 次の各組の文がほぼ同じ意味を表すように，(　　)内に適当な1語を入れなさい。

□ (1) Sarah said to the police, "I have never heard of the boy."
Sarah (　　　) the police that (　　　) (　　　) never heard of the boy.

□ (2) I said to Josh, "Were there a lot of students in the meeting?"
I (　　　) Josh (　　　) there (　　　) (　　　) a lot of students in the meeting.

□ (3) Chris said to me, "Please give an honest opinion."
Chris (　　　) me (　　　) (　　　) an honest opinion.

□ (4) I've got a cold. The doctor said to me, "Stay in bed."
I've got a cold. The doctor (　　　) me (　　　) stay in bed.

□ (5) Mr. Jones said to Yuko, "Don't forget you have to write a comment."
Mr. Jones told Yuko (　　　) (　　　) forget (　　　) (　　　) to write a comment.

応用問題

解答 → 別冊 p. 72

186 差がつく 次の日本文の意味になるように，下線部に適当な語句を入れなさい。

□ (1) その男は彼らにその場にいて，持ち場を離れるなと言った。
The man ________________ leave their post.

□ (2) 父は私にそれをしてほしいと言った。
Father told me that ________________.

□ (3) 彼は私にいつ出発するのか聞いた。
He asked me ________________.

□ (4) ジェーンは私に前の晩トムに会ったと言った。
Jane told me that ________________.

□ (5) 妹は私に買い物に行こうと言った。
My sister ________________ shopping.

□ (6) 私は彼に，私がどんなにその村で暮らしたいかを話した。
I told him ________________ in the village.

187 次の各組の文がほぼ同じ意味を表すように，下線部に適当な語句を入れなさい。

□ (1) Alice said to me, "Did you see Daniel yesterday?"
Alice asked me ________________.

□ (2) "Let's go to the park next week," Ai said to John.
________ that they go to the park ________ week.

□ (3) Mark said to me, "________ for another ten minutes."
Mark proposed that we wait for another ten minutes.

□ (4) Koji said to Mary, "What do you think of the book?"
Koji asked Mary ________________ the book.

□ (5) Neal wished me success.
"________________!" Neal said to me.

□ (6) "Hurry up, and you'll catch the bus," I said to him.
I told him that ________________ he would catch the bus.

□ (7) I suggested to them that we should leave early.
I said to them, "________________."

□ (8) Tyler said to Anna, "I'm sorry I have kept you waiting."
Tyler apologized to Anna for ________________.

□ (9) Ms. Nakai requested them politely to start at once.
Ms. Nakai said to them, "________________ at once?"

□ (10) "Don't forget to mail the letter," Tom said to me.
Tom reminded me ________________ the letter.

32 特殊な構文・無生物主語

テストに出る重要ポイント

1 特殊な構文

▶ 倒置…強調される語(句)が前に出ると,〈(助)動詞＋主語〉の語順になる。(1)(2)は前文を受けて,「〜もそうです」という表現。

(1) **So＋be[do, have]＋主語** [肯定文]

I like baseball. —— **So** do I. (私は野球が好きです ― 私もそうです)

(2) **Neither[Nor]＋be[do, have]＋主語** [否定文]

I am **not** a fan of baseball. —— **Neither[Nor]** am I.
(私は野球ファンではありません ― 私もそうです〔ファンではない〕)

(3) **否定語**(not, never など)・**準否定語**(little, hardly, rarely, only など)が文頭に出ると倒置が起こる。

Nobody did I see in the room. (その部屋ではだれにも会わなかった)
did I see：疑問文と同じ語順

▶ 強調構文…**It is 〜 that[who, which] …**「…なのは〜だ」

Kumi won the game. (クミがその試合に勝った)

= **It was Kumi that[who]** won the game. (その試合に勝ったのはクミだった)

「〜」の部分には動詞以外の主語，目的語，副詞句などが来る。人を強調する場合はwho，物を強調する場合はwhichも用いられる。

2 名詞表現・無生物主語

▶ 名詞表現…「動詞＋副詞」→「形容詞＋名詞」／節の内容→名詞中心の句

He sings well. ＝ He is a **good singer**. (彼は歌がうまい)
(sings：動詞　well：副詞　good：形容詞　singer：名詞)

It is a week since **my arrival** in Osaka. (大阪に着いてから1週間になる)
my arrival in Osaka ＝ I arrived in Osaka

▶ 無生物主語…生物でないものを主語にする表現。

make, cause, force, bring, keep などの動詞をよく用いる。

主語を原因・理由などを表す副詞的語句に言いかえて訳すとよい。

The dangerous situation forced him to leave the town.

＝ Because of the dangerous situation, he had to leave the town. (危険な状況のために，彼はその町を出なければならなかった)

基本問題

解答 → 別冊 p. 73

188-A 倒置

できたらチェック。

so もしくは **neither** を用いて，「〜も…だ」／「〜も…でない」という表現を完成しなさい。

□ (1) I just bought the latest album by Adele.
—— (　　　) (　　　) I.

□ (2) Tim is a good guitarist, and (　　　) (　　　) Jill.

□ (3) Keiko doesn't like coffee. —— (　　　) (　　　) I.

□ (4) They are not crazy, and (　　　) (　　　) they fools.

188-B 下線部に注意して，次の文を日本語になおしなさい。

□ (1) Not only did Ann tell me a lie, but she tried to steal my money.

□ (2) Yumi was surprised at the news. Not a word did she say.

□ (3) Rarely do storms last longer than an hour in this region.

□ (4) No sooner had Yukino heard the news than she fainted.

ガイド　いずれも否定語が文頭に出て，〈否定語(句)＋助動詞＋主語〉の語順になっている。
(3) last「続く」，region「地域」　(4) faint「気を失う」

189-A 強調構文

次の文の下線部①〜④を，それぞれ強調する文を作りなさい。

□ ①Tom went to ②the amusement park ③with his family ④last summer.

189-B 下線部を，強調構文を用いて強調する文に書きかえなさい。

□ (1) Mary lost her bag yesterday.

□ (2) The trains were stopped because of the storm.

□ (3) John took responsibility for the trouble.

□ (4) Who won the US Open?

190 名詞表現

次の各組の文がほぼ同じ意味を表すように，(　　)内に適当な1語を入れなさい。

□ (1) Let me know when Marie will arrive.
Let me know the time of (　　) (　　).

□ (2) The price of crude oil has risen sharply.
There has been (　　) (　　) of the price of crude oil.

□ (3) The army destroyed the building completely.
The (　　) (　　) of the building was carried out by the army.

□ (4) The property was divided after he died.
After (　　) (　　) the property was divided.

□ (5) I had to take a shower because of the heat.
I had to take a shower because it (　　) (　　).

ガイド　節の内容を抽象名詞を使って表す。 (2) crude oil「原油」 (4) property「財産」

191 無生物主語　テスト必出

下線部に注意して，次の文を日本語になおしなさい。

□ (1) What brought you here today?

□ (2) Half an hour's walk from the station will bring you to the famous church.

□ (3) Illness kept me from joining the party.

□ (4) What caused you to change your mind?

応用問題 ……………………………… 解答 → 別冊 *p. 74*

192 差がつく　次の文の(　　)内に入る最も適当な語(句)を，a～dから選びなさい。

□ (1) Under no circumstances (　　) you go out alone here at night.
a. and　　b. where　　c. should　　d. had better

□ (2) Not only (　　) shade and a beautiful landscape, but they also reduce carbon dioxide.

a. do trees provide　　b. provide trees
c. do provide trees　　d. trees provide

□ (3) Wasn't it you yourself (　　) the door open?

a. to leave　　b. to have left
c. who left　　d. that you should leave

□ (4) (　　) did I dream of a letter coming from the professor.

a. Quite　　b. Little　　c. Ever　　d. Though

ガイド (2) tree が主語で provide（与える）が動詞の文。carbon dioxide「二酸化炭素」

193 次の日本文の意味になるように，(　　)内の語(句)を並べかえなさい。

□ (1) Hardly (face / had / his / seen / she / when) she burst into tears.
彼女は彼の顔を見たとたん，わっと泣き出した。

□ (2) Only yesterday did (going / realize / she / was / what) on.
昨日になってようやく彼女はことの次第がわかった。

□ (3) (was / while / was / it / I / that / in London) I first met him.
私が初めて彼に会ったのは，ロンドン滞在中のことだった。

□ (4) (you / giving / are / to / way / it's / who) your feelings.
感情的になっているのは，あなたですよ。

□ (5) The heat (discouraged / from / going out / them).
暑さのせいで彼らは外出する気が失せてしまった。

□ (6) (little / a / you / show / will / reflection) that you have misunderstood me.
少し反省すれば，あなたは私のことを誤解していることがわかるでしょう。

□ (7) This (always / I / me / of / photograph / reminds / Switzerland / to / the trip) took by myself.
この写真を見ると，いつもスイスへの一人旅のことを思い出す。

□ (8) His strong (enabled / him / midnight / till / to / will / work).
彼はその強い意志で，深夜まで働くことができた。

文法総仕上げ問題 1

標準時間 25 分　解答 → 別冊 p. 76

1 次の文の(　　)内に入る最も適当な語(句)を，a～d から選びなさい。

(1) She hopes to be a dentist after she (　　) from college.
a. graduate　b. will graduate
c. graduates　d. is graduating

(2) These plants need to (　　) until the customer comes back to pick them up.
a. be taken care　b. be taken care of
c. be taking care　d. take care of

(3) The soccer fans were made (　　) the law by police officers.
a. obeying　b. obey　c. to obey　d. obeyed

(4) Ms. Hofmann (　　) it a rule to jog early in the morning every other day.
a. makes　b. takes　c. sets　d. gets

(5) Call the police and get them (　　) your stolen car.
a. find　b. to find　c. will find　d. found

(6) Many customers complained (　　) not receiving the goods they had ordered.
a. because　b. through　c. so　d. about

(7) He stopped (　　) his wife, who was waiting at the bus stop.
a. to pick up　b. pick up　c. for picking　d. being picked

(8) In some countries, you can come across people (　　) things on their heads.
a. carried　b. carry　c. carrying　d. to carry

(9) (　　) to find a place to stay, they had to sleep in their car last night.
a. Not only　b. Decide　c. Avoid not　d. Unable

2 下線部の用法が文法的，語法的に適当でない箇所を指摘し，正しい形になおしなさい。

(1) I was (a) never able to get used to (b) the noise in Tokyo and (c) laid awake in the middle of the night for the first (d) few weeks.

(2) (a) The picture (b) shows a poor rabbit (c) using (d) for animal experiments.

(3) (a) Writing clearly and (b) carefully (c) in simple English, this magazine can (d) be recommended to our students.

(4) (a) We should recognize that the world (b) is changing at (c) a fast rate than (d) it has at any time in human history.

(5) Theodore Roosevelt (a) was born in New York City (b) in October 27, 1858, (c) the only president (d) born there.

3 次の日本文の意味になるように，(　　)内の語(句)を並べかえなさい。

(1) Leave a (comes / in / here / note / Henry / case) first.
ヘンリーのほうが先にここに来た場合に備えて，手紙を残しておきなさい。

(2) I (only / reached / the express / had / to / the station / find / that) already left.
私が駅に到着したときには，その急行はすでに出発していた。

(3) All (do / have to / leave / tell / to / Tom / is / you / to) work sooner.
トムにもっと早く職場を出るように言ってくれるだけでいいのです。

(4) Have you ever (seen / causing / others / trouble / someone)?
だれかが他人に迷惑をかけているところを見たことがありますか。

(5) Meg (keep / fast / to / with / too / us / up / walked / for).
メグは大変速く歩いたので，私たちはついていくことができなかった。

文法総仕上げ問題 2

標準時間 25 分　解答 → 別冊 p. 78

1 次の文の(　　)内に入る最も適当な語(句)を，a～d から選びなさい。

(1) (　　) it be true that she passed the difficult examination?
a. Can　b. Will　c. May　d. Should

(2) You (　　) have come to David's party last night. We missed you.
a. will　b. should　c. must　d. would

(3) Some people are fond of watching DVDs at home, while (　　) prefer to go out to the movies.
a. another　b. other　c. the other　d. others

(4) It is important to remember that the more civilized a society becomes, the (　　) it hates people who use violence.
a. better　b. less　c. more　d. worse

(5) That part of Tokyo is a place (　　) attracts young people with its shops and restaurants.
a. which　b. where　c. when　d. what

(6) The world is not (　　) it used to be before the invention of the airplane.
a. why　b. what　c. that　d. when

(7) If I (　　) Dave's phone number, I would call him right away.
a. had known　b. have known　c. knew　d. know

(8) (　　) a child swallow one of these pills, call the doctor at once.
a. Were　b. Were it not for　c. Should　d. Did

(9) That idea is very nice, but the question is (　　) or not it can be carried out.
a. that　b. if　c. whether　d. how

(10) (　　) you don't have a receipt, we can't exchange your purchase.
a. Although　b. Because　c. Despite　d. However

2 次の各組の文がほぼ同じ意味を表すように，(　　)内に適当な１語を入れなさい。

(1) As Yoko is rich, she can buy that grand piano.
Yoko (　　　) (　　　) (　　　) to buy that grand piano.

(2) Having been written in haste, this report is far from perfect.
(　　　) this report was written in haste, it is far from perfect.

(3) I didn't spend as much money as you.
I spent (　　　) money than you.

(4) The new model is higher in quality than any other car on the road.
The new model is (　　　) to every other car on the road.

(5) Whenever I listen to this music, I think of my junior high school days.
This music always (　　　) me (　　　) my junior high school days.

3 次の日本文の意味になるように，(　　)内の語(句)を並べかえなさい。

(1) I (checking it / left / running / the engine / while).
それを調べている間，私は車のエンジンをかけたままにしておいた。

(2) Roy spends (as / as I do / money / much / three times).
ロイは私の３倍もお金を使う。

(3) My aunt (bought / in / lives / Kyushu / who / a piano / me).
九州に住んでいる私のおばが，私にピアノを買ってくれた。

(4) If (been / her help / had / it / for / not), I couldn't have completed the job.
彼女の助けがなかったならば，私はその仕事を仕上げることはできなかっただろう。

(5) Road conditions are extremely dangerous and (to / advised / drive / are / people / unless / not) it is absolutely necessary.
道路の状況が大変危険ですので，どうしても必要な場合以外は運転しないようお願いします。 ②

□ 執筆協力　池上 博
□ 編集協力　木村由香　坂東啓子
□ 英文校閲　Bernard Susser

シグマベスト
シグマ基本問題集
英文法

編　者　文英堂編集部
発行者　益井英郎
印刷所　図書印刷株式会社
発行所　株式会社文英堂
〒601-8121　京都市南区上鳥羽大物町28
〒162-0832　東京都新宿区岩戸町17
(代表)03-3269-4231

●落丁・乱丁はおとりかえします。

BEST シグマベスト

シグマ基本問題集

英文法

正解答集

◎『検討』で問題の解き方が完璧にわかる

◎ 全問題文の日本語訳つき

◎『テスト対策』で定期テスト対策も万全

文英堂

1 文

基本問題 本冊 p. 5

❶-A

答 (1)主部：**She**　述部：**works from nine in the morning until five in the afternoon**
(2)主部：**The Great Sphinx of Giza**　述部：**is 73.5 meters long and 20 meters high**
(3)主部：**Hiro's best friend Kayo's sister**　述部：**sang in the hall**
(4)主部：**Both of us**　述部：**went to the library to borrow books**
(5)主部：**A 38-year-old housewife from Kobe**　述部：**wrote a letter to the newspaper company**

全訳 (1)彼女は午前9時から午後5時まで働きます。
(2)ギザの大スフィンクスは長さが73.5メートル，高さが20メートルある。
(3)ヒロの親友のカヨの妹がホールで歌った。
(4)私たちは2人とも図書館に本を借りに行った。
(5)神戸出身の38歳の主婦が新聞社に手紙を書いた。

検討 (1)from nine 以下は works を修飾する副詞句。(2)73.5 meters long と 20 meters high はいずれも補語。(3)Hiro's best friend は Kayo を説明する同格句。主語は sister。in the hall は sang を修飾する副詞句。(4)主語は both で，to the library は went を修飾する副詞句，to borrow books は went を修飾する不定詞の副詞的用法。(5)主語は housewife で，a 38-year-old，from Kobe は共に housewife を修飾する形容詞句。

❶-B

答 (1)主語：**I**　動詞：**walked**
(2)主語：**My mother and I**　動詞：**planned**
(3)主語：**gentleman**　動詞：**sat**
(4)主語：**Mike**　動詞：**was chosen**

全訳 (1)先週の土曜日，私は歩いておばの家まで行った。
(2)母と私はリズのためにサプライズパーティーを計画した。
(3)1人の老紳士が公園のベンチに座った。
(4)マイクは議長に選ばれた。

検討 (1)Last Saturday，over to my aunt's house は共に walked を修飾する副詞句。(2)I を含む句が主語になる場合は I を後ろに置く。(3)sit「座る，座っている（= be seated）」(4)受動態，完了形，進行形では，〈助動詞［**be**，**have**］＋動詞〉で述語動詞部分とする。

❷

答 (1)**補語**　(2)**目的語**　(3)**目的語**　(4)**補語**　(5)**目的語**

全訳 (1)英語は私たちの第一言語ではない。
(2)彼女は20代のときにオーストラリアで日本語を教えた。
(3)エマは父親にネクタイを買った。
(4)私はここに来て本当に幸せに感じる。
(5)大谷翔平は2021年に46本のホームランを打った。

検討 (1)「～は…である」の意味を表す be 動詞は補語をとる代表的な動詞。
(2)(3)目的語となる語は，日本語では「～を，～に」となる。「日本語を」，「ネクタイを」。
(4)「私は本当に幸せに感じる」補語は主語を説明する。(5)hit の変化は hit-hit-hit。ここは hits となっていないので過去形。

❸

答 (1)**like**：**動詞**，**coffee**：**名詞**
(2)**music**：**名詞**，**best**：**副詞**
(3)**almost**：**副詞**，**always**：**副詞**
(4)**played**：**動詞**，**exciting**：**形容詞**

全訳 (1)コーヒーはいかがですか。

(2) 私はクラシック音楽が一番好きだ。
(3) 日本では，生徒たちはほとんどいつも同じ教室にいる。
(4) 私たちは大変わくわくするようなテレビゲームをした。

検討 (1) 動詞は動作・状態を表し（「好む」），名詞は「物・こと」を指す（「コーヒー」）。
(2) like ～ best は like ～ very much の最上級の形。best は like を修飾。
(3) 副詞は主に動詞を修飾するが，形容詞，副詞も修飾する。almost は副詞で，同じく副詞の always を修飾している。always は動詞 stay を修飾している。
(4) exciting はもとは動詞の現在分詞。頻繁に形容詞として使われる動詞の過去分詞形，現在分詞形は品詞としては形容詞として扱われる。cf. interested, interesting

4

答 (1) (a) **Akira does not[doesn't] practice soccer on Mondays.**
(b) **Does Akira practice soccer on Mondays?**
(2) (a) **We cannot[can't] use English on the Internet.**
(b) **Can we use English on the Internet?**
(3) (a) **There are not[aren't] any useful Websites for soccer fans on the Internet.**
(b) **Are there any useful Websites for soccer fans on the Internet?**
(4) (a) **Chika did not[didn't] go to Australia at the end of 2012.**
(b) **Did Chika go to Australia at the end of 2019?**

全訳 (1) アキラは毎週月曜日にサッカーの練習をする。
(2) 私たちはインターネットで英語を使える。
(3) インターネット上にはサッカーファン向けの有益なサイトがある。
(4) チカは2019年の終わりにオーストラリアへ行った。

検討 (1) 一般動詞の否定文，疑問文には do, does, did などを用いる。この文では3人称単数現在形なので does を用いる。
(2) 助動詞の否定文では助動詞のあとに not をつけ，疑問文では主語と助動詞の語順をひっくり返す。なお can の場合，否定形は cannot, can't, can not とつづるが，普通は cannot。口語では can't が一般的。
(3) be 動詞の否定文，疑問文のつくり方は，助動詞の場合と同じ。
(4) went は一般動詞で go の過去形であるので，did を用いて否定文，疑問文にする。

5

答 (1) **How long** (2) **How many**
(3) **Where** (4) **didn't you**
(5) **did you**

全訳 (1)「どのくらいロンドンに滞在したいですか」「5日間ぐらいです」
(2)「月曜日には何時間授業がありますか」「月曜日は6時間授業です」
(3)「どこに行きたいですか」「ロイヤル動物園へ連れて行ってください」
(4)「あなたは彼の新しい携帯電話をこわしましたね」「ごめんなさい。彼は怒っていましたか」
(5)「鍵を忘れなかったよね」「もちろん，そんなことないよ。それほど忘れっぽくないよ」

検討 (1) How long は期間を聞く。答えは I want to stay in London が for の前に省略されている。five days or so は「5日間かそこら」or so を加えると，「そのくらい」といった意味合いが加わる。 (2) 答えに six classes「6時間」と授業の数を答えている。How many は数を聞く。量を聞く How much，距離を聞く How far，長さを聞く How long なども整理しておくこと。
(3) 答えに to the Royal Zoo とあり，場所を聞いていることがわかる。

(4) 付加疑問文。肯定文には否定疑問の形を付ける。答えはYes, I did. の意味で，I'm sorry (I broke it). と答えている。
(5) 付加疑問文。否定文には肯定の疑問文の形をつける。答えは，No, I didn't. 日本語では相手の発言を認めて，「はい，忘れませんでした」となることに注意。

応用問題 ……………………… 本冊 *p. 7*

❻

答 (1) **Don't you have enough money to go to that restaurant?**
(2) **We'll have to wear our school uniforms, won't we?**
(3) **Who taught you about the Internet?**
(4) **How quickly we grow old!**
(5) **What a wonderful place the earth is!**

検討 (1) 否定疑問文。enough money to 〜「〜するのに十分なお金」。 (2) 付加疑問文。
(3) 疑問代名詞の who が主語になる形。〈Who(主語)＋動詞 〜?〉の語順。 (4) 感嘆文。形容詞，副詞を強める感嘆文は〈**How**＋形容詞・副詞＋S＋V...!〉の語順になる。We grow old very quickly. とほぼ同じ意味。
(5) 感嘆文。〈形容詞＋名詞〉を強める感嘆文は，〈**What (a / an)**＋形容詞＋名詞＋S＋V...!〉の語順になる。The earth is a very wonderful place. とほぼ同じ意味。

❼

答 (1) **lie** (2) **close** (3) **play**
(4) **will[won't] you** (5) **shall we**

全訳 (1) (a) 私に嘘をつかないでください。私は真実を知りたいのです。 (b) いい天気ですね。外に出て芝生の上に寝転びましょう。
(2) (a) 私の家は駅の近くだ。駅まで100メートルしかない。 (b) ドアを閉めていただけますか。ここは寒いです。
(3) (a) 昨夜，私たちは新しい劇を見に劇場へ行った。 (b) その赤ちゃんは新しいおもちゃで遊ぶのが気に入った。

検討 (1) lie は名詞で「嘘」, 動詞で「横になる」。
(2) close は形容詞で「近い」, 動詞で「閉める」。なお，形容詞では [klous]，動詞では [klouz] と s の発音が異なることに注意。
(3) play は名詞で「演劇」，動詞で「遊ぶ」。
(4) 命令，依頼の文の付加疑問は〈, will you?〉
(5) Let's 〜 には〈**, shall we?**〉の付加疑問をつけて，調子を和らげる。

テスト対策

- 補語か目的語かという問題では，英文の要素をS＋V＋Xに分ける。
  S is Xという英文が成立すれば，**X**は補語，成立しなければ目的語。
- 感嘆文への書きかえの**How / What**の選択は，何を強めるのかをしっかり確認すること。〈形容詞＋名詞〉を強める場合Whatで始めるが，必ずしもWhatにaが続くわけではない。数えられない名詞，複数の名詞では，Whatにはすぐ〈形容詞＋名詞〉が続く。
  最後に感嘆符 "!" を忘れないこと。

2 文構造（文型）

基本問題 ……………………… 本冊 *p. 9*

❽

答 (1) **S : plane V : rose**
(2) **S : you V : feel C : hungry**
(3) **S : you V : (have) finished O : math homework**
(4) **S : father V : bought O : me O : telescope**
(5) **S : Everyone V : calls O : boy C : Jumbo**

全訳 (1) 飛行機はゆっくりと空に昇っていった。
(2) まだお腹がすいていますか。

(3) 数学の宿題は終えましたか。
(4) 私が星に興味を持つように，父は望遠鏡を買ってくれた。
(5) クラスのみんなはその背の高い少年をジャンボと呼ぶ。

検討 (1) rose は **rise**（「昇る」自動詞）の過去形。rise の変化は rise—rose—risen。「～を上げる」という他動詞は **raise** で規則変化の動詞。(2)〈**feel+C**〉は「C に感じる」。(3) 現在完了の疑問文。S+V+O は最も多い文構造の英文。(4) To make me interested in the stars は「私に星に興味を持たせるために」という不定詞の修飾語句。(5) call は S+V+O+C の代表的な動詞。in the class は everyone を修飾する形容詞句。

テスト対策

見た目が S+V+X の文は，**S+V**，**S+V+C**，**S+V+O**。X は目的語，補語の他に修飾語句の場合もある。

- 修飾語句の場合は〈副詞もしくは前置詞＋名詞〉となるので，動詞の次に前置詞が登場したら S+V。
- S+V+C か S+V+O かは，**S is X** として文が成立するかどうかまず確認する。

見た目が S+V+O+X の文は，**S+V+O**，**S+V+O+O**，**S+V+O+C**。X は目的語，補語の他に修飾語句の場合もある。

- 副詞，前置詞で始まる句ならば修飾語句。
- **O is X** が成立すれば X は C，成立しなければ O。

9

答 (1) **kept** (2) **became** (3) **seems** (4) **Sounds**

全訳 (1) 私はそのことについて何も知らなかったので，黙っていた。
(2) 俳句は第二次世界大戦後，アメリカで人気になった。
(3) メアリーは悲しそうだ。彼女に何が起きたのだろうか。
(4)「今夜食事はどうですか」「いいですね」

検討 (1) didn't から時制は過去。keep silent は「黙ったままでいる」。keep の他，stay, remain でも同じ意味になる。
(2) after World War Ⅱ「第二次世界大戦後」から時制は過去。become は「～になる」の最も一般的な動詞。(3)〈**seem+C**〉で「C のように見える」。(4) That sounds great.「それはすばらしく聞こえる」のくだけた表現。

テスト対策

S+V+C の文構造をとる動詞は限られている。代表的な動詞は **be** 動詞，**keep**，**seem**，**look**，**appear**，**sound**，**become**，**get**，**make** など。

10

答 (1) (b) (2) (d) (3) (a) (4) (c)

全訳 (1) 彼女は自分の経験について本を書くことにした。
(2) 私の友達と私はファッションについて話をするのを楽しむ。
(3) 彼女は私に助言を求めたが，私は何を言うべきかわからなかった。
(4) 彼らは女子には教育は必要ないと考えていた。

検討 (1) decide は目的語に不定詞をとって「～することに決める」。(2) enjoy は目的語に動名詞をとって「～することを楽しむ」。(3) know の目的語には〈**what+S+V**〉，〈**that+S+V**〉のいずれもとることができる。(4) think は目的語に〈**that+S+V**〉をとって「～だと考える」。

11

答 (1) **Could you lend your eraser to me?**
(2) **Naomi made a beautiful wedding dress for me.**
(3) **Jasmine's mother taught her some Arabic words.**
(4) **He cooked lunch for me**

yesterday.
(5) **I showed the pictures to them.**
(6) **My mother sold them her piano.**

全訳 (1) 私にあなたの消しゴムを貸してくれませんか。
(2) ナオミは私にきれいなウェディングドレスをつくってくれた。
(3) ジャスミンのお母さんは彼女にアラビア語の単語をいくつか教えた。
(4) 昨日彼は私に昼食をつくってくれた。
(5) 私は彼らにその写真を見せた。
(6) 私の母はピアノを彼らに売った。

検討 (1) lend＋A＋B → lend＋B＋**to** A
(2) make＋A＋B → make＋B＋**for** A
(3) teach＋B＋**to** A → teach＋A＋B
(4) cook＋A＋B → cook＋B＋**for** A
(5) show＋A＋B → show＋B＋**to** A
(6) sell＋B＋**to** A → sell＋A＋B

テスト対策

S＋V＋O＋O から S＋V＋O に書きかえた場合の前置詞は **to** と **for**。
- lend, teach, show など，ものが自分から相手に移動するような動詞ならば，**to** を使う。
- make, cook など，自分のためだけでもできることを，相手のためにしてあげるような動詞ならば，**for** を使う。

⑫

答 (1) **I found the program very interesting.**
(2) **They painted the black bridge light green.**
(3) **John called Yoko the world's most famous unknown artist.**
(4) **I thought Jacob a very nice young man.**
(5) **You should always keep your room clean.**
(6) **are you going to name**

検討 (1) **find＋O＋C**「O が C だとわかる」
(2) **paint＋O＋C**「O を C に塗る」
(3) **call＋O＋C**「O を C と呼ぶ」
(4) **think＋O＋C**「O が C だと考える」
(5) **keep＋O＋C**「O を C に保つ」
(6) **name＋O＋C**「O に C と名前を付ける」

応用問題 ……………………… 本冊 *p. 11*

⑬

答 (1) (d)　(2) (a), (g)　(3) (e), (f)
(4) (b), (i)　(5) (c), (h)

全訳 (1) 鳥はさえずる。
(2) 彼の歌声は美しい。
(3) 私は鳴き鳥[さえずる鳥]が好きです。
(4) おじが私に鳥をくれた。
(5) 私はその鳥にちーちゃんという名前をつけた。
(a) 大きな石の寺院がつたに覆われて静かに立っていた。
(b) 彼は先週その寺院の写真を私に送ってくれた。
(c) 私の村では人々は今でもドアに鍵をかけない。
(d) 彼らは泳ぐために川まで歩いていった。
(e) 彼らはその寺院を約 400 年前に建てた。
(f) その寺院は毎年何百万人という観光客を引きつけている。
(g) その寺院は森の真ん中に静かに立っていた。
(h) 彼らはその町の名前を知らせずにいた。
(i) 私のためにあなたのテーブルに場所をとっておいてくれるね。

検討 (1) S＋V　(2) S＋V＋C　(3) S＋V＋O
(4) S＋V＋O＋O　(5) S＋V＋O＋C
(a) S＋V＋C。〈**stand＋C**〉で「C の状態で立っている」。(b) S＋V＋O＋O (c) S＋V＋O＋C。〈**leave＋O＋C**〉「O を C の状態のままにしておく」 (d) S＋V。over 以下はすべて副詞句。(e) S＋V＋O (f) S＋V＋O。attract は「(人)を(興味で)引きつける」の意味。(g) S＋V＋C。lay は lie の過去形で(a) と同じく「(もの)が(ある状態で)いる」
(h) S＋V＋O＋C。〈**keep＋O＋C**〉で (c)

と同じく「OをCの状態にしておく」。leaveには「放置しておく」という意味合いがあるが，keepは「意図的にある状態に保つ」。
(i) S+V+O+O。命令文なので主語のYouが省略されている。〈**save+A+B**〉で「BをAのためにとっておく」。

14

答 (1) **are seven days in a**
(2) **does, have** (3) **for me**
(4) **favor of you**

全訳 (1) 1週間は7日だ。
(2) このホールの座席数はいくつですか。
(3) ケイトは私のためにコンサートのチケットを手に入れてくれた。
(4) お願いがあるのですが。

検討 (1) There are[is]+S. で「Sがある」の意味。(2) (1)と逆の表現。(4)〈ask+A+B〉→〈**ask+B+of A**〉となるが，〈ask+B+of A〉を使うのは，ほぼこの表現に限られる。

3 修飾語句－形容詞・形容詞句・形容詞節

基本問題 本冊 p. 13

15

答 (1) **wonderful** (b), **Many** (a), **kind** (a)
(2) **clean** (b)
(3) **strange** (a)
(4) **famous** (b), **beautiful** (a), **white** (a), **black** (a)
(5) **exciting** (a)

全訳 (1) ヒッチハイクはすばらしかった。たくさんの親切な人が私を車に乗せてくれた。
(2) 私たちがタクシーに乗ると，座席が大変きれいなことがわかった。
(3) マイクには妙なところがある。
(4) シマウマは美しい白と黒の毛で有名だ。
(5) これらのわくわくするようなスペースファンタジーは，ジョージ・ルーカスによってつくられた。

検討 (1) wonderfulはS+V+Cの補語になる形容詞で，叙述用法。kindはpeopleを修飾する限定用法。 (2) cleanはS+V+O+Cの補語になる形容詞で，叙述用法。
(3) strangeはsomethingを修飾する限定用法。**-thing**を修飾する形容詞は後ろに置く。 (4) famousはS+V+Cの補語になる形容詞で，叙述用法。beautiful, white, blackはすべてcoat（動物の毛）を修飾する限定用法。(5) excitingはspace fantasiesを修飾する限定用法。

16

答 (1) **出島は外の世界に開かれた唯一の場所だった。**
(2) **19世紀の初めにサッカー場は現在の大きさになった。**
(3) **何千という人々が彼の葬式に参列していた。**
(4) **彼は試験の途中で寝てしまった。**
(5) **小惑星は故[亡くなった]糸川英夫博士にちなんで「イトカワ」と名付けられた。**

検討 (1) onlyは「唯一の」という意味で限定用法のみで用いる。open to the outside worldはplaceを修飾する形容詞句の限定用法。形容詞句の限定用法は後ろから名詞を修飾する。 (2) presentは限定用法で「現在の」の意味。 (3) presentは叙述用法で「(そこに) ある，出席した」という意味。
(4) asleepは叙述用法のみで「寝ている」。限定用法ではsleepingを用いる。
(5) lateは「遅れた，遅い」という意味では叙述，限定両用法で用いるが，「故～」の意味では限定用法のみ。

テスト対策

叙述用法にしか用いない形容詞と，限定用法にしか用いない形容詞があるので注意する。いずれか一方しか用法のない形容詞は個別に整理し，記憶しておく。

⑰

答 (1) **much** (2) **many** (3) **a few**
(4) **little** (5) **a lot of**

全訳 (1) 小型車はあまりガソリンを使わない。
(2) 私はその絵を何回も見たことがある。
(3) 彼らは1年にほんの数回しか肉を食べない。
(4) Eメールはメッセージの送受信にほとんど時間がかからない。
(5) アメリカ人はペットに多額のお金を費やす。

検討 (1) gas は「ガソリン」という意味では数えられない名詞なので **much** を用いる。(2) times「回数」は数えられる名詞の複数形なので **many** を用いる。「時間」という意味のときは数えられない。(3)「わずかな」という意味の形容詞は，数えられる名詞には **a few** を，数えられない名詞には **a little** を用いる。time は(2)と同じ「回数」の意味で数えられる名詞。(4) time はここでは「時間」の意味で数えられない名詞なので **little** を用いる。a がつかない場合は否定的な「ほとんど〜ない」の意味になる。(5) money「お金」は数えられない名詞。**a lot of** は数えられる名詞，数えられない名詞の両方に用いることができる。

テスト対策

数量形容詞の用法は続く名詞の性質と深く関係している。数えられる名詞か，数えられない名詞かを常に確認する。

⑱

答 (1) **her two small children**
(2) **All the other members**
(3) **a big red brick building**
(4) **the Japanese national soccer team**
(5) **of stylish Japanese**

全訳 (1) 彼女は2人の小さな子供の世話をした。
(2) 他のメンバーはそろってその計画に賛成した。
(3) それは青いドアのある，大きな赤れんがの建物だ。
(4) 彼は日本代表サッカーチームの一員だった。
(5) 彼らはスマートな日本人の写真をインターネットで見ている。

検討 形容詞をいくつも並べて用いるときの順序は，だいたい決まっている。
(1)「数詞＋大小」 (2)「all＋the＋形容詞」
(3)「大小＋色＋材料」 (4)「冠詞＋国名＋national＋soccer team」

⑲

答 (1) **difficult** (2) **tall** (3) **large**
(4) **fast** (5) **light**

全訳 (1) 英語ではある種の音が聞き取りにくいことがある。
(2) 右側に高いビルがありますよ。
(3) 絵の具売場にはたくさんの色がありますよ。
(4) 私はホームページを楽しめる速いインターネット接続にした。
(5) 疲れがひどいときには，明るい青色を見るとリラックスできる。

検討 (1)〈it is 〜 to ...〉の形をとれるのは difficult のみ。certain「(名詞の前で)ある」 (2) large か tall。(3)「多数の〜」は **a large number of 〜**。cf.「少数の〜」**a small number of 〜**。× many[few] number of 〜 (4) fast のみ。(5) 色が「明るい, 暗い」はそれぞれ light / dark を使う。

⑳

答 (1) **on the shore, of a lake**
(2) **full of guests**
(3) **who cuts or arranges people's hair**
(4) **to eat**
(5) **built in the 17th century**

全訳 (1) 彼は湖岸にある家に住んでいた。
(2) オリビアは招待客でいっぱいのホールに入った。
(3) 私は人々の髪の毛を切ったり，整えたりする人になりたい。
(4) まず何か食べませんか。
(5) 姫路は17世紀に建てられたお城で有名だ。

検討 (1) on the shore は house を修飾する形容詞句，of a lake は shore を修飾する形容詞句。in a house は lived を修飾する副詞句。(2) hall を修飾する形容詞句。
(3) person を修飾する形容詞節。形容詞節は関係代名詞(→ 23「関係代名詞」を参照)・関係副詞(→ 24「関係副詞・複合関係詞」を参照)で導かれる節。(4) something を修飾する形容詞句。不定詞の形容詞的用法(→ 12「不定詞の用法」を参照)。
(5) castle を修飾する形容詞句。過去分詞の形容詞的用法(→ 16「分詞」を参照)。

応用問題 ・・・・・・・・・・・・・・・・・・・・ 本冊 *p. 15*

21

答 (1) **tall, wide** (2) **young**
(3) **few** (4) **Hundreds**

検討 (1) 背の高さを表すときには tall，幅には wide，また，長さでは long を用いる。
(2) 〈**the** ＋形容詞〉で「～な人々」。The young = young people。他に the rich, the poor など。(3) quite a few で「たくさんの」の意味を表す。他に a large number of, a great many など。
(4) 〈数詞の複数形＋ **of** ＋名詞〉で多さを表現する。cf. dozens of ～「何十もの～」, tens of thousands of ～「何万もの～」, millions of ～「何百万もの～」

22

答 (1) **those** (2) **These** (3) **exciting**
(4) **excited** (5) **interesting**

全訳 (1) 当時，ピアノは家と同じくらい高価だった。
(2) 最近では多くの日本人が世界で活躍している。
(3) スター選手が出るとすぐに，試合は盛り上がってきた。
(4) ジョージは試験に合格したと聞いて大変興奮している。
(5) 村上の本は大変興味深い。彼は大変想像力に富んだ作家だ。

検討 (1) in those days「当時は」(2) these days「このごろ」(3) 他動詞が形容詞化する場合，現在分詞は「(物が)～させるような」，過去分詞は「(人が)～させられた」。game (物)の補語なので，-ing (現在分詞)の形容詞になる。(4) **be excited to** ～「(人が)～してわくわくしている」(5) **interesting**「(物が)興味深い」cf. **interested**「(人が)興味を持って」

テスト対策
動詞の現在分詞，過去分詞が形容詞化した単語は **interesting / interested** などのような関係を十分に理解し，使い分けられるようにしておく。

23

答 (1) **painting → painted**
(2) **important → importance**
(3) **wrong something → something wrong**
(4) **a little → little**
(5) **much → many**

全訳 (1) これはピカソによって描かれた絵だ。
(2) 自然を保護することは大変重要だ。
(3) エンジンに異常がある。
(4) あなたとぜひヨーロッパに行きたいのですが，お金をほとんど貯めていません。
(5) 私たちの周りには多くの本があるが，読む価値のある本はほとんどない。

検討 (1)「描かれた」という受動的な意味を表す過去分詞。(2) of great importance で very important の意味。(3) something を形容詞で修飾する場合は something の後ろに形容詞を置く。(4) a little だと「少し貯めた」となり，文意に合わないので，little として，「ほとんど貯めていない」とする。
(5) book は数えられる名詞なので，much の代わりに many / a lot of を用いる。
few は few books を指す代名詞で，「ない」ことに焦点を当てて「少数(しかない)」。

4 修飾語句－副詞・副詞句・副詞節

基本問題 本冊 p. 17

24

答 (1) **really** (**beautiful** を修飾),
(2) **easily** (**see** を修飾)
(3) **early** (**went** を修飾)
(4) **very** (**carefully** を修飾),
carefully (**observe** を修飾)
(5) **hard** (**are working** を修飾)

全訳 (1) その風景は本当に美しかった。
(2) 晴れた夜には天の川が楽に見える。
(3) 彼らは全員早く寝た。
(4) すべてを大変注意深く観察することが重要だ。
(5) 科学者たちは電気出力を増やすために，熱心に働いている。

検討 (1) 形容詞を修飾。(2)(3) 動詞を修飾。
(4) 副詞・動詞をそれぞれ修飾。強調の副詞 very「とても，大変」。 (5) 動詞を修飾。to increase the electricity output も are working を修飾しているが，これは副詞句である。27 を参照。

25

答 (1) **Isamu ∧ thought**
(2) **tried ∧ to** (3) **some ∧ good**
(4) **must ∧ get** (5) **I ∧ have**
(6) **is ∧ kept** (7) **I've ∧ done**
(8) **We ∧ use**

全訳 (1) イサムはアメリカが真の故郷だと本当に考えていた。
(2) 彼らは一生懸命私たちの国を変えようとした。
(3) ここにかなりおいしいシーフードレストランがいくつかあると聞いたことがあります。
(4) 十分なビタミンDを得るためにはしばしばいくらかの日光に当たらなければならない。
(5) 最近，時々頭が痛くなる。
(6) 冷たい水が常に容器に入っている。
(7) 私は以前にこのようなことをしたことは一度もない。
(8) 私たちは長さを測るのに通常インチやフィート，マイルを用いる。

検討 (1) really は very と同じ強調の副詞。動詞の直前に置く。否定文で使われると really の位置によって「あまり～でない」「実は～でない」「本当に～でない」などの意味になる。(2) 動詞は tried，change と 2 つあるが，hard が修飾できるのは tried。
(3) pretty「かなり」は副詞で形容詞を修飾する。
頻度・否定を表す副詞は一般動詞の前 (5)(8)，**be** 動詞・助動詞のあと (4)(6)(7)。

26

答 (1) **put them on**
(2) **kind enough** (3) **very**
(4) **much** (5) **ago** (6) **hardly**

全訳 (1) 着物は実用的でなく，着るのがむずかしい。
(2) アレックスは親切にも老婦人に席を譲った。
(3) 頭がひどく痛い。大変疲れている。
(4) エミリーは年よりずっと若く見えた。
(5) 味噌と醤油は 2500 年ほど前に発明された。
(6) 私は彼の冗談を聞くと笑わないではいられなかった。

検討 (1) 目的語が代名詞のときは〈動詞＋代名詞＋副詞〉の順になる。(2) **enough** は修飾する形容詞・副詞のあとに置く。
(3) 形容詞の原級を強調する副詞は much ではなく **very**。(4) 比較級の強調では，very ではなく **much** を使う。(5) **ago** は過去の文に，**before** は現在完了・過去完了の文に用いる。 (6) hardly は否定の副詞で「ほとんど～ない」。

27

答 (1) **to the drugstore** (**went** を修飾), **to buy some medicine** (**went** を修飾)

(2) **At 8:03 (leave を修飾), to work (take を修飾), every day (take を修飾)**
(3) **on the Internet (find を修飾)**
(4) **from the sun (comes を修飾)**
(5) **Last night (saw を修飾), on DVD (saw を修飾)**

全訳 (1) 私は薬を買うためにドラッグストアに行った。
(2) 8時3分に私は家を出る。毎日仕事に行くために同じ電車に乗る。
(3) 私はしばしばインターネットですてきな洋服を見つける。
(4) 光は太陽から来て，地上のすべてのものを照らす。
(5) 昨夜，私はDVDですばらしい映画「ローマの休日」を見た。

検討 (1) to the drugstore は前置詞の導く副詞句。to buy some medicine は不定詞の導く副詞句。(2) At 8:03 は「前置詞＋名詞」で副詞句をつくる。every day は単独で副詞句の働きをする。(3) on the Internet「インターネットで」は前置詞の導く副詞句。
(4) from the sun は前置詞の導く副詞句だが，on the earth は everything を修飾する形容詞句。
(5) Last night は単独の副詞句。cf. **〈this [next]＋時を表す名詞〉**「この[次の]〜」

28

答 (1) **赤ちゃんパンダのような，動物の赤ちゃんを見るとほほえむ人は多い。**
(2) **アフリカでは多くの人々が十分に食事ができなかったり，病気になったりして死んでしまう。**
(3) **雨が激しく降っていたので，私たちは外出できなかった。**
(4) **明日雨が降ったら，家にいます。**
(5) **彼は大変力のある男だったが，その岩を持ち上げられなかった。**
(6) **彼は犬が部屋から出て行かないようにドアを閉めた。**

検討 (1) [時を表す副詞節] **after**, **before**, **until[till]** などで始まる節。such as 〜「〜のような」は例を示す時に用いる。
(2) [原因・理由を表す副詞節] 他に **since**, **as** などで始まる節もある。 (3) [結果を表す副詞節] **〈so 〜 that ...〉**「大変〜なので，…だ」似た表現に **〈such (+a[an]) ＋名詞＋that 〜〉** がある。(4) [条件を表す副詞節] **when**, **unless** で始まる節もある（→29「接続詞(2)」を参照）。
(5) [譲歩を表す副詞節] **though** = **although**「〜だけれども」。意味を強める場合は even though とする。(6) [目的を表す副詞節] **so that** に続く節の中では助動詞 **will**[**would**], **can**[**could**] などが用いられる。

応用問題 ・・・・・・・・・・・・・・・・・・ 本冊 *p. 19*

本冊 *p. 19*

29

答 (1) **You shouldn't leave a child alone in the house.**
(2) **Fortunately, the fire was discovered soon after it started.**
(3) **dog naturally helped his master**
(4) **Our high school has a pretty good soccer team.**
(5) **I will do it my own way, if you don't mind. / If you don't mind, I will do it my own way.**

検討 (1) alone は「1人で」という副詞。「〜だけで」という場合もある。 cf. I didn't do it for money alone.（お金のためだけにそれをやったわけではない）
(2) fortunately は文全体を修飾する副詞。文中，文尾に置いてもよい。
= It was fortunate that the fire was discovered soon after it started.
(3) naturally は動詞 enjoy を修飾する副詞ではなく，文全体を修飾する副詞。
(4) pretty は形容詞 good を修飾する副詞。

(5) if you don't mind は条件を表す副詞節。my own way は副詞句で「自分流で」。in my own way と同じ。

テスト対策

「他動詞＋代名詞＋副詞」の語順になる「動詞＋副詞」の組み合わせに注意。
cf. ○ put **it** on → × put on it
○ make **it** out → × make out it

30

答 (1) c (2) d (3) a (4) b

全訳 (1) ジョージがパーティーに遅れて来るとわかっていたので，私も時間通りには行かなかった。
(2) あなたと連絡をする必要があるといけないので，メールのアドレスを教えてくれますか。
(3) リエコは一度もレッスンを受けたことがないのにギターが大変上手だ。
(4) 私の友人はほとんど北日本の出身だ。

検討 (1) 否定文で「～もまた…ない」は **either** を用いる。 (2) however「しかしながら」although「～だけれども」unless「～しない限り」in case「～するといけないから」(→この選択肢については **29**「接続詞(2)」を参照) (3)「リエコはギターが大変上手だ」と「彼女はレッスンを受けたことがない」の関係を考える。 (4) almost は副詞で，名詞の直前にはつかない。most「ほとんどの」の意味では所有格の my とは並列しない。

テスト対策

否定文の「また～ない」に使われる **either** は頻出。肯定文での **too**, **also** との区別を整理すること。
名詞の前に来る **almost** も頻出。
most との使い分けに注意すること。
- almost が名詞の前に来る場合は **all** が続く。
- most は単独で代名詞として使われる場合と複数名詞の直前に来る場合がある。

5 動詞の活用

基本問題 本冊 *p. 21*

31

答 (1) **was** (2) **has** (3) **were[was], had, was** (4) **are, are**

全訳 (1) 彼らはペルーの生徒たちとメールの交換を始めた。その生徒の1人がジミーだった。
(2) 日本語には「サルも木から落ちる」といったすばらしい表現がいくつかある。
(3) むかし，むかし，年老いた夫婦がいました。ある日，おばあさんに子供が生まれました。とても小さな子供でした。彼は1インチの背の高さしかありませんでした。2人は彼を大切に育てました。
(4) A：ケチャップとマスタードはあそこにあります。6ポンド25(ペンス)になります。
B：私が払います。はい，どうぞ。

検討 (1) started から時制は過去。主語は students ではなく one なので was とする。
(2) Japanese は「日本人」という意味では a Japanese / the Japanese / Japanese people とする。ここでは「日本語」という意味で数えられない名詞。単数扱い。
(3) 主語は couple で「夫婦」の意味。扱いは単数でも複数でもよい。時制はすべて過去形。
(4) Here you are. は，人に物を渡すときの表現で，「はいここにあります，さあどうぞ」(= Here it is.) の意味。

32-A

答 (1) **agreed — agreed**
(2) **answered — answered**
(3) **caused — caused**
(4) **changed — changed**
(5) **closed — closed**
(6) **cried — cried**
(7) **decided — decided**
(8) **died — died**
(9) **enjoyed — enjoyed**

(10) **hoped — hoped**
(11) **invited — invited**
(12) **worried — worried**

検討 (1) (3) (4) (5) (7) (8) (10) (11)：語尾が**e**で終わるので**d**だけをつける動詞。
(2) (9)：**-ed**をつける規則変化。
(6) (12)：**y**を**i**に変えて**ed**をつける動詞。

32-B

答 (1) **appeared** (2) **arrived**
(3) **believed** (4) **carried**
(5) **planned**

全訳 (1) その夜，大統領はその計画がなぜ重要かを説明するためにテレビに出演した。
(2) 1945年8月15日，私たちはボストンに到着した。
(3) その話は誤っていると信じられている。
(4) 鈴木先生は以前に生徒たちの前でその実験をしたことがある。
(5) 父は農家だったので，私は若いころは農家になるつもりだった。

検討 (1) on that evening「その夜」から過去形。(2) On August 15, 1945「1945年8月15日」から過去形。
(3) It is から動詞は現在分詞形か過去分詞形。「〜だと信じられている」という受動態なので，過去分詞にする。
(4) 直前のhasから現在完了。過去分詞形にする。(5) when I was young から過去形。

32-C

答 (1) (A) (2) (B) (3) (A) (4) (A)
(5) (C) (6) (C) (7) (C) (8) (C)
(9) (B) (10) (B) (11) (B) (12) (A)

検討 (A) [t] (B) [d] (C) [id]
原形の語尾が[t] [d] → (C) (5)(6)(7)(8)，原形の語尾が[t]以外の無声音→ (A) (1)(3)(4)(12)，原形の語尾が[d]以外の有声音→ (B) (2)(9)(10)(11)

33-A

答 (1) **became — become**
(2) **bought — bought**
(3) **caught — caught**
(4) **ate — eaten**
(5) **fell — fallen**
(6) **found — found**
(7) **forgot — forgotten[forgot]**
(8) **got — got[gotten]**
(9) **went — gone**
(10) **heard — heard**
(11) **kept — kept**
(12) **led — led**
(13) **saw — seen**
(14) **left — left**
(15) **lost — lost**
(16) **made — made**
(17) **met — met**
(18) **put — put**
(19) **slept — slept**
(20) **swam — swum**

検討 **A-B-B**型 (2)(3)(6)(8)(10)(11)(12)(14)(15)(16)(17)(19)，**A-B-A**型 (1)，**A-A-A**型 (18)，**A-B-C**型 (4)(5)(7)(9)(13)(20)

33-B

答 (1) **began** (2) **built** (3) **drove**
(4) **read** (5) **sold**

全訳 (1) 2008年，日本のNGOのメンバーが地元の子供たちと一緒に木を植え始めた。
(2) このインドの建物は17世紀に建てられた。
(3) 彼らは銀行まで車で行き，ちょうど正午前に到着した。
(4) もう今日の新聞を読みましたか。
(5) それは私のです。ジェフが昨年このカメラを私に売ってくれたのです。

検討 (1) begin — began — begun
(2) build — built — built（受動態なので過去分詞） (3) drive — drove — driven（過去なので過去形） (4) read — read — read（現在完了なので過去分詞。発音は[red]。） (5) sell — sold — sold（過去なので過去形）

34

答　(1) **swimming**　(2) **beginning**
(3) **dying**　(4) **lying**　(5) **making**
(6) **giving**　(7) **happening**

検討　(1)「短母音＋１子音字」→最後の子音字を重ねて **-ing**。 (2) 最後の音節が「強勢のある母音字＋１子音字」→最後の子音字を重ねて **-ing**。 (3)(4) -ie で終わる動詞→ **ie** を **y** に変えて **-ing**。 (5)(6) 発音しない **e** で終わる→ **e** をとって **-ing**。 (7) そのまま -ing をつける。

応用問題 ・・・・・・・・・・・・・・・・・・・ 本冊 *p. 23*

35

答　(1) b　(2) d　(3) c　(4) a　(5) b

全訳　(1) 彼は昨夜家に帰るとすぐにベッドに横になった。
(2) サチコは夫のゴルフバッグを床に置いた。
(3) エマは日差しを浴びてあお向けに横になっていた。
(4) その劇場は 1973 年に設立され，1990 年に改築された。
(5) 私はコートを着て，スカーフを首に巻いた。

検討　(1) **lie**（横たわる）— **lay** — **lain**，**lay**（横たえる）— **laid** — **laid**，**lie**（嘘をつく）— **lied** — **lied**　(2) 他動詞 lay の過去形。(3) 自動詞 lie の現在分詞形。(4) found「設立する」は規則変化。(5) 巻く（wind）の過去形。

テスト対策

自動詞と他動詞で単語が異なる **lie — lay**，**rise — raise** は定期テスト頻出。
- **lie** は「自分が横になる」，**lay** は「ものを横にする」。**lie** の過去形が他動詞 **lay** と同じ形をしているのも紛らわしい。
- **rise**「自分が上昇する」は主語が主に「太陽・月」。rise — rose — risen と不規則に変化する。**raise**「ものをあげる」は規則変化で目的語が主に「手」。
cf. Please raise your hands.

36

答　(1) **hit**　(2) **shone**　(3) **chosen**
(4) **shook**　(5) **flew**

全訳　(1) 彼らは大きな物体が地球の歴史の初期の頃に衝突したと考えている。
(2) そのネックレスは大変美しく，ダイヤモンドは明かりの下できらきらと輝いていた。
(3) ワシントンやリンカーンのような有名な大統領が国の象徴として選ばれた。
(4) 私たちは握手をし，私は彼に手紙に返事をくれたことのお礼を言った。
(5) 鳥たちは私が近づくと四方に飛んでいった。

検討　(1) hit（ぶつかる）— hit — hit
(2) shine（輝く）— shone — shone
cf. shine（磨く）— shined — shined
(3) choose（選ぶ）— chose — chosen
受動態なので過去分詞にする。
(4) shake（振る）— shook — shaken
(5) fly（飛ぶ）— flew — flown

6　現在形・過去形

基本問題 ・・・・・・・・・・・・・・・・・・・ 本冊 *p. 25*

37

答　(1) **lives**　(2) **agree**　(3) **goes**
(4) **starts**　(5) **hopes**　(6) **has**
(7) **arrives**　(8) **is**　(9) **moves**
(10) **smokes, drinks**

全訳　(1) 私の兄［弟］は今北海道に住んでいる。
(2) 人々は同じ言語を話すからといって互いに意見が一致するわけではない。
(3) ごらん，グリーン先生があそこを行くよ。
(4) 今週は昼休みが 12 時 25 分に始まる。
(5) 彼女はいつか世界中を旅行したいと思っている。
(6) 1 年には 12 の月がある。
(7) 彼が空港に着いたらすぐに教えてください。
(8) エミューは長い足をしたオーストラリアの大きな鳥だ。
(9) 地球は太陽の周りを回る。

⑽ 彼はタバコは決して吸わないが，酒は少し飲む。

検討 (1) now とあるので現在の状態。(2) 現在の状態 (3) 現在の動作 (4) 確定した未来 (5) 現在の状態 (6) 真理 (7) 時を表す副詞節で未来を表す。(8) 一般的事実 (9) 真理 ⑽ 共に現在の習慣を表す。

テスト対策
真理，ことわざなどは常に現在形。英文の内容から判断する。

38

答 (1) **私は彼女に結婚してくれるように頼み，彼女は同意した。**
(2) **私は何を言っていいのかわからなかったので，黙っていた。**
(3) **毎晩9時に，私はニュースを見た。**
(4) **1970年，カンボジアで内戦が起こった。**
(5) **私はコインを落としてしまいました。あなたの足の下にあると思います。**

検討 (1) 共に過去の動作を表す。(2) 過去の状態 (3) 過去の習慣 (4) 歴史的事実 (5) 過去の動作

39

答 (1) **became** (2) **started** (3) **caught** (4) **went** (5) **puts** (6) **slept** (7) **boils** (8) **met** (9) **leave** ⑽ **comes**

全訳 (1) 1920年代，カントリーミュージックはまず南部で人気になった。
(2) 私は大学時代に歌い始めた。
(3) 私はひどい風邪をひいたので，数日間学校へ行けなかった。
(4) よい年になるよう祈るために，私たちは昨日明治神宮へ行った。
(5) 赤ちゃんがおもちゃを分解し，父親がそれを組み立てる。
(6) 昨年の夏，私は初めてテントの中で寝た。
(7) 私たちは学校で，水は100度で沸騰すると学んだ。
(8) あなたにお会いできてみんなうれしく思っています。また，すぐに戻って来てください。
(9) 部屋を出るときは電気を消してください。
⑽ 愛称はしばしば名前の一部に由来する。

検討 (1) 1920s「1920年代」と過去を表す副詞句があるので，過去形。(2) 過去の動作 (3) I couldn't go「私は行くことができなかった」と過去のことを述べている。
(4) yesterday とあるので，過去形。
(5) 前の文から現在形だと判断できる。
(6) Last summer から過去の動作。
(7) 真理 (8) 別れのときの表現。(9) 時・条件を表す副詞節の中では未来のことも現在形。
⑽ ニックネームがどのようにつくられるかは，時間に関係のない一般的事実。

テスト対策
動詞の時制を変化させる問題では，必ずヒントになる時を表す副詞・副詞句・副詞節がある。

40

答 (1) **stood** (2) **grew** (3) **hit** (4) **practiced** (5) **received[got, won]**

検討 すべて過去の動作を表す。stand, grow, hit, get は不規則な変化をする。
stand — stood — stood, grow — grew — grown, hit — hit — hit, get — got — got[gotten]

テスト対策
§5「動詞の活用」をよく復習して，不規則な動詞の変化に習熟する。重要単語が多く含まれている。

応用問題 ・・・・・・・・・・・・・・・・・・・・ 本冊 p. 27

41

答 (1) **got** (2) **lay** (3) **fell** (4) **woke** (5) **found** (6) **started** (7) **shot** (8) **stuck** (9) **hurt** ⑽ **stopped**

全訳 ガリバーの乗った船が島の近くの岩に乗り上げたとき，陸地に無事着いたのは彼1人だった。彼はたいへん疲れており，短いやわらかい草の上に横になるとまもなく寝入った。

翌朝目が覚めると，彼は腕と足を動かすことができず，体全体はたいへん細いロープで地面につながれていることに気づいた。

ガリバーが少し頭を動かすと，彼の周りには何百という，6インチにも満たないとても小さな男たちが見えた。何人かは兵士に見え，彼がロープを切り始めると，彼らは弓矢で彼を射た。矢は手にささり，何本かは顔に落ち，彼を傷つけた。しかし彼が身動きせずに寝ていると，兵士たちは矢を射るのを止めた。

検討 start，stop を除き不規則変化の動詞。動詞の過去形を確認すること。1つの空所にいくつかの動詞が入る可能性があるので，前後の語と結びつきの強い動詞から確定していく。(1) get to 〜「〜に到着する」 (2) lie down「横になる」，lie still「じっとしている」 (3) fall asleep「寝入る」 (4) wake up「目覚める」 (5) find that＋S＋V「〜だとわかる」 (6) start to 〜「〜し始める」
(7) shoot at 〜「〜をねらって撃つ」
(8) stick in 〜「〜に突き刺さる」
(10) stop 〜ing「〜するのを止める」

42

答 (1) **know → knew**
(2) **will hear → hear**
(3) **falled → fell**
(4) **will call → call**
(5) **lead → led**

全訳 (1) 多数のパンダが死んだとき，人々はパンダについてほとんど知らないことに気づいた。
(2) このメッセージを聞いたらすぐに，76-5432まで折り返し電話をしてくれますか。
(3)「どうして腰を痛めたの」「浴室に行くときに階段で転んだんだよ」
(4) 名前を呼ばれるまでここで待っていてください。
(5) おばを訪れたとき，彼女は私を自分の部屋に連れて行って，人形をくれた。

検討 (1) 過去の文なので，that 節内の動詞を過去形にする。(2)(4) 時を表す副詞節（**as soon as**，**until** の節）では，未来形の代わりに現在形を用いる。(3) fall（転ぶ）の変化は fall — fell — fallen の **A - B - C** 型。
(5) lead の過去形は led。

テスト対策
時，条件を表す副詞節内の時制は，未来のことであっても現在形で表す。主節が未来を表す内容の文で，**when[if]** などで始まる節内の動詞の変化を問われる問題が頻出。

7 未来を表す表現

基本問題 本冊 *p. 29*

43

答 (1) コーチは，「わかった，君にチャンスをあげよう」と言った。
(2) 彼は古い制度を変えようとすることを決してやめないだろう。
(3) 近い将来，私たちは世界のすべての石油を使いはたしてしまうだろう。
(4) サンパウロに行くには，ニューヨークで飛行機を乗り換えなければならないだろう。
(5) 山沿いの地方では，朝早くから大雨が降るだろう。
(6) 自分に挑戦しなさい。そうすれば成功への道が見つかるだろう。
(7) 私は明日は君とは行かないつもりだ。
(8) ともかく私は決心を変えるつもりはない。
(9) 私たちはきっとここでまた会えるだろうと思います。
(10) 私はコンパクトカーを買うつもりだったが，代わりに **SUV** を買った。

検討 単純未来を表す英文は(2)(3)(4)(5)(6)，意志未来を表す英文は(1)(7)(8)。

テスト対策
will の別の意味については §18「助動詞」で学習する。ここでは，基本的な単純未来，意志未来の用法に学習を絞る。

44

答 (1) **Shall I** (2) **Will you** (3) **shall we** (4) **Will you** (5) **shall** (6) **will you** (7) **shall we**

全訳 (1) 空港まで車で送りましょうか。
(2) このお客さんたちを見ていただけますか。
(3)「どこで食事しようか」「ダイエット中だから，寿司屋に行こう」
(4) 鉛筆を持っていません。1本貸してくれますか。
(5)「今日はどこへ行こうか」「そうね。よければ近くの公園へ」
(6) あなたの旅行の写真を見せてくださいね。
(7) 電車で行きましょうね。

検討 (1)(3)(5)(7) **Shall I[we] ～?**「～しましょうか」相手の意志を聞く。(2)(4)(6) **Will you ～?**「～してくれますか」依頼。
(6) Let me see ～「私に～を見せてください」という命令文。命令文の付加疑問は〈, will[won't] you?〉。
(7) Let's ～「～しましょう」という勧誘の表現の付加疑問は〈, shall we?〉。

45

答 (1) **Are we going to do anything special to celebrate New Year's Day?**
(2) **Listen to me. I am going to tell you something.**
(3) **Where are we going to eat tonight?**
(4) **Mom's niece, Lily, is going to get married.**
(5) **I am not going to drive a car.**

全訳 (1) お正月を祝うために何か特別なことをするつもりですか。
(2) よく聞いて。ちょっと話があるから。
(3) 今夜はどこで食事をしますか？
(4) お母さんのめいのリリーは結婚する予定です。
(5) 私は車を運転するつもりはない。

検討 (1) 意志未来 (2) 意志未来 (3) 意志未来 (4) 近い未来 (5) 意志未来

46

答 (1) (d) (2) (e) (3) (b) (4) (c) (5) (a)

全訳 ［ダニエルの送別会で］
ダニエル：お別れを言うのはつらい。みんなと別れるのはさびしいよ。いろいろとありがとう。
カオリ：日本での生活は楽しかったよね。
ダニエル：すばらしかったよ。友達もたくさんできたし，いろいろなことを学んだし。
ケン：ダニエルに会えてみんな喜んでいるよ。すぐ戻ってくるよね。
ダニエル：あぁ。セントルイスにも遊びに来てね。

検討 (1) 空所の直後の you との結びつきを考える。miss you「君たちがいなくてさびしく思う」。(2) 空所以降が完全な文であることから we hope を選ぶ。(3) 空所の直後 you から考える。(4) 疑問文であることから判断する。(5) 直前の please から命令文だとわかる。

応用問題 ••••••••••••••••••• 本冊 *p. 31*

47

答 (1) **shall** (2) **shall we** (3) **Will[Won't] you** (4) **is to** (5) **is, to**

検討 (1) 提案，相手の意志を問う疑問文。
(2) 相手の意志を問う疑問文。(3) Will you ～? / Won't you ～? は依頼・勧誘を意味する場合の他に，命令文に近い場合がある。
(4) **be to ～** も予定を表す表現（→ 13「不定

詞の重要構文」を参照)。
(5) **be about to ～** は近い未来を表す表現。

テスト対策

予定を表す〈be to〉, 近い未来を表す〈be about to〉の表現を押さえておくこと。

48

答　(1) **shall we**　(2) **Shall I**
(3) **will[won't] you**
(4) **going to**　(5) **about**

全訳　(1) 休憩しましょうか。
(2) コーヒーを入れましょうか。
(3) 自己紹介をしてくれませんか。
(4) 10時に彼に会う予定だったのに，もう11時半だ。
(5) マイクが来たとき，ちょうど出かけるところだった。

検討　(1) **Let's** で始まる文の付加疑問は **shall we?**。(2)〈**want** ＋人＋ **to** ***do***〉は「人に～してほしい」。疑問文なので，間接的な依頼の表現になる。(3) **Why don't you ～?** は「～しなさいよ」という軽い命令。命令文の付加疑問は **will[won't] you?**。
(4) **was to ～** は「～する予定だった」。
(5) **be about to ～** は近い未来を表す。

テスト対策

- 相手の意志を尋ねる **Shall I ～?**，勧誘の表現 **Shall we ～?**，依頼の表現 **Will you ～?** に習熟する。
- **Let's ～, shall we?**，命令文 **, will you?** の付加疑問は頻出。

8　進行形

基本問題 本冊 *p. 33*

49

答　(1) **I am thinking of going shopping in Shibuya.**
(2) **They are looking for information on the Internet about the event.**
(3) **A surprising thing is happening in Egypt.**
(4) **We are leaving London for Edinburgh on August 5th.**
(5) **You are always forgetting to wash your hands before dinner.**

全訳　(1) 私は渋谷に買い物に行こうかと思っています。
(2) 彼らはインターネットでその出来事に関する情報を探している。
(3) 驚くべきことがエジプトで起きている。
(4) 私たちは8月5日にロンドンを発ち，エディンバラへ向かう予定だ。
(5) あなたは夕食の前に手を洗うのを忘れてばかりいる。

検討　be動詞の形と -ing 形のつくり方に注意して現在進行形にする。
(1) **be thinking of** は「～しようかと考えている，計画している」の意味で，**be going to** とほぼ同じ意味。think が目的語を伴って「～と考える」という意味の場合は進行形にならない。(4)〈**leave A for B**〉「Aを出てBに向かう」。往来発着を表す動詞の進行形で近い未来の予定を表す。
(5) **always** を伴い反復的動作を表す。

テスト対策

be always -ing「いつも～してばかりいる」は作文，和訳で頻出。

50

答　(1) **was planning**
(2) **were having**
(3) **was looking**
(4) **was eating**
(5) **was smiling**
(6) **was lying**

全訳　(1) 彼は日本にもう2年滞在する計画を

立てていた。
(2) 多くの人がいつものように朝食を食べていた。
(3) プラットホームで，彼女は私を見てほほえんでいた。
(4) ジョンが私に話しかけてきたとき，私は食堂で1人で食事をしていた。
(5) 彼女はほほえんでいたけれど，目は悲しそうだった。
(6) レイカが彼女の祖父を訪問したとき，祖父はベッドで寝ていた。

検討 be 動詞の過去形，動詞の -ing 形に注意して過去進行形に書きかえる。
(1) be planning to ～「～するつもりである」。(2) have は「所有している」という状態の意味では進行形にならないが，「食べる」という意味では進行形になる。 (4) 過去のある時期を示す **when ...** の節があれば，過去進行形になることが多い。 (5) smile の -ing 形は smiling。 (6) **lie** の **-ing** 形は **lying**。

51

答 (1) **are using**
(2) **will be using**
(3) **am driving**
(4) **were dying**
(5) **will be sleeping**
(6) **were learning**

全訳 (1) 今日，ますます多くの人々がコンピューターを使っている。
(2) 今後30年先に，私たちは自分で考えることができるコンピューターを使っているだろう。
(3) 私は運転中よくラジオを聞く。
(4) 平林先生は，アフリカではきれいな飲料水がないために人々が死んでいると言った。
(5) 明日の今ごろは，家でベッドの中で寝ているだろう。
(6) 私たちは自然について何か重要なことを学んでいると感じた。

検討 時制の指示がないので，時制を示す副詞句，副詞節に注意する。 (1) Today とあるので現在進行形。〈**more and more**＋複数名詞 **...**〉は「ますます多くの～が…する」。(2)「今後30年先に」未来を表す。 (3) 現在進行形。**while** に続く節は「～している間」という意味では進行形になることが多い。
(4) said, didn't と，過去を示す語句があるので過去進行形。 (5) 未来進行形。**about this time** ～「～の今ごろ」は未来進行形に使われる頻出表現。 (6) We felt ～ とあるので過去進行形。

テスト対策
進行形はある時点で行われている動作を表すので，過去形，未来形では「ある時点」であることを示す副詞がある。

52

答 (1) **do you belong to**
(2) **tastes** (3) **was thinking**
(4) **like** (5) **believe**
(6) **I'm writing**

全訳 (1) どのクラブに入っていますか。
(2) 私は海藻を食べていて，それはとてもおいしいです。
(3) A：日曜日は暇だと思うよ。B：それはよかった。午後のショーに行こうと思っていたの。
(4) 私はスポーツと日本文化が好きです。それで，柔道部に入りました。
(5) 彼らは犬は人の最良の友人だと信じている。
(6) A：こんにちは，ミキ，どうしたの。
B：こんにちは，ユキ，旅行についての作文を書いているんだけど。手伝ってくれない。

検討 (1) **belong to** ～「～に所属している」は be 動詞・have と同じ状態を表す動詞。
(2) **taste**「～の味がする」は feel, sound, smell と同じ感覚を表す動詞。 (3) think は **be thinking of** の形で「～しようかと思う」の意味になる。 (4) like は love, hate と共にふつう進行形にならない。 (5) **believe** は think, want, know と同じ心理状態を表す動詞。 (6) What's up?「やあ，どうしたんだ」はあいさつにも使われる。

テスト対策

- 動作を表す動詞は進行形にするが，状態[感覚・心理]を表す動詞は進行形にしない。
- 動作と状態の両方の意味を持つ動詞(**have**，**think** など) があるので注意する。

応用問題 本冊 *p. 34*

53

答 (1) **are knowing → know**
(2) **were about going to → were going to / were about to**
(3) **enjoy → enjoying**
(4) **were first becoming → first became**
(5) **are resembling → resemble**
(6) **still ran → was still running**

全訳 (1) 私たちは，浦島太郎が海底の城からもらってきた宝箱である「玉手箱」を持ち帰ったことを知っている。
(2) その夜，多くの人々が通りを歩いていた。家に帰る人もいれば，どこかレストランで食事をしようとしている人もいた。
(3) 来週の日曜日の今ごろは，クラスのみんなはバーベキューを楽しんでいることだろう。
(4) 犬がいつ初めてペットになったのかだれも知らない。
(5) ベティーは彼女の姉[妹]だ。だから，2人が似ていても当然だ。
(6) 授業が始まった時，ホノカはまだ学校に向かって走っていた。

検討 (1) know は心理状態を表し進行形にならない。 (2) 全体が過去進行形を使って描写されている。**Some ～, Others ...** は対で使われて，「ある人は～し，また，ある人は…していた」。(3) at this time next Sunday「来週の日曜日の今ごろ」は未来の一時点を示すので，その時点の動作は未来進行形〈will be -ing〉。(4)「ペットになる」は一時的な動作ではない。 (5) resemble「～に似ている」は状態を表す動詞で進行形にはならない。each other は代名詞で resemble の目的語。(6) 過去の一時点の動作を表すので，過去進行形。副詞 still は動詞の前，be 動詞のあとにつく。

54

答 (1) **are we leaving[will we leave, do we leave]**
(2) **are meeting[will meet, meet]**
(3) **rains** (4) **will be**

全訳 A：ケイト，遠足に学校を出るのは明日の朝の何時の予定ですか。
B：8時半です。8時に教室で集合です。
A：雨が降ったら中止になるのですか。
B：いいえ。晴れても降っても決行です。天気予報によればよい天気だそうです。

検討 (1) 動詞が往来発着を表す **leave** なので進行形で近い予定を表すが，単純未来，現在形でも表現することができる。 (2) 近い未来の予定を表す進行形。 (3) 条件を表す副詞節では未来のことに現在形を用いる。
(4) 文脈から未来。

55

答 (1) (a) **do** (b) **doing**
(2) (a) **gave** (b) **giving**
(3) (a) **goes** (b) **going**
(4) (a) **having** (b) **had**
(5) (a) **getting** (b) **got**
(6) (a) **taking** (b) **took**

全訳 (1) (a)「彼は何をしていますか」「エンジニアです」
(b)「調子はどうですか」「あまりよくありません」
(2) (a) 私は彼がバナナアイスをくれたとき，大変驚いた。
(b) ロサンゼルスにはたくさんのバンドがあって，いつもコンサートを開いている。
(3) (a) もし問題がありましたら，いつでも手伝いに来ることができます。
(b) ケンといるところを見たよ。あなたたち

2人はつきあっているの。
(4) (a) 私はペンシルベニアから来ました。ここで楽しんでいます。日本が大好きです。
(b) 昨日私が会ったとき，サキは大きな箱を持っていた。
(5) (a) 今日では登山はますます人気が出ている。
(b) ヒロキは学生のときには5時ぐらい早くに起きることがあった。
(6) (a) やあ，ナオ。犬の散歩をしているの。
(b) レミは私を見上げて，何も言わずに帽子をぬいだ。

検討 (1) What does he do?「彼は何をしていますか」職業を聞くときの表現。How are you doing?「どうしてる？」はあいさつの表現。 (2) give「(コンサート，パーティーなど)を開く」 (3) go wrong「おかしくなる，うまくいかない」，go steady (with＋人)「(人と)恋人同士になる」。 (4) have は「(時間を)過ごす」という意味では進行形になる。
(5) get more and more popular「ますます人気になる」，get up「起きる」
(6) take ～ for a walk「～を散歩に連れて行く」，take off「～を脱ぐ」

9 現在完了

基本問題 本冊 *p. 37*

56

答 (1) **I have just read the comic book.**
(2) **I have forgotten[forgot] about the letter for a long time.**
(3) **I haven't found a clear answer to the problem yet.**
(4) **Have you ever seen the play in New York?**
(5) **I have already made up my mind to go abroad to study.**

全訳 (1) 私はちょうどその漫画を読んだところだ。
(2) 私はその手紙について長いこと忘れていた。
(3) 私はその問題へのはっきりとした答えをまだ見つけていない。
(4) 今までにニューヨークでその劇を見たことがありますか。
(5) 私はもう留学することに決めている。

検討 (1) **just** があり「完了」。(2) **for** a long time があり「継続」。(3) **yet** があり「完了」の否定文。(4) **ever** があり「経験」。
(5) **already** があり「完了」。make up one's mind to ～「(～しようと)決心する」

57

答 (1) **私たちがまだ研究していない小さな植物がたくさんある。**
(2) **私たちはネットワーク社会の新たな段階にちょうど入ったところだ。**
(3) **私は町の人々と話す機会をたくさん持ってきた。**
(4) **A：こんにちは，ローザ。久しぶりだね。B：あら，こんにちは，テツヤ。どうしてた？**
(5) **ジョンはボストンに引っ越した。それ以来彼から連絡がない。**
(6) **水道管が凍ってしまったので，水がまったく得られない。**

検討 (1) 完了 (2) 完了 (3) 経験 (4) 継続
How have you been?「このごろどう？」あいさつの表現。Long time no see.「お久しぶり，しばらくだね」＝I haven't seen you for a long time. (5) 継続
(6) 結果

テスト対策

現在完了の基本用法はそれぞれの意味を表す副詞句に着目して判別する。
- **just，now，already，yet** →完了・結果
- **before，once，never，ever** →経験
- **for ～，since ～** →継続

58

答 (1) **did the Tokyo Olympics take**
(2) **built** (3) **has been**
(4) **has gone** (5) **haven't seen**

全訳 (1) 東京オリンピックはいつ開かれましたか。
(2) 約40年前に，エジプトはナイル川の流れをコントロールするために大きなダムを建設した。
(3) この5日間ずっと寒い。
(4) 彼は今ここにいない。買い物に出かけている。
(5) ずいぶん会っていなかったね。どこにいたの。

検討 (1) **When** は完了形と共には用いない。
(2) About 40 years ago は過去を表す副詞句。
(3)〈for＋期間〉があるので，継続を表す現在完了にする。(4) has gone は「出かけて，今はいない」と結果の意味を表す。 (5) = It's been ages since I saw you. for ages = for a very long time「大変長い間」

59

答 (1) **I have been watching TV for two hours.**
(2) **She has been teaching English since she was 22.**
(3) **You have been studying English for more than 300 hours in class now.**
(4) **They have been working hard to solve the problems for a long time.**
(5) **She has been living with her aunt and uncle for five years now.**
(6) **How long have you been practicing the piano?**

全訳 (1) 私は2時間テレビを見ている。
(2) 彼女は22歳のときから英語を教えている。
(3) あなたは今では授業で300時間以上英語を勉強している。
(4) 彼らは長い間その問題解決のために一生懸命働いている。
(5) 彼女は今では5年間，彼女のおば，おじと一緒に暮らしている。
(6) どのくらいピアノを練習していますか。

検討 現在完了進行形の形〈**have[has] been -ing**〉の形をしっかり学習すること。
(5) live は進行形にすると一時的に住んでいることを意味する。

テスト対策

現在完了で進行形にするのは，§8「進行形」で学習した動作の継続を表す場合。
用法は継続に限るので，継続を表す副詞句 **for** ～ や **since** ～ の存在を確認する。

60

答 (1) **been reading** (2) **known**
(3) **been raining** (4) **wanted**
(5) **been playing**
(6) **been watching**

全訳 (1) 彼はその本を5時間近く読んでいる。
(2) 私たちは昔から地球が太陽の周囲をまわっていることを知っている。
(3) 昨日からずっと雨が降っている。
(4) 私はずっとボストンを訪れたいと思っている。
(5) タクマとケンタは2時間テニスをしている。
(6) あなたはどれくらい長くテレビを観ているのですか。

検討 (1)(3)(5)(6) 動作動詞を用いた継続用法では進行形にする。それぞれ継続を表す **for, since** で始まる副詞句がある。(2)(4) 心理・状態を表す動詞は進行形にしない。

応用問題 本冊 *p. 39*

61

答 (1) **have never[not] seen**
(2) **long, been staying**
(3) **have, been to** (4) **Have, been**
(5) **have been, for**

検討 (1) 経験 (2) 継続 (3) 完了 (4) 経験
(5) 継続

テスト対策

〈have [has] been to＋場所〉には「行ったことがある」〔経験〕と「〜に行ってきたところだ」〔完了〕の２つの意味があるので，文脈で区別する。

62

答 (1) **Have you ever gone skydiving?**
(2) **I have lived in Nagoya since I entered university.**
(3) **they have been playing it for more than 150 years**
(4) **Ten years have passed since we met at the meeting.**
(5) **the beginning of the twentieth century, there have been many political changes**

検討 (1) 経験　(2) 継続。have been living としてもよい。(3) 継続　(4) 継続。「〜してから…になる」という表現。It is [has been] ten years since we met at the meeting. も同じ意味。(5) 継続。There are many political changes の現在完了形。

テスト対策

「〜してから…になる」は複数の表現の仕方を学習しておく。
It is [has been] ... since 〜
= ... have passed since 〜

10 過去完了・未来完了

基本問題 本冊 p. 41

63

答 (1) **had seen**　(2) **had bought**
(3) **had done**　(4) **had just got**
(5) **had already gone**

全訳 (1) 私は以前数回彼女に会ったことがあったので，すぐに彼女だとわかった。
(2) 私が店に戻ったときには，誰かがすでにそれを買っていた。
(3) 上司は彼にその種類の仕事を以前にしたことがあるかどうか聞いた。
(4) 彼は地震が起きたとき，ちょうど学校から家に戻ったところだった。
(5) 彼らが家に帰るまでに，子どもたちはすでに寝ていた。

検討 (1) わかる前に会ったことがあったので，経験。(2) by the time 〜「〜するときまでに」。その時点までにすでに誰かが買っていたので，完了。(3) = The boss said to him, “Have you done this kind of work before?” 大過去の用法。(4)(5) 完了。

64

答 (1) **佐藤さんは電話を受けたとき，ちょうどその本を読み終えたところだった。**
(2) **私たちが到着するまでに，ほとんどすべての人が家に帰っていた。**
(3) **私が空港に着いたときには飛行機はすでに離陸していた。**
(4) **チェンさんは日本に来るまで一度も雪を見たことがなかった。**
(5) **私はずっとパリの観光をしたいと思っていたので，彼らと一緒にそこに行くことに同意した。**

検討 (1) 電話がかかってきたときにちょうど読み終えたので，意味は完了。(2) 到着した時点ではみんなが家に帰っていたので，完了。(3) 空港に到着したときにはすでに離陸していたので，完了。(4)「ある時」があって，それまでは見たことがなかったので，経験。(5) 行くことに同意するまでずっと見たいと思っていたので，継続。

65

答 (1) **been working** (2) **known**
(3) **been watching** (4) **just moved**

全訳 (1) 私は3年間その銀行に勤めていた。
(2) ジョンとメアリーは，結婚したときは知り合って10年が経っていた。
(3) 母に叱られたとき，メアリーは3時間テレビを見ていた。
(4) 彼らはそこに引っ越したばかりだったので，その町のことをよく知らなかった。

検討 (1)「動作」を表す動詞を用いた継続用法 (for three years) なので過去完了進行形にする。 (2) know は「心理・状態」を表し進行形にはならない。 (3) (1)と同じ。 (4) 完了の意味で，継続ではない。

テスト対策

完了進行形になるかどうかの区別は，§9「現在完了」に引き続いて重要。動作の継続を表す完了形では基本的に〈**have[has] been -ing**〉,〈**had been -ing**〉,〈**will have been -ing**〉の形になる。

66

答 (1) **will have gone**
(2) **will have finished**
(3) **will have lived**
(4) **will have learned**
(5) **will have worked**

全訳 (1) 私たちはあなたが着くまでには寝ているだろう。
(2) 私は6時までに夕食をつくり終えているだろう。
(3) 私の家族は次の4月で4年間ここに住んだことになる。
(4) 来年の3月の時点で私はぴったり15年間バイオリンを習ったことになる。
(5) 来週の月曜で，私はその事業に1か月従事していることになるだろう。

検討 未来完了の形〈will have＋過去分詞〉に習熟すること。

67

答 (1) **have seen** (2) **leave**
(3) **comes** (4) **have finished**
(5) **have done**

全訳 (1) そのDVDを見終わったら貸してください。
(2) 今出ないとパーティーに遅れますよ。
(3) 彼が戻ってくるまでここで待ったほうがいいですよ。
(4) その本を読み終わったら私にくれませんか。
(5) 宿題を終えたら遊びに行ってもいいよ。

検討 (1) (4) (5) 時・条件を表す副詞節内では，willを使った未来表現は用いない。
(2) unless ～「～しないと」と条件を表す接続詞。
(3) until ～「～まで」と時を表す接続詞。

応用問題 ••••••••••••••••••••• 本冊 *p. 42*

68

答 (1) a (2) d (3) c (4) a

全訳 (1) あなたとまたお会いするときまでにはこの雑誌を読み終わっているでしょう。
(2) 私たちが映画館に着くまでに映画はすでに始まっているだろう。
(3) 私の母は肘掛け椅子に座っていた。彼女は一生懸命働いたので大変疲れていた。
(4) 2002年のワールドカップが開かれるまでに，サッカーはすでに日本で主要なスポーツになっていた。

検討 (1) by the time「～するときまでには」
(2) by the time で始まる副詞節内が現在形なので，主節は未来完了の形を選ぶ。
(3) 全体が過去時制であることに着目する。
(4) 過去のある時点までにある状態になっていたときには過去完了を用いる。

69

答 (1) d (2) a (3) b (4) c

全訳 (1) その家は2年前まで私の祖父の家だった。
(2) 私がソウルまでの飛行機便の手配をして

いるときに，彼女が私の会社にやってきた。
(3) トムは友人がやっと到着したときには駅で1時間待っていた。
(4) 今度の5月で私たちは結婚して20年になる。

検討 (1) until two years ago は過去を示す副詞句ではなく，「2年前まで」の意味。
(2) 動作の継続を表す while には進行形が続く。
(3)「到着したときには～していた」過去完了進行形を選ぶ。(4) 未来のある時点(this coming May)までの継続を表す未来完了の形。

テスト対策

未来完了・過去完了は現在完了と違い，未来の一時点・過去の一時点を示して「それまでに～していた[～しているだろう]」となる。時を表す副詞句・副詞節に着目してどの時制の完了形であるか確定する。

11 受動態

基本問題 ・・・・・・・・・・・・・・・・・・・ 本冊 *p. 45*

70

答 (1) **are loved** (2) **were given**
(3) **was given / given to**
(4) **is called** (5) **was grown**

全訳 (1) 犬は人なつこいので，多くの人々に愛されている。
(2) あなたは先生にその技術を学ぶ機会を与えられた。
(3) 彼はおもちゃのパトカーをもらった。おもちゃのパトカーは彼に与えられた。
(4) 羊の肉はマトンと呼ばれる。
(5) 普通のトマトは土で栽培されるが，この苗は水の中で栽培された。

検討 (1) 主語は複数，時制は現在。 (2) 主語は you，時制は過去。S+V+O+O の文構造なので，a chance to learn the skill を主語にしても表現できる。= A chance to learn the skill was given to you by the teacher. (3) S+V+O+O の文構造なので，人を主語にした受動態と物を主語にした受動態の2つができる。A toy patrol car が主語になった場合は to him のように前置詞を伴うことが多い。 (4) 主語は単数，時制は現在。 (5) 主語は単数，時制は過去。grow の過去分詞は grown。

テスト対策

受動態をつくれる文構造は **S+V+O，S+V+O+O，S+V+O+C**。目的語の部分が主語になっているか確認すること。

71

答 (1) **can be found**
(2) **has never been scolded**
(3) **must be written**
(4) **had been eaten**

全訳 (1) 漫画雑誌や漫画本がいたるところで見つけられる。
(2) 彼女はその先生に叱られたことがない。
(3) 解答は用紙の1面だけに書かれなければならない。
(4) 私が家に帰ったとき，すべての食べ物は食べられてしまっていた。

検討 (1)(3) 助動詞の受動態は〈助動詞＋**be**＋過去分詞〉。(2) 完了形の受動態は〈**have [has, had] been**＋過去分詞〉。主語は3人称単数なので has。(4) 過去完了形の受動態。

72

答 (1) **It is said** (2) **is said to be**
(3) **was looked after**
(4) **was made to wait**
(5) **was sometimes heard to play**

全訳 (1) スペイン人は陽気だと言われている。
(2) 愛は盲目だと言われている。
(3) その子供は手厚く世話をされた。
(4) 私は1時間以上待たされた。
(5) ときどきその女の子がピアノを見事に弾くのが聞こえてきた。

検討 (1)(2)〈**They [People] say that**＋

S+V〉は〈It is said that+S+V〉と〈S is[are] said to+V〉の2つの表現ができる。(3) look after は群動詞で，1つのかたまりとして扱う。(4)(5) 補語が原形不定詞のとき，受動態では **to** 不定詞となる。

応用問題 ・・・・・・・・・・・・・・・・・・・・ 本冊 *p. 46*

73

答 (1) **satisfied with** (2) **are killed / injured[hurt, wounded]**
(3) **covered with[by]**
(4) **sell well**
(5) **filled with**

検討 (1)「満足している」はbe pleased with / be happy about[with] / be content with でもよい。(2) 事故や戦争で「死ぬ」場合は **be killed** を用いる。「けがをする」も日本語では能動態だが，英語ではいずれの表現も受動態。(3)「〜でおおわれている」は **be covered with** 〜。(4) 物が主語になるときに，能動態で受動態の意味を表すことがある。sell はその代表的な動詞。cf. This report **reads** well.（このレポートはよくできている = This report is well written.）(5)「〜でいっぱいだ」は **be full of** 〜 でもよい。「〜で満たされる」では **be filled with** 〜 を用いる。

74

答 (1) b (2) a (3) c (4) d

全訳 (1) 修理が行われている間，私は腰をおろして休んだ。
(2) 天候は今はあまりよくないが，明日はよくなると予想されている。
(3) 彼はかんしゃくをおこすのを見られたことがない。
(4) 彼は試験に落ちて，自分のことを恥ずかしく思った。

検討 (1) they were doing the repairs. の受動態。do the repairs「修理する」。
(2) they expect it (= the weather) to be better の受動態。〈**expect**+**O**+**to** ***do***〉は「Oが〜すると予測する」。
(3)〈**see**+目的語+***do***〉の受動態は **be seen to *do***，その現在完了形になっている。lose one's temper「かんしゃくをおこす」。
(4) be pleased with 〜「〜に満足している」，be acquainted with 〜「〜と知り合いである」，be based on 〜「〜に基づく」，be ashamed of 〜「〜を恥じる」。

75

答 (1) **Several languages are spoken in Switzerland.**
(2) **Extra money is paid to those who come to work during holidays.**
(3) **You are not allowed to smoke on the plane.**
(4) **The black people weren't given the right to vote.**
(5) **Is vegetarian *ramen* made in India?**
(6) **Carl was seen to enter the building last night.**
(7) **A new hospital is being built.**
(8) **They[People] say that Rome was not built in a day.**
(9) **You[We, They] must keep these windows locked at all times.**
(10) **We[You, They] should do away with some of these rules at once.**

全訳 (1) スイスでは数か国語が話されている。
(2) 休日に出勤する人には割増金が支払われる。
(3) 飛行機内では禁煙です。
(4) 黒人たちは投票権を与えられなかった。
(5) インドでは菜食主義者向けのラーメンが作られているのですか。
(6) 昨晩カールはその建物に入るのを見られた。
(7) 新しい病院が建設中だ。
(8) 彼らはローマは1日にしてならずと言う。

［ローマは1日にしてならずと言われている。］
(9) これらの窓には常に鍵をかけておかなければならない。
(10) ルールのいくつかをすぐに廃止するべきだ。

検討 (1) 主語は複数，時制は現在。(2)〈S＋V＋O＋to 〜〉の文構造。〈O＋be 動詞＋過去分詞 ...〉となる。(3) allow＋O＋to *do* の受動態は〈O＋be 動詞＋allowed to *do*〉となる。(4) S＋V＋O＋O の文構造で，否定文。物を主語にすると，The right to vote was not given to the black people.
(5) 受動態の疑問文。主語は単数，時制は現在。
(6) 知覚動詞の受動態。〈see＋O＋*do*〉→〈be 動詞＋seen to *do*〉 (7) 進行形の受動態は〈be 動詞＋being＋過去分詞〉。
(8) **〈It is said that＋S＋V〉→〈They say that＋S＋V〉；〈S is[are] said to V〉** (9) S＋V＋O＋C の文構造。〈keep＋O＋C〉「O を C の状態に保つ」
(10) 助動詞の受動態。do away with 〜 は「〜を廃止する」の意味の群動詞。

テスト対策

次のような場合は by 〜が省略される。
- 行為者が自明で示す必要がない場合
- 行為者が不明で示せない場合
- 行為者がばくぜんとした人一般の場合

（能動態の主語が **they, you, we** になる）

12 不定詞の用法

基本問題 本冊 *p. 49*

76-A

答 (1) **to become** (2) **to hear**
(3) **to think** (4) **to go**

全訳 (1) 私の夢はニュースキャスターになることです。
(2)「私は試験に合格しました」「そのことを聞いてうれしいです」
(3) 私はもっとそれについてよく考える時間がほしい。
(4) もう遅いので私は家に帰りたい。

検討 (1) 名詞的用法で補語になる。(2) 副詞的用法で原因を表す。(3) 形容詞的用法で time を修飾する。think over 〜 は「〜についてよく考える」の意味。over は副詞なので，目的語が代名詞の場合は **think it over** の語順になる。(4) 名詞的用法で目的語になる。

76-B

答 (1) **to set** (2) **to eat**
(3) **to know** (4) **to help**

全訳 (1) コロンブスは南北アメリカ大陸に上陸した最初のヨーロッパ人ではなかった。
(2) クッキーモンスターはクッキーを食べるのが大好きだ。
(3) 私はあなたの国についてもっと知りたい。
(4) 私の仕事は，生徒が英語の学習をするのを助けることです。

検討 (1) 形容詞的用法で European を修飾する。the Americas と複数形の場合，南北アメリカ大陸を指す。set foot in[on] 〜 は「〜に足を踏み入れる」の意味。
(2) 名詞的用法で loves の目的語。
(3) 名詞的用法で like の目的語。would like to は want より丁寧な表現。
(4) 名詞的用法で補語。

テスト対策

名詞的用法は目的語になるものが多い。**want to**「〜したい」や **try to**「〜しようとする」など，動詞と結びつけて覚えるとよい。

77

答 (1) **some ability to learn language**
(2) **brought something to eat**
(3) **to have something to talk about**
(4) **find someone to help you**

検討 不定詞の形容詞的用法は，〈名詞＋**to *do***〉

の語順に慣れること。(1) to learn language は ability と同格の関係にある。「言語を学習するという能力」(2) something to eat の something は eat の目的語の役割をしている。(3) talk about something → something to talk about。talk は自動詞なので，something を目的語とする前置詞 about が必要。to have something は名詞的用法（→ 13「不定詞の重要構文」It ～ (for __) to ... 参照)。(4) someone to help you の someone は help の主語の役割をしている。

テスト対策

something を修飾する形容詞的用法の語順に注意すること。
something to eat「何か食べる物」
something hot to eat
「何か温かい食べ物」

78

答 (1) c (2) a (3) b (4) a (5) b

全訳 (1) 彼女は成長して偉大な科学者になった。
(2) この仕事を完成させるためには，チームとして働く能力が必要だ。
(3) あなたにお会いできて大変うれしいです。
(4) 私はイタリア料理を勉強するために学校へ行きたい。
(5) 私は娘たちから誕生日プレゼントをもらってうれしかった。

検討 (1)「成長した結果～になった」結果の用法の代表的な文。(2) the ability to work は形容詞的用法。(3)(5) それぞれ glad, happy という感情の原因を表す。

応用問題 ……………… 本冊 *p. 50*

79

答 (1) **私は去年体重を減らそうと懸命に努力したが，失敗に終わった。実際のところ，もっと体重が増えた。**
(2) **よい教師になるためには，豊富な知識と経験が必要だ。**
(3) **私の人生の一時期が永遠に終わった。気楽な学生時代は去って，二度と戻ってこないのである。**
(4) **彼の話を聞くと，彼が頭のいい人だと思うかもしれない。**
(5) **この小さなかばんには，書類を入れておくポケットがない。**

検討 (1)(3) 副詞的用法で結果を表す。
(2) 副詞的用法で目的を表す。**in order to, so as to** の表現を確認すること。
(4) 不定詞の副詞的用法で「～すれば」と条件を表すことがある。その典型的な文。
(5)「書類をポケットに入れる」は put documents in pockets。「書類を入れるポケット」は pockets to put documents **in** となる。不定詞は形容詞的用法で pockets は前置詞 in の目的語の働きをしている。

テスト対策

副詞的用法のうち，目的「～するために」を明確にする **in order to / so as to** は最重要。
「～しないように」という否定表現，
in order not to / so as not to も頻出。**not** の位置に注意すること。

80

答 (1) **not hesitate to ask me if you**
(2) **plans to run special trains**
(3) **the first student to finish doing the homework**
(4) **pay careful attention to word choices in order**
(5) **awoke to find himself on a bench**
(6) **tried hard, only to find that she wasn't**

検討 (1) to ask は hesitate の目的語となる名詞的用法。(2) to run は plans の目的語

となる名詞的用法。 (3) to finish doing は the first student を修飾する形容詞的用法。 (4) **in order to ～** は副詞的用法で目的をはっきりさせる表現。「～しないように」と否定にする場合は不定詞の直前に not を置く。 (5) **to find** は副詞的用法で結果を表す。「～したら…だった」 (6) **only to find** は副詞的用法で結果を表す。「～したけれど…だった」

81

答 (1) **to talk with[to]**
(2) **nothing to do**
(3) **is to do**
(4) **decided to buy**
(5) **cold to drink**
(6) **remember to**

検討 (1)「不定詞＋前置詞」。She has no friends. ＋She talks with[to] them. なので，with か to が必要。 (2)〈**-thing to *do***〉は形容詞的用法の基本。 (3) do one's best「最善をつくす」 (4) decide to ～「～することに決める」 (5) something / anything などを形容詞で修飾する場合の語順は〈**something＋形容詞**〉となる。不定詞でさらに修飾する場合は，その形容詞のあとにくる。(6) remember to ～ は「～することを覚えている」。命令文では「忘れずに～してください」となる。to see は remember の目的語となる不定詞の名詞的用法。cf. remember -ing は「～したことを覚えている」(→ 15「動名詞」参照)。

13 不定詞の重要構文

基本問題 ……………… 本冊 *p. 53*

82

答 (1) **what** (2) **which** (3) **how**
(4) **where**

全訳 (1) 私は最初何をしたらよいのかわからなかった。
(2) 彼らは星を見てどの道を行くべきか知った。
(3) 私は祖父にコンピューターの使い方を教えた。
(4) 彼は私にどこでその本を買うべきか聞いた。

検討 いずれも「疑問詞＋不定詞」で，動詞の目的語として名詞の役割をしている。

83

答 (1) **It, to** (2) **for you**
(3) **it difficult** (4) **easy, to say**

検討 (1) It は形式主語で to have clear goals が真の主語。 (2) 不定詞の意味上の主語を明らかにする場合は，不定詞の直前に〈**for＋意味上の主語**〉を置いて表す。
(3) it は形式目的語で to stop smoking が真の目的語。 (4) (2)に同じ。 say "No"「いやと言う」→「断る」

> テスト対策
>
> 不定詞が真の主語や目的語になる〈**It is ～ (for / of 人) to *do* / S＋V＋it＋C＋to *do***〉は最重要構文。与えられた例文は暗記できるぐらいに習熟すること。

84

答 (1) **want you to take**
(2) **told me to stay**
(3) **asked me to go to**
(4) **expect me to believe**

検討 (1)〈**want＋人＋to ～**〉「人に～してほしい」 (2)〈**tell＋人＋to ～**〉「人に～するように言う」 (3)〈**ask＋人＋to ～**〉「人に～するように頼む」 (4)〈**expect＋人＋to ～**〉「人が～するだろうと思う」

> テスト対策
>
> 〈**S＋V＋O＋不定詞**〉は重要構文。この形をとる動詞を整理し，覚えておくこと。
> **want**「～してほしい」，**tell**「～するよう言う」，**ask**「～するよう頼む」，
> **expect**「～するだろうと思う」など。

85

答 (1) d (2) b (3) c (4) b
(5) a (6) c (7) b (8) a

全訳 (1) 先生は，私たちに来週修学旅行のお金を持ってくるのを忘れないように注意した。
(2) 娘は私の皿洗いの手伝いをできる年だ。
(3) その包みはメアリーが運ぶには重すぎる。
(4) トランペットの演奏の仕方を知っていますか。
(5) ボブは15歳なので，まだ投票できる年ではない。
(6) 彼は必ず時間に間に合って来る。
(7) この本は私が理解できるぐらい簡単だ。
(8) 通知によれば，来週期末テストがある予定だ。

検討 (1) remind us to ～「私たちが～することを気づかせる」〈S＋V＋O＋不定詞〉の構文。 (2)〈形容詞・副詞＋**enough**〉の語順を確認する。 (3) **too ～ to ...** と〈**be** 動詞＋形容詞＋**to** ～〉が組み合わさった構文。much は形容詞を直接修飾できないので much heavy は誤り。 (4) how to ～「～の仕方」 (5) (3)と同じ too ～ to ... の構文。
(6) be sure to ～ で「必ず～する」。
(7) (2)と同じ形。不定詞の意味上の主語を明示する場合には不定詞の前に〈for＋意味上の主語〉を添える。 (8) **be to** ～ で予定を表す。

テスト対策

不定詞は書きかえ問題が重要。
〈It seems that＋S＋V〉⇆〈S＋seems to ～〉,〈too ～ to ...〉⇆〈so ～ that _ cannot ...〉,〈so ～ that ...〉⇆〈形容詞[副詞]＋enough (for 人) to ...〉,〈it is easy[difficult] to ～〉⇆〈S is easy[difficult] to ～〉といった表現の転換に習熟すること。

応用問題 ••••••••••••••••••••• 本冊 *p. 55*

86

答 (1) **Pets seem to** (2) **are to**
(3) **so, cannot[can't]**
(4) **strong enough** (5) **as to**
(6) **are easy** (7) **It is**
(8) **of you** (9) **to**
(10) **happened to** (11) **me to**

全訳 (1) ペットは健康によさそうだ。
(2) 彼が戻ってくるまであなたはここにいるべきだ。
(3) 彼らは疲れていて何もできない。
(4) 彼女はフルマラソンが走れるくらい丈夫だった。
(5) 私の話を聞いてくれてありがとうございました。
(6) これらのガイドブックは読みやすい。
(7) 日本文化には理解しにくいところがある。
(8) 道を教えていただき本当にありがとうございます。
(9) この車のエンジンのかけ方を教えてください。
(10) その晩，マイと私は偶然同じバスに乗り合わせた。
(11) 洗濯をしましょうか。

検討 (1) seem, appear「～のように見える」, happen「偶然～する」は〈**It seems [appears] that＋S＋V**〉→〈**S＋seems [appears] to V**〉で表現できる。 (2) be to ～ は「義務・当然」の意味を表す。他に予定・運命・可能などを表すこともある。cf. You **are to** make a speech tomorrow.（あなたは明日スピーチをする予定です）
She **was never to** return to her hometown.（彼女は二度と生まれ故郷に戻らない運命だった） Not a star **was to** be seen in the sky.（空には星1つ見えなかった） (3)〈**too ～ to ...**〉⇆〈**so ～ that _ cannot ...**〉「あまりに～なので…できない」
(4)〈～ **enough to ...**〉「…(できる)ほど～だ」は(3)と同じく〈**so ～ that _ can ...**〉で表現できる。 (5)〈so ～ as to ...〉は「…するほどに～」「とても～なので…だ」。〈～ enough to ...〉で同じ内容を表現できる。
(6)(7) difficult, easy, hard, impossible などの形容詞は〈**S＋be** 動詞＋形容詞＋**to** ～〉で「Sは～するのが…だ」という意味に

なる。cf. The novel is difficult to understand.（その小説は理解しにくい）= It is difficult to understand the novel.
(8) kind, careful, nice, polite＋不定詞「～するなんて…だ」〈**It is ... of＋人＋to** ～〉の形をとるのは形容詞が人の性質を示すとき。cf. It was silly of you to buy a fake Gogh.（ゴッホのにせ物を買うなんてあなたはばかなことをしたものです）(9) how S can ～ は「～する方法，どう～するか」の意味で，how to ～ でも表現できる。
(10) by chance「偶然」= happen to ～「偶然～する」。(11) Shall I ～？は「～しましょうか」と相手の意向をたずねる表現なので，Do you want me to ～？「私に～して欲しいですか」とも表現できる。

テスト対策

不定詞の意味上の主語を表すのに of を用いるのは，直前が人の性質・態度を表す形容詞の場合。**kind**「親切な」，**stupid**「愚かな」，**careless**「不注意な」など。

14 原形不定詞・不定詞の完了形など

基本問題 本冊 *p. 57*

87

答 (1) **I heard the woman cry**
(2) **my English teacher get angry**
(3) **I felt the earth shake**
(4) **watched her ride a horse**

検討 いずれも知覚動詞の代表的な例。〈**S＋V＋O＋**原形不定詞〉の語順に習熟すること。

テスト対策

〈**S＋V＋O＋**原形不定詞〉は「**O**が～するのを見る[聞く]」。
cf.〈**S＋V＋O＋**現在分詞[過去分詞]〉は「**O**が～している[される]のを見る[聞く]」を表す（→ 101 参照）。

§16「分詞」と合わせて学習し，動詞の形に習熟すること。

88

答 (1) **made my daughter promise**
(2) **Let me know if there's**
(3) **have my wife call back**
(4) **have him check your report**
(5) **get people to clean it**

検討 いずれも使役動詞の代表的な例。〈**S＋V＋O＋**原形不定詞〉の語順に習熟すること。
(1) promise to ～「～することを約束する」。不定詞は promise の目的語。(2) if は「～かどうか」という接続詞で，if 以下は know の目的語。(4) have him check は「彼にチェックしてもらう」と，「彼にチェックさせる」と2つの意味が可能。(5)〈**have / make / let＋O＋**原形不定詞〉⇆〈**get＋O＋to** 不定詞〉の関係に注意すること。

テスト対策

使役動詞はそれぞれ〈**S＋V＋O＋**不定詞〉の動詞とセットで覚える。
〈**let＋O＋*do***〉≒〈**allow＋O＋to *do***〉,
〈**make＋O＋*do***〉≒〈**force＋O＋to *do***〉,
〈**have＋O＋*do***〉≒〈**get＋O＋to *do***〉

89

答 (1) **not to worry**
(2) **never to forget**
(3) **to have kept**
(4) **said to have**
(5) **I tried to**

全訳 (1) 私は将来について心配しないことにした。
(2) 私のことを決して忘れないと約束してくれますか。
(3) 長いこと待たせて申し訳ありません。
(4) サッカーは1873年に日本に伝えられたと

言われている。
(5)「レポートを終えましたか」「そうしようとしましたが，時間が足りませんでした」

検討 (1)(2) 不定詞の否定は直前に **not** や **never** をつける。(3) 不定詞の完了形。= I am sorry that I have kept you waiting so long. 〈keep + O + -ing〉は「O を～させておく」。(4) say を使った同じ意味の表現は他に2つある。They say that soccer was introduced to Japan in 1873. / It is said that soccer was introduced to Japan in 1873. (→ 11「受動態」を参照)
(5) 代不定詞の例。I tried to finish the report の finish the report を省略したもの。

90

答 (1) **まずはじめに，名前を教えてください。**
(2) **この本を読むのは確かにむずかしいが，あきらめてはいけない。**
(3) **ニューヨーク港に入ると，必ず自由の女神像が見える。**
(4) **お医者さんに行って診てもらうほうがよい。**
(5) **今夜は外出しないほうがいい。**

検討 不定詞の慣用表現。(1) **to begin with**「まずはじめに」(2) **to be sure**「確かに」(3) **fail to** ～「～しそこなう」，cannot があるので，「～しそこなうはずがない」=「必ず～する」。(4)(5)〈**had better**＋原形不定詞〉「～するほうがよい」，〈**had better not**＋原形不定詞〉「～しないほうがよい」は，相手に向かって言うときは，しばしば脅迫・命令の気持ちを含むことがある。ふつう目下の人か，I / We を主語にして用いる。

応用問題 ……………… 本冊 *p. 58*

91

答 (1) c　(2) a　(3) b　(4) a　(5) d　(6) d　(7) c　(8) a　(9) b　(10) c

全訳 (1) 彼らは彼女に大観衆の前で歌わせた。
(2) 今は会議に出席しないほうがいい。
(3) 先生は嵐がひどくなる前に安全に家に帰ることができるように，生徒をすぐに下校させた。
(4) 政府は彼を強制的に母国から退去させた。
(5) 私たちはその会社とは商売をしないことにした。
(6) ちょうど寝ようとしたとき，彼はだれかが彼の名前を呼ぶのを聞いた。
(7) やりたくなかったらその仕事をする必要はありません。
(8) 率直に言うと，今はポケットには一円もない。
(9) 彼はテレビゲームをして時間を無駄にするより，手伝いに来るべきだ。
(10) 私は寝る前に必ず歯を磨く。

検討 (1) 直後の her sing の関係に着目する。sing は動詞の原形。この形のとれる動詞は選択肢の中では made のみ。got の場合は to 不定詞が必要。(2) **had better** の否定は **had better not** となる。(3) 直前の made the students の関係に着目する。〈make + O + *do*〉となる使役動詞。
(4) 直後の him to leave の関係に着目する。〈S + V + O + to *do*〉の形のとれる動詞は選択肢の中では forced のみ。(5) decide は to 不定詞のみを目的語とする動詞。その否定形は不定詞の直前に not を置く。
(6) 直後の someone call から，空所には知覚動詞か使役動詞が入る。選択肢では heard のみ。なお，listened to ならば正解となる。
(7) 代不定詞。to は to do that job を表す。
(8) to be frank with you「実は，率直に言うと」(9) had better で「～したほうがよい」。(10) never fail to ～「決して～しそこなわない」→「必ず～する」

92

答 (1) **quietly so as not to wake**
(2) **What made you turn down**
(3) **seems to have been some misunderstanding between**

(4) **don't fail to let me know in advance**

検討 (1) 不定詞の否定形。**so as to** ～ は「～するように」，その否定は **so as not to** ～ とする。 (2)「何があなたにその提案を断らせたのですか」と考える（→ 32「特殊な構文・無生物主語」を参照）。= Why did you turn down the proposal? turn down は「断る」で refuse と同じ意味。 (3)「～だったようだ」〈seem to have＋過去分詞〉。不定詞の完了形。= It seems that there was some misunderstanding between them. (4) don't fail to ～ は「必ず～してください」。〈let＋人＋*do*〉＝〈allow＋人＋to *do*〉「～させてあげる」。in advance「前もって」。

テスト対策

不定詞の完了形の書きかえ表現をチェックしておくこと。
〈**S＋seem[seems] to have**＋過去分詞〉⇆〈**It seems that＋S＋**過去形〉

15 動名詞

基本問題 ・・・・・・・・・・・・・・・・・・・・ 本冊 *p. 61*

93

答 (1) **hurting**：c (2) **watching**：b (3) **inviting**：d (4) **Giving**：a

全訳 (1) 先生は彼女の気持ちを傷つけないようにしようとした。
(2) 私の趣味は星の観察だ。
(3) アユミ，招待してくれてありがとう。
(4) 英語でスピーチをするのは本当に大変だ。

検討 (1) avoid の目的語。 (2) 文の補語。 (3) 前置詞 for の目的語。 (4) 文の主語。

94

答 (1) **having kept**
(2) **being treated**
(3) **my[me] staying**
(4) **not having**

全訳 (1) お待たせして申し訳ありません。
(2) 私はそんなふうに扱われるのに慣れていない。
(3) 彼女は私がそこに一晩泊まるように強くすすめた。
(4) 私はもっと一生懸命勉強しなかったことを後悔している。

検討 (1)〈apologize (to＋人)＋for ～〉で「(人に)～のことで謝る」。動名詞の完了形は〈**having** ＋過去分詞〉で表す。 (2) 動名詞の受動態は〈**being** ＋過去分詞〉で表す。be used to -ing「～することに慣れている」
(3) 動名詞の意味上の主語は，名詞・代名詞の所有格もしくは目的格を動名詞の直前に置いて表す。cf. They never dreamed of their son('s) becoming a billionaire. = They never dreamed that their son would become a billionaire.（彼らは息子が億万長者になろうとは夢にも思わなかった）
(4) 動名詞の否定は直前に **not** を置く。〈regret having＋過去分詞〉「～したことを後悔している」は regret -ing でも同じ意味になる。

95

答 (1) **to take** (2) **talking** (3) **reading** (4) **to buy**

全訳 (1) 私はいつか世界一周旅行をしたい。
(2) 私たちはファッションや音楽などの話を楽しむ。
(3) ペギー，今日の新聞は読み終わりましたか。
(4) 私たちは娘に子犬を買ってあげると約束した。

検討 動名詞のみを目的語にとる動詞（**admit**, **avoid**, **enjoy**, **escape**, **finish**, **mind**, **suggest** など）と，不定詞のみを目的語にとる動詞（**ask**, **decide**, **expect**, **hope**, **pretend**, **promise**, **wish** など）を整理しておくこと。

96

答 (1) (a) 私はエマと一緒に橋を渡ったのを覚えている。彼女は遠くにいるはずがない。 (b) 活動的な一日を過ごしたかったら，十分な朝食を食べることを忘れないように。
(2) (a) 私は彼女にそんなことを言ったのを後悔している。 (b) 残念ながらあなたが試験に落ちたことをお伝えします。
(3) (a) 立ち上がって歩いてみたらどうですか。 (b) 私はいつも自分の意見を述べてすぐに行動しようとしている。
(4) (a) **1972** 年，アメリカの農家の人々は **DDT** の使用をやめなければならなかった。 (b) 私はコップ **1** 杯の水を飲むために立ち止まった。

検討 (1) **remember -ing**「〜したことを覚えている」(すでに済んだこと)；**remember to *do***「〜することを忘れない」(これから先のこと) (2) **regret -ing**「〜したことを後悔している」；**regret to *do***「残念ながら〜する」 (3) **try -ing**「ためしに〜してみる」；**try to *do***「〜しようと努める」
(4) **stop -ing**「〜するのをやめる」；**stop to *do***「〜するために立ち止まる」このstopは自動詞の「立ち止まる」という意味。不定詞の副詞的用法で，目的を表している。

97

答 (1) **no** (2) **use[good]** (3) **help** (4) **worth** (5) **On** (6) **forward**

検討 (1) **There is no -ing**「〜することはできない」= It is impossible to *do*
(2) **It is no use[good] -ing**「〜してもむだだ」= It is useless to *do* / There's no use (in) -ing / It is of no use to *do*
(3) **cannot[can't] help -ing**「〜しないではいられない」= cannot[can't] but *do*
(4) **worth -ing**「〜する価値がある」
(5) **on -ing**「〜するとすぐに」= As soon as+S+V (6) **look forward to -ing**「〜することを楽しみにしている」

テスト対策

動名詞を含む慣用表現は多いので，意味の理解→例文の暗記→同意表現の習得，の順番で確実に覚えること。
〈その他の慣用表現〉

in -ing「〜するときに」= **when** 〜
In reading the story, I felt sorry for the victim.（物語を読んでいるとき，私は犠牲者を気の毒に思った）

feel like -ing「〜したい気がする」
I just don't **feel like doing** anything today.（今日は何もする気になれません）

never ... without -ing
「…すれば必ず〜する」
I **never see** the actor **without thinking** of that good film.（私はその俳優を見ると必ずあのすばらしい映画を思い出す）

Would you mind -ing?
「〜していただけませんか」
Would you mind opening the window, please?（恐れ入りますが，窓を開けていただけますか）

be[get] used to -ing
「〜することに慣れている［慣れる］」
I still haven't **got used to working** nights.（私はまだ夜勤に慣れていない）

応用問題 本冊 *p. 63*

98

答 (1) b (2) d (3) a (4) c (5) a (6) c (7) c (8) d (9) a

全訳 (1) 私は家を出るときドアに確かに鍵をかけた。鍵をかけたことをはっきりと覚えている。
(2) 私は他の人の前でからかわれるのには本当に耐えられない。
(3) 現在の政治状況では次に何が起きるのかわからない。
(4) 急いでいないのなら，ここで通りを横切るのは避けるべきだ。

(5) 男の子たちは遊園地に行くと言い張った。
(6) こぼれた牛乳を嘆いてもどうにもならない→「覆水盆(ふくすい)に返らず」
(7)「習うより慣れよ」とは言うまでもない。
(8) 私は家がまだ売れていないことを心配している。
(9) 一生懸命やろうとするだけでは，この試験に合格するのには十分でない。

検討 (1) remember，forget の次に動詞が来る場合は不定詞か動名詞。文脈から「したことを覚えている」「したことを忘れている」と判断できれば動名詞，「これからすること」に言及していると判断すれば不定詞となる。
(2) bear は「～をするのを我慢する」。不定詞，動名詞いずれも目的語にとることができる。動名詞の受動態〈being＋過去分詞〉。
(3) There is no telling ～「～を知ることはできない」 (4) avoid は動名詞だけを目的語にとる動詞。(5) **insist on -ing**「～することを(強く)要求する」＝ The boys insisted that they (should) go to the amusement park. (6) 動名詞を用いたことわざには，他に次のようなものがある。Seeing is believing.（見ることは信じること→百聞は一見にしかず）; There is no accounting for taste(s).（人の好みは説明できない→たで食う虫も好き好き） (7) **It goes without saying that ...**「…は言うまでもない」。Practice makes perfect.「練習を続ければ完ぺきになる」→「習うより慣れよ」
(8) house が動名詞の意味上の主語。＝ I am so worried that the house is not sold yet. (9) 全体の構文は hard までが主語，述語動詞が is である S＋V＋C の文構造。動詞を主語にするには動名詞，もしくは不定詞にする必要がある。being tried / having been tried は共に受動態で意味上ふさわしくない。

16 分詞

基本問題 本冊 p. 65

99

答 (1) **used** (2) **talking** (3) **glowing** (4) **injured** (5) **exciting**

全訳 (1) 父は中古車を買うことにした。
(2) 人間はしゃべる動物と呼ばれている。
(3) その巨大な輝くガスの球は，木星として知られている。
(4) 救急車は病人やけが人を運ぶ乗り物である。
(5) ロックンロールはわくわくするリズムで満ちている。

検討 動詞と修飾される名詞の関係を考える。能動態であれば現在分詞，受動態であれば過去分詞にする。(1) a car **was used**（車は使われた）→ 受動態 (2) an animal **talks**（動物はしゃべる）→ 能動態
(3) the ball **glows**（球は輝く）→ 能動態
(4) people **are injured**（人々はけがをしている）→ 受動態 (5) rhythm **excites** (us)（リズムは興奮させる）→ 能動態

100

答 (1) **designed to keep the heart rate**
(2) **containing some pictures of**
(3) **sent to the president**
(4) **solid made of methane**
(5) **sitting in the corner**

全訳 (1) エアロビクスとは，心拍数をしばらくの間高い値に保つように考えられた運動のことである。
(2) あなたはお気に入りの歌手の写真を含むファイルをダウンロードできる。
(3) ここに大統領に送られたメッセージがいくつかある。
(4) メタンハイドレートはメタンからなる固体だ。
(5) 隅に座っている太った男の人はだれですか。

検討 それぞれ分詞のあとに修飾語句がついているので，名詞のあとに分詞句が置かれる。
(1) = any exercise (which is) designed to keep the heart rate high。keep the heart rate high は「心拍数を高く保つ」という S+V+O+C の文構造。(2) a file (which is) containing some pictures
(3) some messages (which were) sent to the president (4) a solid (which is) made of methane (5) the fat man (who is) sitting in the corner

101-A

答 (1) **surrounded** (2) **playing**
(3) **waiting** (4) **singing** (5) **heard**

全訳 (1) 私はその老人が孫たちに囲まれて座っているのに出くわした。
(2) 私たちはジョージがピアノを弾いているのに出くわした。
(3) 彼は私を3時間待たせている。
(4) 父がお風呂で歌っているのが聞こえてきた。
(5) その部屋は大変うるさかったので，声が通らなかった。

検討 直前の名詞と動詞の関係を考える。
(1) the old man **was surrounded**（老人は囲まれていた）→ 受動態 (2) George **was playing**（ジョージが弾いていた）→ 能動態 (3) I **waited**（私は待った）→ 能動態 (4) my father **was singing**（父が歌っていた）→ 能動態 (5)〈**make oneself heard[understood]**〉「自分の話を聞いてもらう＝通じる，声が通る」

101-B

答 (1) **has had her hair cut**
(2) **Susie waiting for her child**
(3) **had my nails painted**
(4) **felt something crawling on my back**
(5) **make myself understood**
(6) **left the door unlocked**

検討 いずれも最重要構文である。
(1)(3)〈**have**＋目的語＋過去分詞〉「〜を…してもらう」 (2)〈**see**＋**O**＋**-ing**〉「〜が…しているのを見る」 (4)〈**feel**＋**O**＋**-ing**〉「〜が…しているのを感じる」 (5)〈**make**＋**O**＋過去分詞〉「〜を…にする」 (6)〈**leave**＋**O**＋過去分詞〉「**O** を〜の状態にしておく」。
この形をとる動詞は他に hear, watch, look at, listen to ; get ; leave, set, want, like など。

テスト対策

〈**S**＋**V**＋**O**＋分詞〉は最重要構文。語順，意味をしっかり学習すること。
〈**have**＋物＋過去分詞〉「物を〜してもらう，物が〜される」は動詞 **repaired**, **cut**, **examined**, **stolen**, **blown** などとペアにして，作文ができるまで暗記，習熟したい。

応用問題 ……………… 本冊 *p. 66*

102

答 (1) **busy preparing**
(2) **go swimming**
(3) **kept[continued]**
(4) **spent, traveling**

検討 (1)〈**be busy -ing**〉「〜するのに忙しい」 (2)〈**go -ing**〉「〜しに行く」
(3)〈**keep -ing**〉「〜し続ける」＝〈**continue -ing**〉。〈**keep on -ing**〉の形も可能。
(4)〈**spend**＋**O**＋**-ing**〉「〜して…を過ごす」

103

答 (1) a (2) d (3) b (4) a (5) d
(6) b (7) d (8) d (9) c (10) b

全訳 (1) その犬は主人が名前を呼んでいるのを聞くと，窓のところまで走って行った。
(2) アキコはかばんを盗まれ，すべてのお金を失った。
(3) やかんをレンジに置かないでください。

水はあまり残っていませんから。
(4)「何かご用でしょうか」「はい。この処方薬を調合してください」
(5) その映画は大変興奮するものだったので，私たちは昨晩眠れなかった。
(6) 学校の始まる前の日は，彼は大変興奮して寝ることができなかった。
(7) トムはスピード違反で免許停止になった。
(8) トムは今は何もすることがない。きっと彼は退屈していると思う。
(9) 冷蔵庫で何か腐っているのが臭いますか。
(10) あなたは眼科医に目の検査をしてもらうべきだ。

検討 (1)〈hear＋O＋分詞〉の構文とわかるので，可能性のある選択肢は calling か called。直前の名詞 its owner から its owner was calling という能動態の関係だとわかる。
(2)(7)(10)〈**have＋物＋過去分詞**〉「物を～してもらう・～される」 (2) Akiko was stolen では「アキコが盗まれる」という意味になってしまう。Her bag was stolen ならば可。
(3)〈**there＋be** 動詞＋名詞＋分詞〉の形。cf. There are some people **waiting** in front.（正面で待っている人々がいた） not much で部分否定「あまりない」。There isn't little water left. だと「水がほとんど残っていないことはない」→「水は残っている」となって不適。 (4)〈**get＋物＋過去分詞**〉「物を～してもらう・される」。
(5)(6) **exciting**「(人を)わくわく[興奮]させる」，**excited**「(人が)わくわく[興奮]した」。
(8) **boring**「(人を)うんざり[退屈]させる」，**bored**「(人が)うんざり[退屈]した」。
(9) 知覚動詞。〈**smell＋O＋-ing**〉「O が～しているのが臭う」。

テスト対策

感情を表す他動詞が形容詞化した分詞は基本的に，「物が～だ」という場合は現在分詞，「人が～させられた(＝している)」という場合は過去分詞。
interesting（おもしろい）
⇔ **interested**（興味がある），
tiring（骨の折れる）
⇔ **tired**（疲れている），
exciting（わくわくするような）
⇔ **excited**（わくわくしている），
disappointing（期待外れの）
⇔ **disappointed**（がっかりしている）

17 分詞構文

基本問題

本冊 *p. 69*

104

答 (1) **Entering the room**
(2) **Having a test tomorrow**
(3) **Flying to London**
(4) **Leaving the room**
(5) **Not knowing what to do**

全訳 (1) 部屋に入ると，みんながその事故について話していた。
(2) 明日テストがあるので，私たちは一生懸命勉強している。
(3) ロンドンへ飛行機で行く間，私はたくさんの映画を観た。
(4) 部屋を出るときには，必ずすべての電気を消してください。
(5) 何をしていいのかわからなかったので，私は黙っていた。

検討 (1)～(4) 副詞節の主語と主節の主語が一致しているので，副詞節内の動詞を分詞にして始めればよい。元の英文が進行形，受動態のときは **being** が省略され，現在分詞か過去分詞で始める。 (5) 副詞節が否定文なので Not で始める。

テスト対策

分詞構文と副詞節の関係は大切だが，作文などでは特に指示のない限り分詞構文を使う必要はない。まず，形を認識でき，意味がわかることを目標とする。

105-A

答 (1) **If, drive**
(2) **As[Because / Since], didn't**
(3) **While[When], walking**
(4) **Though[Although], admit**

全訳 (1) 注意深く運転すれば，ほとんどの事故は防ぐことができる。
(2) 十分なお金がなかったので，旅行に行かないことにした。
(3) 通りを歩いていて，リサとヒロが手をつないで歩いているところを見た。
(4) あなたの言うことは認めるが，それでも私は間違っていないと思う。

検討 分詞構文の意味をとるには，分詞構文の部分と主節の内容を考える。(1)「注意深く運転する」→「事故が防げる」 (2)「お金がない」→「旅行に行かないことにする」 (3)「通りを歩く」→「リサとヒロが手をつないで歩いているところを見る」 (4)「言うことを認める」→「それでも間違っていないと思う」

105-B

答 (1) **彼らは歌ったり叫んだりしながら，指導者がステージに登場するまで待った。**
(2) **彼は愛について話をしながら，人々に冷静さを保つように求めた。**
(3) **彼は多くの都市のたくさんの人々に話をしながら，国中を旅行した。**
(4) **「お会いできてうれしいです」と佐藤さんはほほえみながら私と握手をして言った。**

検討 Aと同じように分詞構文の部分と主節との関係を考える。すべて付帯状況「〜しながら」という意味で動作は同時に起きている。分詞構文は文頭，文中，文尾のいずれの場所でも可能。

106

答 (1) **Having got**
(2) **Never having[Having never] been**
(3) **Left alone** (4) **Seen from**

全訳 (1) 私は早く起きたので，大変疲れていた。
(2) 私は以前そこへ行ったことがなかったので，道に迷った。
(3) 赤ちゃんは1人にされると泣き出した。
(4) ここから見ると，その山はクマのように見える。

検討 (1) 副詞節が完了形の場合は，主語が同じであれば **Having** から始める。副詞節が受動態の場合は，主語が同じであれば過去分詞から始める。(2) lose one's way「道に迷う」。never は〈having＋過去分詞〉の前に置いても，having の後ろに置いてもよい。(3)〈leave＋O＋alone〉「〜を1人にしておく，〜をかまわずにおく」。(4) If it is seen from 〜と受動態にしてから考える。

107

答 (1) **It being** (2) **There being**
(3) **with her hair**
(4) **Generally speaking**
(5) **Judging from**

全訳 (1) 大変寒かったので，メイは外出しなかった。
(2) 反対がなかったので，彼らはその提案を受け入れた。
(3) ジェーンは髪の毛を風になびかせながらそこに立っていた。
(4) 一般的に，犬は飼い主に忠実だ。
(5) 彼の話し方から判断すると，彼はオーストラリア出身だと思う。

検討 (1) 副詞節の主語(it)と主節の主語(May)が異なるので，**It** を残して分詞構文にする。(2) 副詞節で形式的に主語の役割をしている there と主節の主語(they)が異なるので，**There** を残して分詞構文にする。(3)〈**with**＋名詞＋分詞〉の構文。分詞が現在分詞か過去分詞かは修飾する名詞との関係によって決まる。her hair **was waving** → her hair **waving** (4)(5) 分詞構文の慣用表現。〈the way＋S＋V〉で「〜の仕方」

応用問題 ・・・・・・・・・・・・・・・・・・・ 本冊 p. 71

108

答 (1) **Not having studied the map**
(2) **interested in that movie, my friends and I**
(3) **With so many people wasting energy**
(4) **making it impossible to drive**
(5) **Judging from the state of my uncle's clothes**

検討 (1) 完了形で否定の分詞構文。= As he hadn't studied the map, ...
(2) 受動態の分詞構文 = Since we were not interested in that movie, ...
(3) 〈**with**＋名詞＋分詞〉。so many people are wasting energy ... という関係を確認する。
(4) and を用いて書きかえられる分詞構文。... and it made it impossible to drive safely.
(5) 分詞構文の慣用表現。

109

答 (1) **her eyes closed**
(2) **with his arms**
(3) **with, running**
(4) **Considering**
(5) **permitting**

全訳 (1) 彼女は目を閉じて私の話を聞いていた。
(2) その老人は腕を組んで，ただそこに座っていた。
(3) 私は水を出しっぱなしにして台所を出た。
(4) 年齢を考慮すると，大統領は大変若く見える。
(5) 天気が許せば，私たちは川へ泳ぎに行くだろう。

検討 (1)～(3)〈**with**＋名詞＋分詞〉の付帯状況。(2)「腕を組んで」は crossing one's arms over one's breast. と表すこともある。
(4) = the president looks pretty young for his age（年の割には若く見える）
(5) 分詞構文の慣用表現。この形では weather の定冠詞 the が省略されることに注意。= if it is fine / if we have good weather

テスト対策

with を使う付帯状況は重要構文。
〈**with**＋名詞＋現在分詞〉「～が…している状態で」，〈**with**＋名詞＋過去分詞〉「～が…された状態で」。
修飾語句が形容詞や副詞，前置詞句の場合もある。
cf. With the children at school, I have more time for my hobbies.［前置詞句］
（子供たちが学校へ行くようになったので，私は趣味にあてる時間が多くなった）

18 助動詞

基本問題 ・・・・・・・・・・・・・・・・・・・ 本冊 p. 73

110-A

答 (1) よかったら，私の辞書を使ってもいいですよ。
(2) 地球温暖化を止めるために私たちに何ができるだろうか。
(3) 声を出して英語を読む練習を続ければ，あなたは英語力を向上させることができるでしょう。
(4) あなたは正しいかもしれないが，それでも私はそれはまちがいだと思う。

検討 (1) 許可「～してもよい」。if you like (to use it)「もしそうしたいのなら」。
(2) 可能。(3) can の未来表現は will be able to。(4) 推量「～かもしれない」。

テスト対策

助動詞の基本
- ３人称単数の s はつかない。
- 直後は常に動詞の原形。
- 否定文は助動詞に **not** をつけ，疑問文は be 動詞と同じく助動詞を前に出す。

110-B

答 (1) 長いこと歩いたので，あなたはお腹がすいているに違いない。

(2) カリフォルニアでは，子供たちは6歳から16歳まで学校に行かなければならない。

(3) 口に食べ物をいっぱい入れてしゃべってはいけない。

(4) 考える時間は十分にあります。急いで決める必要はありません。

検討 (1) 推定「～にちがいない」。(2) 義務。(3) 否定文で禁止。= Don't speak with your mouth full. (4) need は肯定文では不定詞を伴う動詞としての用法がふつう。need not で表すのは改まった表現。

110-C

答 (1) **ought** (2) **used** (3) **will** (4) **should**

全訳 (1) あなたは公共の場で喫煙は許されるべきだと思いますか。

(2) 昔はよく読書を楽しんだが，今はその時間がない。

(3) 天然ゴムは引っ張られると簡単に伸びる。

(4) 環境を守るために行動することは重要だ。

検討 (1) 義務。 (2)「以前は～だった」「今は違う」の意味を含んでいる。(3) 習性・傾向。(4)〈It is important[natural, necessary, essential, surprising, strange, sorry] that S **should** ...〉の形。形容詞は驚き・必要などを表す語。名詞の場合もある。cf. (It's) a pity (that) you **should**[**must**, **have to**] go home so soon.（もうお帰りにならなくてはいけないとは残念です）

110-D

答 (1) **cannot**[**can't**] (2) **may** (3) **as well**

全訳 (1) 本を選ぶときにはどんなに注意しても注意しすぎることはない。

(2) 彼は自分の才能を誇りに思うのももっともだ。

(3) それに興味があったら，挑戦するほうがよい。

検討 (1)〈**cannot**[**can't**] ～ **too** ...〉「いくら～してもしすぎることはない」(2)〈**may well** ～〉「～するのももっともだ」(3)〈**might**[**may, could**] **as well** ～〉「～するほうがよい」 give it a try「やってみる」

111

答 (1) **don't have to** (2) **must not** (3) **ought** (4) **would** (5) **Would**

全訳 (1) 今決める必要はない。ゆっくり考えなさい。

(2) いい仕事に就きたかったら，履歴書でスペルミスをしてはいけない。

(3) 医師は私は旅行をあきらめるべきだと言った。

(4) ジョンはオックスフォードに住んでいたときに，よく私の所に遊びに来た。

(5) リッツホテルまでの道を教えていただけますか。

検討 (1)〈**don't have to** ～〉「～しなくてもよい」 take one's time「ゆっくりやる」(2)〈**must not** ～〉「～してはならない」(禁止) (3) 直後に to があるので ought を選ぶ。(4) would はしばしば often を伴い，過去の習慣を表す。(5) Would you ～? は丁寧な依頼。他に Will, Could, Can なども可。

112

答 (1) **shouldn't have** (2) **cannot** (3) **must have broken** (4) **ought to have sent**

全訳 (1) そのスープは大変塩辛い。あんなに塩を入れるべきではなかった。

(2) 昨日，奈良でケンを見たはずがない。彼はまだスコットランドにいる。

(3) 私たちが外出中にだれかが家に押し入ったに違いない。

(4) その小包は速達で送るべきだった。

検討 (1)〈**should**＋完了形〉「〜すべきだった」。(2)〈**cannot[can't]**＋完了形〉「〜したはずがない」。過去を示す yesterday があるので，過去に対する推量だと判断する。(3)〈**must**＋完了形〉「〜したに違いない」。while we were away「外出中に」と過去を示す副詞節があるので，過去に対する推定。(4)〈**ought to**＋完了形〉「〜すべきだった」。実際には「しなかった」という意味が伴う。

テスト対策

助動詞の完了形は助動詞の項目では最重要。文脈に応じて表現できるようにする。

- 〈**should**＋完了形〉「〜すべきだったのに(しなかった)」,〈**should not**＋完了形〉「〜すべきではなかったのに（してしまった)」には，過去に実際にしなかった[した]ことに対する後悔・非難の気持ちが伴う。
- 〈**need not**＋完了形〉「〜する必要はなかったのに(してしまった)」には，過去に実際にしたことに対する後悔・非難の気持ちが伴う。

cf. You needn't have gone there.
(あなたはそこに行く必要はなかったのに〔行ってしまった〕)

応用問題 ••••••••••••••••••••• 本冊 *p.* 75

113

答 (1) **be able to** (2) **well**
(3) **only to** (4) **have to**
(5) **have done** (6) **must have**
(7) **may[might]** (8) **cannot[can't]**

全訳 (1) あなたなしでは生きていけない。
(2) トムが怒るのも無理もない。
(3) あなたは本当のことを言いさえすればよい。
(4) あなたは今夜は残業をする必要はない。
(5) 彼は最善をつくすべきだった。
(6) ジェーンのオフィスは鍵がかかっている。彼女は帰宅したに違いない。
(7) 彼女は遅い。いつものバスに乗り遅れたのかもしれない。
(8) 彼女がそんなことをしたはずがない。

検討 (1) can の未来表現は will be able to。(2) have good reason to 〜「〜するだけの十分な理由がある」→ **may well** 〜「〜するのも無理もない」。(3) All you have to do is 〜「あなたのすべきことのすべては〜だ」→「〜だけすればよい」= **have only to** 〜[**only have to** 〜] (4) It is not necessary for you to 〜「あなたが〜する必要はない」= **you don't have to** 〜 (5) It is not good that he didn't 〜「彼が〜しなかったことはよくない」→「〜すべきだった」=〈**ought to** ＋完了形 / **should** ＋完了形〉 (7) her usual bus「彼女がいつも乗るバス」 (8) It is impossible that 〜「〜だなんてありえない」→「〜したはずがない」=〈**cannot[can't]** ＋完了形〉

114

答 (1) **dare** (2) **may[might]**
(3) **must** (4) **cannot[can't]**

全訳 (1) 彼は彼女に話しかける勇気がない。
(2) だれも電話に出ない。彼らは外出しているかもしれない。
(3) くもってきている。すぐに雨が降るにちがいない。
(4) 郵便局を見つけるのは簡単です。見のがすはずはありませんよ。

検討 文脈を正確に理解すること。助動詞は互いに意味が重なる部分が多い。 (1)「〜する勇気がない」=「あえて〜しない」。(2) 確信の弱い推量。(3) 強い確信のある推定。(4) 推定の **must**「〜にちがいない」が否定形になった **cannot[can't]**「〜のはずがない」。問題文はほぼ決まりきった表現。

19 名詞・冠詞

基本問題 ・・・・・・・・・・・・・・・ 本冊 p. 77

115-A

答 (1) **boys**：(b)　(2) **boxes**：(c)
(3) **potatoes**：(b)　(4) **books**：(a)
(5) **leaves**：(b)　(6) **teeth**
(7) **women**　(8) **children**
(9) **babies**：(b)　(10) **houses**：(c)

検討 (1)(4)(10) **-s** をつける名詞。(2)(3) **-es** をつける名詞。(9) 語尾の **y** を **i** にかえて **-es** をつける名詞。(5) 語尾の **f**，**fe** を **v** にかえて **-es** をつける名詞。(6)(7)(8) 不規則変化をする名詞。

115-B

答 (1) **fish**　(2) **trains**
(3) **passers-by**　(4) **Japanese**
(5) **cloth**　(6) **Romeo's, Juliet's**
(7) **girls'**　(8) **uncle's**
(9) **minutes'**

全訳 (1) 玉川ではたくさんの魚が釣れますか。
(2)「駅」とは人々が電車を乗り換えることができる場所だ。
(3) 警察は通行人に事故を見たかどうか聞いた。
(4) 多くの日本人が新聞でその事故について知った。
(5) 私は赤い布を探して，リボンを作った。
(6) ロミオの友人の1人がジュリエットのいとこに殺された。
(7) あなたの学校には女子ホッケーチームがあるのですね。
(8) 私たちは来週の日曜日におじの家でパーティーを開くつもりだ。
(9) 数分歩けば公園に着きますよ。

検討 (1) 通例，群れをなしている動物や魚の複数形は単数形と同じ。(2) change trains「電車を乗り換える」は複数形の名詞を含む熟語。他に **make friends with** ～「～と友達になる」など。(3) passers-by のような形の複数形になる名詞には，他に father-in-law「義父」，looker-on「見物人」などがある。(5) cloth は「布地」という意味では数えられない名詞，「布切れ」という意味では数えられる名詞で，複数形は cloths。また，clothes は独立した語として扱われ，「衣類」という意味で複数扱い。(6) 人を表す名詞の所有格は -'s (アポストロフィ s) をつけてつくる。(7) -s で終わる複数名詞は最後にアポストロフィだけをつける。(8) my uncle's のように後ろの名詞 (house) が省かれた用法を，独立所有格と言う。(9) minutes' のように〈無生物+**'s**〉で所有格を表すことがある。長さ・時間・重さを表す名詞が代表的。cf. **a pound's** weight「1ポンドの重さ」，**ten days'** absence「10日間の不在」

テスト対策
- その他の主な不規則変化の名詞
  foot — feet「足」，**mouse — mice**「ネズミ」，**ox — oxen**「雄牛」
- その他の主な単数と複数が同じ形の名詞
  sheep「羊」，**deer**「シカ」，**carp**「コイ」，**salmon**「サケ」，**Chinese**「中国人」，**means**「手段」，**species**「種(しゅ)」

116-A

答 (1) **class**　(2) **classes**　(3) **were**
(4) **has**　(5) **peoples**

全訳 (1) クラス全員が文化祭のために同じTシャツを着ていた。
(2) 私の高校では，すべての授業が英語で教えられている。
(3) 警察は泥棒を逮捕できた。
(4) 私の家族は屋根に太陽光パネルを設置したところだ。
(5) 異なった国家と異なった民族は，異なった方法で平和という目的に向かうだろう。

検討 (1) class「クラスの生徒たち」は集合名詞で，**1**つのまとまった単位と考える場合は単数扱い。**1**人**1**人を重視する場合は複数扱いにする。(2) class「授業」は1時間，2時間という具体的な意味では数えられる名詞。抽象的な意味では数えられない名詞。cf. in class「授業中に」 (3) police は集合名詞で常に複数扱い。(4) 家族は集合名詞で，1つの単位として考える場合は単数扱い。
(5) people は「人々」という意味では常に単数形で複数扱いだが，「国民・民族」という意味では複数形で -s をつける。

116-B

答 (1) **piece** (2) **sheet**
(3) **some information**
(4) **an Einstein**
(5) **some bread, some sandwiches**

全訳 (1) ブライアンはチョークを持って，黒板に書き始めた。
(2) 彼女はいつも白紙の紙に何か絵を描いている。
(3) 列車の情報をいただきたいのですが。
(4) スティーヴン・ホーキングは車椅子に乗ったアインシュタイン(のようなすばらしい科学者)と呼ばれることがある。
(5) 私はサンドイッチを作りたかったので，少しパンを買わなければならなかった。

検討 (1)(2) 物質名詞を数えるときには容器・重さなどの計量単位を用いる。cf. a teaspoonful of sugar「ティースプーン1杯の砂糖」，250 grams of butter「250グラムのバター」，two bottles of wine「瓶2本のワイン」。
(3) 日本語では数えられそうな，紛らわしい名詞。他に **furniture**「家具」，**advice**「助言」など。 (4) 固有名詞を「〜のような人物・物」「〜の製品・作品」という意味で使う場合，普通名詞化して a [an] がつく。どんな人物・物か，聞いた人も知っている必要がある。cf. a Toyota「トヨタ車」，a Kleenex「クリネックス(＝ティッシュペーパー)」
(5) bread は種類に言及するときは複数形になるが，「パン」という意味では数えられない名詞。数える場合は a loaf [roll, slice, piece] of bread「パン1本 [1個，1枚，1切れ]」。sandwich は数えられる名詞。

117

答 (1) (d) (2) (a) (3) (c) (4) (b)

全訳 (1) 昔々，ある村にかわいい女の子が住んでいました。
(2) 私は夏用のジャケットを1着買いたい。
(3) 同じ羽の鳥は一緒に集まる。
(4) 私たちは1日に15回ぐらい笑う，という人もいる。

検討 (1) 初めて話題に出てくる名詞につける。「ある〜」と訳すか，訳さないことも多い。
(2)「1つの」 (3)「同一の」。ことわざで，「類は友を呼ぶ」の意味。 (4)「〜につき」

118

答 (1) **such a good photographer**
(2) **all the other**
(3) **too honest a boy**

全訳 (1) 私はあなたが写真を撮るのが上手なので驚いている。
(2) 私たちはチャーリーや他のすべての登場人物が好きです。
(3) 彼は大変正直な少年なので，嘘をつけない。

検討 (1)〈**such**＋**a [an]**＋形容詞＋名詞〉の語順になる。 (2)〈**all**＋**the**＋名詞〉の語順になる。 (3)〈**too**＋形容詞＋**a [an]**＋名詞〉の語順になる。

テスト対策

冠詞の位置は語順，誤った箇所を含む英文などの頻出項目。
- 〈**such [half, many, quite, rather, what]**＋**a [an]**＋形容詞＋名詞〉
- 〈**all [both, double, half]**＋**the**＋名詞〉
- 〈**so [as, how, too]**＋形容詞＋**a [an]**＋名詞〉

応用問題 本冊 p. 79

119

答 (1) **importance** (2) **use**

(3) **ease** (4) **heavy rain**

全訳 (1) その問題は大変重要だ。
(2) この情報は彼には役立つだろう。
(3) 日本に住んでいるほとんどの欧米人は箸を簡単に使っている。
(4) 私たちは大雨のために遅れた。

検討 (1)(2)〈**of**＋抽象名詞〉は形容詞。
cf. a man of ability (= an able man)
(3)〈**with**＋抽象名詞〉は副詞。cf. with care (= carefully)
(4) 節(because it rained heavily)を句(because of the heavy rain)に転換している。動詞→名詞，副詞(heavily) → 形容詞(heavy)の関係に注意する。

120

答 (1) **furnitures → pieces of furniture**
(2) **are → is**
(3) **friend → friends**
(4) **a your friend → your friend[a friend of yours]**
(5) **many advices → much advice[many pieces of advice]**
(6) **his → the**
(7) **a rich and a poor → the rich and the poor**
(8) **a quite few → quite a few**
(9) **by the bus → by bus**
(10) **play the tennis → play tennis**

全訳 (1) あなたのアパートには家具がいくつありますか。
(2) 私の大好きな科目は数学だが，物理はむずかしすぎる。
(3) 私は昨夜のパーティーで外国の人と友達になった。
(4) 私はあなたの友人が来るまで待つつもりだ。
(5) 私の先生は私の発表のあと，あまり助言をくれなかった。
(6) 父は私に，彼の目を見て言うことを聞くように言った。
(7) その国では金持ちと貧しい人々に大きな格差がある。
(8) 私はSF映画に関するたくさんの本を持っている。
(9) 私は引っ越す前はバスで学校に通っていた。
(10) 私は土曜日に友だちとテニスをするつもりだ。

検討 (1) furniture は数えられない名詞。
(2) physics「物理」は s で終わる名詞だが常に単数扱い。単数に扱う複数形(学問・病名)は他に linguistics「言語学」, statistics「統計学」, economics「経済学」, measles「はしか」など。(3) **make friends with**「～と友達になる」という慣用表現。 (4) 冠詞は my や your などの人称代名詞の所有格と同時には使わない。(5) advice は数えられない名詞。 (6) 身体の一部分に the をつける表現。cf. strike me on **the** head「私の頭をなぐる」, hold the child by **the** hand「その子の手をつかむ」, kiss her on **the** forehead「彼女の額にキスをする」。
(7) **the rich** で「金持ち」= rich people, **the poor** で「貧しい人々」= poor people の意味。(8) **quite a few**「かなりたくさんの」。 (9)〈by＋交通・通信の手段を表す名詞〉は無冠詞。cf. by air「飛行機で」, by telephone「電話で」。(10) スポーツ・科目は無冠詞。楽器の場合は定冠詞がつく。
cf. play the piano

20 代名詞

基本問題

本冊 *p. 81*

121

答 (1) **me** (2) **I** (3) **us** (4) **ours** (5) **it**

全訳 (1) ここだけの話だけど，ジェーンを好きになったんだ。
(2) 友人たちと私は文化祭について話し合った。
(3) 私は全員を代表して感謝申し上げたい。
(4) 私たちのこの現代においてもまだ，神秘的なことはある。
(5) ロンドンからエディンバラまではどのくらいの距離ですか。

検討 (1) 前置詞 between の目的語。前置詞の目的語の代名詞は目的格になる。between you and me「ここだけの話だが」は慣用表現。 (2) 主語なので主格の I。 (3) 前置詞 of の目的語なので目的格。on behalf of ～「～の代表として」 (4) age of ours = our age。 (5) 距離を表す it。

122

答 (1) ジェフは昨日サッカーをしていてけがをした。
(2) 私は自由な時間を自分1人だけで過ごす方法がわからなかった。
(3) 彼は村人たち自身にパイナップルを栽培し続けてほしかった。
(4) どうぞ好きなだけクッキーを召し上がってください。
(5) ジムの母は彼を行儀よくするように説得した。

検討 (1) 再帰代名詞の再帰用法。
(2) **by oneself**「1人で」= **alone**。
(3) 再帰代名詞の強意用法「自分自身で」。
(4) **help oneself to** ～「～を自由にとって食べる[飲む]」
(5) **behave oneself**「行儀よくする」

テスト対策
〈その他の再帰代名詞を含む表現〉
wash oneself「体を洗う」,
enjoy oneself「楽しむ」,
come to oneself「正気に戻る」,
say to oneself「心の中で思う」,
talk to oneself「ひとりごとを言う」
など。

123

答 (1) **Who** (2) **what** (3) **Whose**
(4) **Which** (5) **What**

全訳 (1)「どちらさまですか」「メイです」
(2) あのね，私はブリティッシュ・ロックが好きなんだ。
(3)「これらはだれのものですか」「私の両親のものです」
(4) 友達の声を聞くのと，メールを読むのとどちらがよりいいですか。
(5) その本をどう思いますか。おもしろいですか。

検討 (1) 電話の応答の表現。 (2) 相手への呼びかけの慣用表現。「あのね」。 (3) Whose は「だれのもの」。答えの They belong to my parents. がヒント。= They are my parents'. (5)「どう思う？」は × How do you think ～? ではなく，**What** do you think ～?。

124

答 (1) **Some** (2) **any**
(3) **ones** (4) **other, one**
(5) **One, The other** (6) **the others**

全訳 (1) 彼女のスピーチは聴衆を大変感動させたにちがいない。中には涙を流す人もいた。
(2) 私が何か飲み物を手に入れられる場所をご存じですか。
(3) 私たちはふつう，古い靴が合わなくなると新しい靴を買う。
(4)「このセーターの違う色のものはありますか」「赤と薄い青色があります」
(5) 2つのゴミ箱がある。1つは可燃物用で，もう1つは不燃物用である。
(6) 彼らには4人の息子がいる。1人は医師で，残りは全員教師だ。

検討 (1) some は肯定文に用いる。 (2) any は否定文・疑問文・条件文の中で用いる。
(3) ones = shoes (4) **another**「別の」は単数形と共に用い，**other**「他の」は複数形と共に用いる。one = a sweater
(5)〈**one ～ the other ...**〉「(**2**つのうち) **1**つは～，他方は…」
(6)〈**one ～ the others ...**〉「(**3**つ以上のうち) **1**つは～，残り全部は…」

テスト対策

one, other, another については，次のようなつながりも学習しておく。

- 〈**some ～, the others ...**〉
  「いくつかは～，残り全部は…」

cf. **Some** of them could understand Chinese, but **the others** couldn't.
（何人かは中国語がわかったが，残りの人は理解できなかった）

- 〈**some ～ others ...**〉
  「～もあれば…もある」

cf. **Some** say it is right while **others** say it is wrong.（ある人は正しいと言い，ある人は間違っていると言う）

125

答 (1) **have, has** (2) **None**
(3) **both** (4) **is**
(5) **Each** (6) **is, others**
(7) **other** (8) **on the other hand**

全訳 (1) 私は，私たち皆には1つ共通する点があると感じ始めた。すなわち，私たち1人1人には生きる命は1つしかないことだ。
(2) 生徒はだれもその質問に答えることができなかった。
(3) 私の姉[妹]も私も高い所が怖いので，2人とも飛行機に乗るのが大嫌いだ。
(4) それは英語で書いても日本語で書いてもいいです。どちらでも結構です。
(5) 3人の出場者がそれぞれ，賞を獲得した。
(6) 私たち1人1人はお互いに異なっている。
(7) フミコとタケシはずっと互いに愛し合い，信頼し合っている。
(8) 私は一方では緑茶が大嫌いだが，一方それは体にはいいかもしれない。

検討 (1) **all** は「人」や数えられる名詞を表すときは複数，「物・事」を表すときはふつう単数扱い。**each**「めいめい(の)」は単数扱い。(2) **None** はそれに続く名詞が数えられる名詞であっても単数・複数両方可。 cf. None of us care[cares] what happens to him.（彼がどうなろうと私たちはだれも気にしていない） (3) **both** は複数扱い。(4) **Either**「(2つのうち)どちらか一方(の)」は単数扱い。(5) every は形容詞用法のみ。(6) **Every** は単数形の名詞につき単数扱い。(7) **each other**「お互い(に)」。3者以上で「互い」という意味では one another という表現もある。(8) on the other hand「他方では」不定代名詞の慣用表現。

応用問題 本冊 *p. 83*

126

答 (1) **that** (2) **some**
(3) **yourself** (4) **Any**
(5) **It** (6) **Those**
(7) **another** (8) **every**
(9) **one, another** (10) **all**

全訳 (1) 飛行機の速度は車より速い。
(2)「アイスクリームはいかがですか」「結構です。ダイエット中です」
(3) あなたは自分でそれができる。
(4) どんな紙でもいいです。ちょっと書きとめたいだけですから。
(5) ビートルズが解散してから40年以上になる。
(6) グループに入りたい人はそのようにできる。
(7) 英語を読むことと，それを話すことは別問題だ。
(8) すべての日本の漫画が単純で幼稚だというわけではない。
(9) 子供たちが次から次へと入ってきた。
(10) 申し訳ありませんが，私たちは結局行かないことにしました。

検討 (1) 1度出た名詞(the speed)のくり返しを避けるための that。(2) 肯定の答えを期待したり，物をすすめたりする場合は疑問文でも some を用いる。(3) by oneself「1人で」(4) 肯定文の any は「どんな～でも」。do は自動詞で「間に合う」。(5) 時を表す it。(6) those who ～ = people who ～「～な人々」。(7)〈**A is one thing, and B is another.**〉「AとBとは別のことである」。

cf. Hearing is one thing, and seeing is another.（聞くと見るとでは大違いだ）
(8) **every**, **all**, **both** が否定語と共に用いられると，部分否定を表す。cf. **Not all** rich people live in luxury.（金持ちが皆ぜいたくに暮らしているとは限らない）
(9) **one after another** は「次々に」の意味の慣用表現。(10) **after all** は「結局」の意味の慣用表現。

127

答 (1) **one another**
(2) **On the other hand**
(3) **First of all** (4) **After all**
(5) **every other**

全訳 (1) 親と子供は互いにもっと頻繁に話し合う必要がある。
(2)「そこまで車で行きましょうか，それとも電車ですか」「電車のほうが速いね。でも車のほうが安い」
(3) これの使い方を説明させてください。まずこのボタンを押してください。
(4) 結局意志に反して，私は彼の提案を受け入れなければならなかった。
(5) 私はほぼ1日おきに彼女に電話をする。

検討 (1) **one another**「互い(に)」。(2) **on the other hand**「他方では」。(3) **First of all**「まず最初に」。(4) **After all**「結局」。(5) **every other** ～「～おきに」。cf. Write on every other line.（1行ずつ空けて書きなさい）

テスト対策

〈不定代名詞のその他の慣用表現〉
- **(in) one way or another**
「どうにかして」
cf. This is a tough job but I'll get it done one way or another.
（難しい仕事だが，何とかやるよ）
- **above all**「とりわけ」
cf. We can expect a lot the new employee. —Above all, she has the experience to do the job.
（今度の新人は期待できるね一何と言ってもその仕事の経験者だからね）

21 比較 (1)

基本問題 本冊 p. 85

128-A

答 (1) **bigger, biggest**
(2) **bad / ill / badly, worst**
(3) **more expensive, most expensive**
(4) **less, least** (5) **far, further**

検討 (1) 1音節の語と2音節の語の一部（cf. clever, early）の比較級は **-er**, **-est** をつける。「短母音＋子音字」で終わる語は，子音字を重ねて -er, -est をつける。cf. hot — hotter — hottest (2) bad（悪い），badly（悪く），ill（病気の・悪く）の不規則変化。
(3) 2音節の語の大部分と3音節以上の語は **more**, **most** をつける変化をする。
(4)(5) little, far は不規則変化。

128-B

答 (1) **wider, longer, heavier**
(2) **famous** (3) **easier**
(4) **hottest** (5) **cold**
(6) **busiest, most important**

全訳 (1) 彼のスキーは平均的なスキーより幅が広く，長く，重い。
(2) イタリアはフランスと同じくらい食べ物で有名だ。
(3) スピーチをすることはあなたが考えているより簡単だ。
(4) 1月はシドニーでは1年で最も暑い月だ。
(5) 今日は昨日ほど寒くない。
(6) ブラウン医師はニューヨークで最も多忙で，重要な医師の1人だ。

検討 (1) 直後の than から比較級だと判断で

きる。「子音字＋y」で終わる語はyをiに変えて -er, -est をつける。(2)〈**A ... as＋原級＋as B**〉「AはBと同じくらい～」。
(3) 直後のthanより比較級。(4) 直前のthe, 続く語句of the yearから最上級だと判断できる。(5)〈**A ... not as[so]＋原級＋as B**〉「AはBほど～でない」。(6)〈**one of the＋最上級＋複数名詞**〉で「最も～な人[物]の**1**つ」という表現。

129

答 (1) **Which is faster, by taxi**
(2) **as many problems as you can**
(3) **my father got home later than usual**
(4) **is the best person that**
(5) **The book was more interesting than I had expected.**

検討 (1) by taxiとby trainを比べる比較級。
(2)「同じくらい～」という表現で，比べる物が名詞の数量の場合は〈**as many[much]＋名詞＋as**〉の語順になる。(3) lateは意味によって変化が異なる語。**later / latest**（時間が遅い[遅く]）；**latter / last**（順序が遅い[遅く]）。ここでは時間が遅い。
(4) goodの最上級はbest。(5) **than＋S＋expected[thought, imagined]**「思っていたより」。ここでは過去とそれより前のことを比較しているので，過去完了になる。

130

答 (1) **by** (2) **younger**
(3) **less happy** (4) **superior**
(5) **prefers**

全訳 (1) 彼は私より5センチ背が高い。
(2) 私のおばは見かけほど若くない。
(3) 彼女は以前ほど幸せではない。
(4) 彼女は夫よりテニスが上手だ。
(5) ナツミはアイスクリームよりケーキが好きだ。

検討 (1)「～だけ…だ」数量の差を表す表現。
(2)〈**A ... not as[so]＋原級＋as B**〉「AはBほど～でない」→〈**B ... 比較級＋than A**〉「BはAより～だ」(3)(2)と同じ原級→比較級の書きかえだが，**less**を使った表現。＝She used to be happier than she is.
(4) **superior**「より優れた」はthanでなくtoを伴う特別な形容詞。
(5) **prefer**は「～より好きだ」ともともと比較の意味が含まれている動詞。〈**prefer A to B**〉「BよりAが好きだ」。

テスト対策
〈比較級＋toを用いる形容詞〉
senior to「年上の」, **junior** to「年下の」, **superior** to「より優れた」, **inferior** to「より劣った」, **prefer** to ～「～のほうを好む」など

131

答 (1) **third** (2) **lowest** (3) **of** (4) **in**

全訳 (1) 大阪は日本で3番目に大きな都市だ。
(2) シンガポールは犯罪発生率が世界で最低の国の1つだ。
(3) この映画は今シーズンの映画では最も印象的だ。
(4) 彼の娘はこの学校で一番歌がうまいに違いない。

検討 (1)〈**the＋序数詞＋最上級＋名詞**〉「何番目に～な…」。(2)〈**one of the＋最上級＋複数名詞**〉「最も～な…の**1**つ」。(3)(4) 最上級の後の前置詞が**of**であれば複数扱いの名詞が，**in**であれば単数扱いの名詞が来る。

応用問題 本冊 p. 87

132

答 (1) d (2) c (3) a (4) b (5) d

全訳 (1) 5つのバイオリンの中では，これが最も安い。
(2) 遅れてすみません。あなたの家は思っていたよりはるかに遠いです。
(3) フロリダで最も興味深い場所の1つはオ

ーランドだ。
(4) 日本の学校にはアメリカの学校よりはるかに多くの規則がある。
(5) 私たちは肉と同じくらい米を食べるべきだ。

検討 (1) Of all ...「すべての…の中で」から最上級を予測する。「最も安い」は the least expensive。(2) 直後の than から比較級が入る。far「遠い」の比較級は farther / further だが，距離に言及するときは farther が用いられる。(3)「最も〜なものの1つ」は〈**one of the**＋最上級＋複数名詞〉となる。(4)〈**many more**＋数えられる名詞（複数形）〉で「さらに多くの〜」という表現。(5) as 〜 as に名詞が入る場合は〈**as many [much]**＋名詞＋**as**〉の語順になる。rice は数えられない名詞なので，much がつく。

133

答 (1) **cuter → more cute**
(2) **cleverest → the cleverer**
(3) **one → that**
(4) **large → largest**
(5) **activity → activities**
(6) **less → fewer**
(7) **from → to**
(8) **last → latest**
(9) **more better → (much) better**
(10) **the by far → by far the**

全訳 (1) フィオーナは美しいというよりかわいい。
(2) ジョンは2人の中では頭がよいほうだ。
(3) 私の車のデザインは彼のものよりすぐれている。
(4) インドは世界で2番目に人口の多い国だ。
(5) 時間を測るのは人類の最も古い活動の1つである。
(6) 現在では女性は以前ほど子供を生まない。
(7) 私の姉のジェーンは私より4歳年上だ。
(8) 最新の情報はウェブサイトで得ることができる。
(9) ユキはサオリよりダンスが（ずっと）上手だ。
(10) ノゾミはクラブで抜群にダンスが上手だ。

検討 (1) 同じ人・物の異なった性質を比べるときは，-er をつけて比較級をつくる語でも more 〜 than ... の形にする。「…というよりはむしろ〜」 (2)〈**the**＋比較級＋**of the two**〉「**2つのうちの〜のほう**」。比較級に the がつき，of 〜 が基本的に伴う。
(3)〈the＋名詞〉のくり返しは one ではなく that。(4)〈the＋序数詞＋最上級〉「何番目に最も〜」(5)〈**one of the**＋最上級〉に続く名詞は複数形。(6) less は little の比較級で，数えられる名詞の前では用いない。fewer を代わりに用いる。(7) senior to me「私より年上」= older than I。(8) last は「最後の」，latest は「最新の」 (9) better が比較級なので，more は前で用いない。(10) 最上級の強め「抜群に」は〈**by far**＋**the** 最上級〉。

22 比較 (2)

基本問題 本冊 *p. 89*

134-A

答 (1) **as soon as**
(2) **three times, many**
(3) **not so much**
(4) **as, as any**
(5) **The more, the more**
(6) **smaller, smaller**
(7) **no more [longer]**
(8) **no less than / as much as**

全訳 (1) 贈り物をもらったら，できるだけ早く手紙を書くべきです。
(2) ビルは私の3倍の DVD を持っている。
(3) 彼は教授というより政治家だ。
(4) 彼女はクラスのどの生徒にも劣らず英語を流ちょうに話す。
(5) 英語を勉強すればするほど，おもしろいと思うようになった。
(6) 世界はますます小さくなり，様々な国の文化がますます似通ってきている。
(7) ジョンはもう子供ではないのだから1人で

そこに行くべきだ。
(8) その絵画を購入するのに，彼は100万ドルも払った。

検討 (1)〈**as ～ as possible**〉「できるだけ～」。(2)〈**... times as ～ as**〉「－の…倍～」。(3)〈**not so much A as B**〉「**A**というよりはむしろ**B**」。(4)〈**as ～ as any**〉「だれ[どれ]にも劣らず～」。(5)〈**the＋比較級 ～, the＋比較級 ...**〉「～すればするほど，ますます…」。(6)〈**比較級＋and＋比較級**〉「ますます～，だんだん～」。(7) **no longer**「もはや～ない」。(8) **no less than**「～も」＝ as much as。

テスト対策

〈比較級の他の慣用表現〉
much less ～「まして～ない」
＝ **still less** ～
the **upper** class「上流階級」
the **higher** education「高等教育」

134-B

答 (1) 桜の花は今が盛りだ。
(2) ビタミンDは体がカルシウムを最大限に利用するのを助ける。
(3) 彼女は音楽家なんかではない。
(4) あなたはいつでも最善をつくすべきだ。
(5) ガソリン1リットルでこの車は少なくとも20キロは走るだろう。

検討 (1) **at one's best**「最高の状態で」。(2) **make the most of** ～「～をできるだけ利用する」。(3) **not ～ in the least**「少しも～ない」。(4) **do one's best**「全力をつくす」。(5) **at least**「少なくとも」。

テスト対策

〈最上級の他の慣用表現〉
make the best of ～「～を最大限利用する；がまんしてやっていく」
at best「せいぜい」
cf. **At best** he'll get 1,000 votes.
（彼の取れるのはよくて1,000票でしょう）

応用問題 本冊 p. 90

135-A

答 (1) **much** (2) **only**
(3) **any, mountain**
(4) **No other** (5) **the most**

全訳 (1) 彼は私に50ドルもくれた。
(2) 私は駅に着いたときには2000円しか持っていなかった。
(3) エベレスト山は世界のどの山より高い。
(4) この新型機械ほど強力な機械はない。
(5) これは今まで見たうちで最も美しい日の出だ。

検討 (1)〈**no less than ～**〉「～も」＝〈**as much[many] as ～**〉(2)〈no more than ～〉「たった～だけ」＝ **only** (3) 最上級の内容を表す構文。＝ No other mountain is higher than[as high as] Mt. Everest.
(4) 最上級の内容を表す構文。＝ The new type of machine is more powerful than any other machine.
(5) 最上級の内容を表す構文。

テスト対策

no more than ⇔ no less than, **not more than ⇔ not less than** は紛らわしいので，きっちり整理しておく。
- **no more than 10**
  「たった10だけ」(＝ 10)
- **no less than 10**「10も」(＝ 10)
- **not more than 10**
  「せいぜい10」(≦ 10)
- **not less than 10**
  「少なくとも10」(≧ 10)

135-B

答 (1) **She has twice as many DVDs as I (have). / She has twice the number of DVDs that I have[do].**
(2) **Time is the most precious thing.**
(3) **The beautiful shrine is the**

oldest building in my hometown.
(4) **The older you get, the more difficult it becomes to get enough sleep.**

全訳 (1) 彼女は私の倍のDVDを持っている。
(2) 時間は一番大切なものだ。
(3) その美しい神社が，私の生まれ故郷では最も古い建物だ。
(4) 年をとればとるほど，十分な睡眠をとることが難しくなる。

検討 (1) 倍数表現。〈倍数詞＋**as**＋形容詞＋**as**〉＝〈倍数詞＋**the**＋名詞＋**of**〉 (2) (3) 135-A (3) (4)に同じ。 (4) 〈the＋比較級～，the＋比較級 ...〉「～すればするほど，ますます…」

テスト対策
倍数表現の言いかえはきわめて重要。
〈倍数詞(**twice**, **three times ...**)＋**as**＋原級＋**as**〉
＝〈倍数詞＋比較級＋**than ...**〉
＝〈倍数詞＋**the**＋名詞＋**of ...**〉
この表現にするには次のような形容詞と名詞の関係を覚えておくこと。cf. **many — number**, **much — amount**, **tall — height**, **wide — width**, **long — length**, **deep — depth**

136

答 (1) d (2) a (3) b (4) c (5) b

全訳 (1) 彼は以前，朝大変早くに起きていたが，もうそういうことはない。
(2) その赤ちゃんは歩くことさえできない。ましてや走ることはできない。
(3) 彼女は私の倍稼いでいる。
(4) 私の兄[弟]は私の3倍のお金を持っている。
(5) 山を高く登れば昇るほど，息をするのが難しくなる。

検討 (1) he doesn't get up early any more in the morning の省略されたもの。(2) 否定文のあとの much less。(3) (4) 倍数表現〈... times as ～ as〉「―の…倍～」だが，名詞が入る場合の語順に特に注意する。(5)〈the＋比較級～, the＋比較級 ...〉 cf. As we climb higher up the mountain, it becomes more difficult to breathe.

137

答 (1) **There is nothing more interesting than the Internet.**
(2) **realized that the more I studied, the more I had to**
(3) **no more than one hundred meters**
(4) **more able to read Japanese classics than I**
(5) **three times as much wine as her husband**
(6) **not so much a singer as**

検討 (1) nothing を用いた最上級の表現。
＝The Internet is the most interesting.
＝The Internet is more interesting than anything else. (2)〈the＋比較級 ～, the＋比較級 ...〉。この英文に習熟するには，まず I studied more. I had to learn more. という2つの英文を考えてから，比較級の部分に the を加えて，それぞれの文頭に置く練習をするとよい。(3)〈no more than〉＝only「たった」 (4)〈**no more ～ than ...**〉「…でないのと同様に～でない」 cf. A whale is no more a fish than a horse is.（クジラが魚でないのは馬が魚でないのと同じことである）＝A whale is not a fish any more than a horse is. (5) 倍数表現。名詞の位置に注意する。(6)〈**not so much A as B**〉「**A**というよりむしろ**B**」

23 関係代名詞

基本問題 ……………… 本冊 p. 93

138-A

答 (1) **which** (2) **who** (3) **whom** (4) **that** (5) **whose**

全訳 (1) 英語には「器用な」という意味の adroit という単語がある。
(2) 英語を話すことのできる若者の数は急速に増えている。
(3) 彼はあなたが聞いたことがあるかもしれない歌手と結婚している。
(4) 輝くものがすべて金とは限らない。
(5) あなたが本を借りた人の名前は何といいますか。

検討 (1) 先行詞が物，主格の関係代名詞。There is the word "adroit" + It (= the word "adroit") means "skilled."
(2) 先行詞が人，主格の関係代名詞。 The number of young people is increasing rapidly. + They can speak English.
(3) 先行詞が人，前置詞の目的語の関係代名詞。He is married to a singer. + You may have heard of her.「前置詞＋関係代名詞」の形では who は使えない。前置詞が後ろにある場合，関係代名詞は省略できる。= He is married to a singer you may have heard of. hear of「〜について聞いて知っている」。 (4) 先行詞が物。先行詞に最上級や **all**，**every**，**no**，**only**，**the first**，**very**，**the same** と限定性を強める語が含まれる場合，**that** が好まれる。= **All** is not gold **that** glitters. ことわざで「見かけはあてにならない」。 (5) 先行詞が人，所有格の関係代名詞。What is the name of the person? + You borrowed his book.

138-B

答 (1) **a town which I visited**
(2) **People who stop smoking**
(3) **a friend whose mother is**
(4) **wild animals which the Inuits hunt**
(5) **small electronic devices that can store**

全訳 (1) ここはずいぶん昔に私が訪ねた町です。
(2) 禁煙をする人々は長生きするだろう。
(3) 私にはお母さんが客室乗務員をしている友人がいる。
(4) アラスカにはイヌイットが狩りをするたくさんの野生動物がいる。
(5) 人々は何千曲も保存できる小さな電子機器を持ち歩く。

検討 (1) 先行詞が物，目的格の関係代名詞。This is a town. + I visited it a long time ago. (2) 先行詞が人，主格の関係代名詞。People will live a longer life. + They stop smoking. live a longer life「長生きをする」。 (3) 先行詞が人，所有格の関係代名詞。I have a friend. + His/Her mother is a flight attendant. (4) 先行詞が動物，目的格の関係代名詞。Alaska has many wild animals. + The Inuits hunt them. (5) 先行詞が物，主格の関係代名詞。People carry small electronic devices. + They can store thousands of songs.

139

答 (1) **in which the killing took**
(2) **to which his friends were**
(3) **with which we buy food**
(4) **girl with whom I often play**
(5) **to whom you spoke just now**

全訳 (1) ここは殺人事件が起きたアパートだ。
(2) ケンは彼の友人たちが招待された結婚式に出席した。
(3) 私たちは食べ物と衣類を買うお金を持たなければならない。
(4) ユミは私がよく一緒にテニスをする女の子だ。
(5) あなたが今話しかけた男性はあなたの友人ですか。

検討 前置詞と関係代名詞では「関係代名詞＋…前置詞」と「前置詞＋関係代名詞…」がある。前置詞の後に **who** や **that** を置くことはできない。(1) This is the apartment. + The killing took place in it.
(2) Ken attended the wedding. + His friends were invited to it.
(3) We must have money. + We buy food and clothing with it. (4) Yumi is a girl. + I often play tennis with her.
(5) Was the man a friend of yours? + You spoke to him just now.

140

答 (1) **[that]** (2) なし (3) **[that]**
(4) なし (5) なし

全訳 (1) すばらしい仕事をしてくれてありがとう。
(2) 異なった文化で使われているきまりについて考えてみるべきだ。
(3) あなたはすべての10代の若者が直面する問題を経験しなければならないだろう。
(4) 情報を利用できる人もいれば，できない人もいる。
(5) イソップは2500年以上前に生きていたギリシャ人の作家だ。

検討 省略できる関係代名詞は目的格。
(1) 目的格。Thanks for the great job. + You did it. (2) 主格。You should think about the rules. + They are used in different cultures. (3) 目的格。You will have to experience the problems. + All teenagers face them.
(4) 主格。There are people. + They can access information. / There are people. + They can't (access information).
(5) 主格。Aesop was a Greek writer. + He lived more than 2,500 years ago.

テスト対策
目的格の関係代名詞の語順は，
〈先行詞＋ **who(m)[which, that]** ＋ **S＋V ...**〉。→文中に〈名詞・代名詞＋ **S＋V**〉があったら，関係代名詞が省略されていることがわかる。
関係代名詞の省略は，並べかえ問題でも頻出。

141

答 (1)「ウィニー」という名前のクマがいたが，それは子供たちに大変人気があった。
(2) サンタクロースは「聖ニコラス」に由来するが，彼は3世紀にトルコに住んでいた人だ。
(3) 児童労働は深刻な人権問題だが，先進国の人々の注意を集めることはあまりない。
(4) ジョンはその事故について知らないと言ったが，それは嘘だった。

検討 関係代名詞の非制限用法では情報を補足・追加する。(1) which の先行詞は a bear。
(2) who の先行詞は "Saint Nicholas"。固有名詞が先行詞の場合は非制限用法を用いる。
(3) which の先行詞は Child labor。文中に挿入された非制限用法。
(4) which の先行詞は前の節を指す。
＝John said he didn't know about the accident, but it was a lie.

142

答 (1) **truth in what she says**
(2) **What is important to you**
(3) **not what it used to be**
(4) **is what we call a gentleman**
(5) **what is more**

全訳 (1) 彼女の発言にはかなりの真実が含まれている。
(2) あなたにとって大切なことは，私にとっても大切です。
(3) その町は以前と同じではない。
(4) 彼はいわゆる紳士だ。
(5) このコンピューターソフトは便利で，さらにそれほど高くない。

検討 (1) what の導く節が前置詞の目的語。
(2) what の導く節が主語の役割をしている。
(3) what it used to be は「以前の町」。補語の役割をしている。
(4) what we call「いわゆる」= what you[they] call = what is called。
(5) what is more「その上」= moreover。cf. what is better「さらによいことには」, what is worse「さらに悪いことに」。

応用問題 ・・・・・・・・・・・・・・・・・・・ 本冊 *p. 95*

143

答 (1) **which is famous for its beautiful**
(2) **a useful way to learn what is**
(3) **appearance is different from what it was**
(4) **the only person that did not attend yesterday's**
(5) **at which point I decided**
(6) **the politician was shot with by**
(7) **which proved to be a lie**
(8) **book, which I enjoyed, was written**
(9) **the very watch that Mr. Suzuki has long wanted to**

検討 (1) 直前の an exotic town を修飾する関係詞節。be famous for ～「～で有名である」。(2) 日本語の「有益な手段である」から a useful way to ... 。what は関係代名詞で「こと・もの」。(3) what it (= her appearance) was ten years ago「10 年前の彼女の外見」。(4) 日本語から the only person that ... の語順を確定。that 以下は did not attend yesterday's meeting と続く。(5) I decided to leave him at that point.「その時点で彼の元を離れることにした」という文をまず考える。lose one's temper「かんしゃくを起こす」。 (6) This is the gun. + The politician was shot with the gun by assassin. the gun は前置詞 with の目的語なので，the gun with which the politician was shot → the gun which the politician was shot with → the gun the politician was shot with となり，目的格である which が省略されている。(7) which は she knew nothing about it を指す。(8) 非制限用法で先行詞に情報を追加。cf. The book which I enjoyed was written by an American.（私がおもしろく読んだ本はアメリカ人が書いたものだ） (9) very は「まさに」の意味で名詞を強調する。先行詞に very のような限定性の強い形容詞が含まれる場合，関係代名詞は **that** が好まれる。

テスト対策

関係代名詞の非制限用法では，前の文・節を指す **which** が最重要。
cf. 141 (4)・143 (8)

24 関係副詞・複合関係詞

基本問題 ・・・・・・・・・・・・・・・・・・・ 本冊 *p. 97*

144

答 (1) **how** (2) **where** (3) **when** (4) **the way** (5) **where**

全訳 (1) このようにして，私は彼と知り合いになった。
(2) 英語が外国語として教えられている国は多い。
(3) 私はあなたと初めて会った日のことをはっきりと覚えている。
(4) ナイフとフォークの使われ方には大きな違いがある。
(5) インドには約 14 億人の人が住んでいるが，多くの人々は農業で生計を立てている。

検討 (1) 関係副詞 **how** の先行詞 **the way** が省略されている。(2) 先行詞が場所。
(3) 先行詞が時。I clearly remember the

day. + On the day, I first met you.
(4) difference in ～「～における相違」。〈**the way+S+V**〉で「～の仕方」。
(5) 先行詞はIndia。先行詞が固有名詞の場合は，非制限用法を用いて情報を加える。= and there many people make a living in agriculture. make[gain, get, earn] a living「生計を立てる」。

145

答 (1) **why** (2) **where** (3) **when**

全訳 (1) 私たちは，なぜ眠るのか正確な理由を本当にはわかっていない。
(2) 私は名古屋へ行き，そこで福岡行きの飛行機に乗った。
(3) 私たちが宇宙旅行を楽しめる時代がもうじき来るだろう。

検討 (1) 先行詞がreasonなのでwhy。このwhyはなくてもよい。(2) 先行詞がNagoyaなのでwhere。〈, where〉 = and there。(3) 先行詞はthe timeで，先行詞と関係副詞の節が離れている。

146

答 (1) **最初に終えた人がだれでもこの賞品をもらえます。**
(2) 彼が何を言おうとも，それについてあまり心配してはいけない。
(3) 私は彼女がしろということは何でもするつもりだ。
(4) その動物たちが病気のときはいつでも，獣医師たちが治療する。
(5) 芸術家は仕事がある場所ならばどこにでも行く。
(6) この国が国民と交わした約束を守るときが来た。それがどんなに大変であろうと。

検討 (1) 複合関係代名詞「～する人はだれでも」= **Anyone who** ～。(2) 複合関係代名詞「何を～しようとも」= **No matter what** ～。(3) 複合関係代名詞「～する物は何でも」= **anything** that she tells me to do。
(4) 複合関係副詞「～するときはいつでも」= **at any time when** ～。
(5) wherever：複合関係副詞「どこへ～しようとも」= **no matter where** ～。
(6) 譲歩を表す複合関係副詞「どんなに～であろうとも」= **no matter how** hard ～。

応用問題 ･････････････････････ 本冊 *p. 98*

147

答 (1) c (2) d (3) b (4) d (5) b
(6) c (7) a (8) a (9) c (10) b

全訳 (1) 私が滞在したホテルは快適で安かった。
(2) どんなに注意深くしても，事故は起きるものだ。
(3) 彼が訪れたことのない国は世界にはほとんどない。
(4) 父は息子が学校を卒業する日を知らなかった。
(5) クリスマスはみんなが幸せに感じる日だ。
(6) 母は私の家の掃除の仕方を気に入らない。
(7)「どうして彼に我慢できるの？あんな馬鹿なことを言うのに」「彼が何を言おうとも，彼と一緒にいなければならないの」
(8) おばはいつも，助けを必要としている人にならだれにでも手を貸す。
(9) ハワイに行くときはいつも同じホテルに滞在する。
(10) その規則を適用できない具体例を教えてください。

検討 (1) 先行詞は場所。I stayed at the hotelのat the hotelの代わりなので関係副詞を選ぶ。(2) 直後の語は形容詞(careful)。従って，形容詞を修飾するhoweverを選ぶ。(3) 先行詞はfew countries。He has never visited (them) のthemの代わりなので，関係代名詞whichを選ぶ。先行詞が場所だからといって，**where**とは限らない。(4) 先行詞はthe day。His son was graduating from school on that day. 関係代名詞を用いる場合，前置詞onは残り，on whichとなる。関係副詞when = on whichの関係にある。(5) whenは先行詞を含み，be 動詞の後に名詞節を導いて「～の時」となる。(6) the way I clean the house で「私の家の掃除の仕方」。(7) 空所前の文が完結していることから接続詞の働きをしている語。空所直後の he says に続くものを選ぶ。whatever = no matter what「何を（言おう）とも」。(8) 空所前の前置詞 to から名詞の働きをするものが入る。直後の needs help から主語になることのできる語を選ぶ。(9) 空所直後 I go to Hawaii が続いて意味が成立するのは Whenever のみ。(10) 直前の specific cases「具体例」が先行詞。the rule cannot be applied to them（= some specific cases）と to them の代わり。to which もしくは where となる。

テスト対策

関係代名詞は代名詞の代わり，関係副詞は副詞の代わり。
先行詞が場所・時であっても，関係詞節内の代名詞の代わりであれば，**where** / **when** でなく **which** の可能性あり。
cf. 147 (3)

- This is the town **where** I was born.（ここが私の生まれた町だ）
  → I was born **in the town**.
  （副詞句→関係副詞を使う）
- This is the town **which** I have long wanted to visit.（ここが私がずっと訪れたいと思っている町だ）
  → I have long wanted to visit **the town**.　（名詞→関係代名詞を使う）

先行詞が節の中でどんな働きをしているか，しっかり区別すること。

148

答　(1) **time**　(2) **where**　(3) **Whoever**　(4) **way**

全訳　(1) 私はあなたが都合のよいときにいつでもお目にかかりたい。
(2) ここが私とチャーリーが初めて会った実験室だ。
(3) この小説を読む人はだれでも驚くだろう。
(4) 私たちは彼が上手に時間を利用する方法を学ぶべきだ。

検討　(1) **whenever** = **at any time**「いつでも」。(2) in which = where。
(3) **anyone who** = **whoever**「～する人はだれでも」。(4) the way「(…する) 仕方，やり方」= how。cf. This is the way it happened.（それはこのようにして起こった）the way 単独でもよいし，直後に in which または関係副詞の that を置いてもよい。

149

答　(1) e　(2) ×　(3) d　(4) ×　(5) b　(6) h　(7) c　(8) a

全訳　(1) その手紙を書いた人はだれであれ，すぐれたユーモアのセンスの持ち主に違いない。
(2) 彼は私に会いに来るたびに花を持ってくる。
(3) どちらでもあなたのお好みのチケットを差し上げましょう。
(4) みんなが彼の緊急事態への対処の仕方をほめた。
(5) それを見つけた場所に戻していただけますか。
(6) あなたがお母さんをあんな場所に連れて行った理由がわからない。
(7) 彼は何も言わなかったので，そのことが彼女をいらだたせているようだった。
(8) 皆さん全員が私たちの学校を今日の姿にしたのです。

検討　(1) 主語になることのできる関係詞は what と whoever。what では意味が成立しない。(2) every time は接続詞的に用いられる。when または that が入る可能性もあるが，なくてもよい。(3) 先行詞がなく，直後に名詞がある。you prefer ... ticket という関係も考慮に入れる。(4) the way のあとには that，in which などが来るがなくてもよい。(5) 先行詞がない。where は単独で「～の場所」。(6) why は単独で「～する理由」。(7) 直前にコンマがあるので非制限用法。which は前の文全体の内容を指す。

(8) what it (= our school) is now は「現在の学校」。関係代名詞 what を含む慣用表現。

25 仮定法

基本問題 本冊 *p. 101*

150

答 (1) もし私たちが彼らの製品を買うのをやめたら，彼らはどうなるだろうか。
(2) もし私が金持ちだったら，ドイツ製のスポーツカーを買うのだが。
(3) 事態が変わらなければ，動物の半数は消滅するだろう。
(4) もし携帯電話を持っていたら，今すぐに彼女に電話するのだが。
(5) もし私がそんな状況にいたら，佐藤さんに助言を求めるだろうに。

検討 (1) if 節内の動詞が現在形なので直説法。(2) if 節内の動詞が過去形で，主節に助動詞の過去形があるので仮定法過去。ドイツ車を買う可能性はほとんどない。 (3) if 節内の動詞が現在形なので直説法。話者は可能性があると考えている。 (4) if 節内の動詞が過去形，主節に助動詞の過去形があるので仮定法過去。携帯電話は所持していない。
(5) if 節内の動詞は過去形，主節に助動詞の過去形があるので仮定法過去。

テスト対策

if～「もし～なら」が仮定法とは限らない。単なる条件を表す if と区別するために，動詞の時制に注意する。
150 (1)(3)：動詞がふつうの時制
→実現する可能性がある，条件
(2)(4)(5)：時制が1段階過去にずれている
→現実ではないこと，仮定法

151-A

答 (1) **were, would**
(2) **were, would not give**
(3) **had, would** (4) **were, would**
(5) **would, were**

検討 直説法で表すと次のようになる。(1) Since you are not my brother, I won't ask you for some money. ask + O + for ～「O に～を求める」。(2) The teacher gives so much homework. (3) Since she doesn't have enough time and money, she will not study abroad.
(4) Since Chika is not 180 cm tall, she will not be a great basketball player.
(5) I won't go and talk to him since I am not in your place.

151-B

答 (1) **had asked, would have said**
(2) **had helped, would have succeeded**
(3) **had come, could have met**
(4) **had known, would have met**
(5) **had not been driving, could have avoided**

検討 直説法で表すと次のようになる。
(1) Since Chiharu didn't ask me to marry her, I didn't say "yes."
(2) Since you didn't help me at that time, I didn't succeed.
(3) Since you didn't come a little earlier, you couldn't meet the singer.
(4) Since I didn't know you were coming, I didn't meet you at the station.
(5) Since Mr. Noda was driving so fast, he couldn't avoid the accident.

152

答 (1) **I were to travel**
(2) **the sun were to rise**

(3) **If it should snow**
(4) **If anyone should come**

全訳 (1) もしアフリカを旅行するようなことがあれば，ケニアに行くだろう。
(2) たとえ太陽が西から昇ろうと，彼は妻を愛することをやめはしないだろう。
(3) 万が一雪が降ったら，家にいるだろう。
(4) もしだれかが私に会いに来ることがあったら，正午までには戻ると伝えてください。

検討 if 節内に should や were to が用いられる表現に習熟する。〈**If**＋主語＋**were to**＋動詞の原形〉は全く実現不可能な仮定から，控えめな提案・依頼まで意味に幅がある。〈**if**＋主語＋**should**＋動詞の原形〉は話し手が可能性が少ないと思っている場合に用いる。この形は倒置して if が省略される形が頻出。（→ 26「注意すべき仮定法」**if** ～ に代わる表現参照）

応用問題 ・・・・・・・・・・・・・・・・・・ 本冊 *p. 102*

153

答 (1) a　(2) c　(3) a　(4) d　(5) c　(6) b

全訳 (1) もっと時間があったら，その事故について詳細な報告書を書くのだが。
(2) もし彼の助言を聞いていたら，あなたはそのような問題に直面しなかっただろうに。
(3) もっと早くにそのよい知らせについて知っていたら，お祝いの電話をあなたにしたのに。
(4) もし早い電車に乗っていたら，彼女は今頃ここにいるだろうに。
(5) そのときあなたの助言を聞いていたら，今はもっと幸せだろうに。
(6) 彼はあの事故に巻き込まれていなければ，今では金持ちだろうに。

検討 (1) if 節内の動詞に着目すると，仮定法過去だとわかる。(2) 主節の動詞部分 would not have faced に着目すると，仮定法過去完了だとわかる。(3) if 節内の had known に着目すると，仮定法過去完了だとわかる。選択肢の中では a. would have called と c. would call が文法的に正しい。「わかっていたら，電話をするのに」では意味が成立しないので，完了形を選ぶ。(4)「もし～していたら，今までには…」という文。主節は仮定法過去だが，if 節は仮定法過去完了。(5) if 節は仮定法過去完了であるが，主節は仮定法過去。現在を指す now が入っている。(6) if 節は仮定法過去完了であるが，主節に today という語が入っており，「あのとき～だったら，今ごろ…だ」という時制のずれのある仮定法。

テスト対策
if 節が仮定法過去完了で，主節が仮定法過去の「もし(以前)～だったら，今…だろうに」は選択問題で頻出。
cf. 153 (4)(5)(6)
主節の，現在の時を表す副詞(句)の **by now**，**now**，**today** などに気をつける。

154

答 (1) **if, answered**　(2) **knew**
(3) **could have attended**
(4) **did not hear**

全訳 (1) フレッドがメールの返事をくれたら，私もメールをするのだが。
(2) 彼女のアドレスを知っていたら，そのファイルを送ることができるのに。
(3) 私は病気でなかったら，その会議に出席できたのだが。
(4) 彼は寝ていたので，その音が聞こえなかった。

検討 (1)(2) 直説法の時制は現在。仮定法過去で表現する。(3) 直説法の時制は過去。仮定法過去完了にする。(4) 仮定法過去完了なので，直説法は過去形で表現する。

155

答 (1) **sure Mary would understand if you explained**
(2) **would appreciate it if you could**

(3) **how long would it have taken me**
(4) **he had taken the doctor's advice then, he would be in better health**

検討 (1) I'm sure ～「きっと～だ」に仮定法過去の節が続く。 (2) I would appreciate it if ～「～していただければありがたい」は依頼するときの丁寧な表現。相手への依頼，勧誘などの場合は if 節内でも **would[could]** を伴うことが多い。cf. We would be very glad if you would give us permission to use the stadium.（競技場使用の許可をいただければ，大変うれしいのですが）
(3) 主節は〈How long does it take＋人＋to do〉「(人が)～するのにどのくらいかかるだろうか」を仮定法過去完了で表現したもの。
(4) 仮定法過去完了。cf. 153 (4)(5)(6)

26 注意すべき仮定法

基本問題 本冊 *p. 105*

156

答 (1) **knew** (2) **had participated**
(3) **knew** (4) **had been**
(5) **were not** (6) **had not been**

全訳 (1) 私はその会社と連絡を取らなければならない。ビジネスレターの書き方を知っていればいいのに。
(2) ケンジはロンドン旅行は素晴らしかったと私に話した。私もそのプログラムに参加すればよかった。
(3) 山崎さんは何でも知っているかのように話す。
(4) ミナミは以前そこに行ったことがあるかのようにロンドンについて話をする。
(5) 彼が怠惰でなければよい人なのだが。
(6) その間違いをしなかったら，彼女は試験に合格できただろうに。

検討 (1) I wish ～ の文だけなら，過去形も過去完了形も可能。前の文より，現在の実現しない願望だと判断する。(2)(1)と同じだが，過去の実現しなかった願望だと判断する。
(3) 現在のことなので仮定法過去にする。
(4)「以前そこに行った」から，過去のことなので，仮定法過去完了にする。 (5) 主節が仮定法過去なので，仮定法過去にする。**If he were not** idle = **Without[But for]** his idleness (6) 主節が仮定法過去完了なので，仮定法過去完了にする。

テスト対策

〈**I wish** ＋仮定法〉，〈**as if** ＋仮定法〉，〈**if it were not for[had not been for]**〉は仮定法の最頻出項目。
特に「もし～がなかったなら」は **Without ～ / But for ～**，**if** が省略される倒置構文と，同意表現が多彩。２文連立問題，選択問題，並べかえと，ほぼ全ての形式で出題される。

157

答 (1) **If, should** (2) **for, for**
(3) **A wise person** (4) **Without**
(5) **been for** (6) **you heard**
(7) **hadn't left**

全訳 (1) カレンがあなたにほほえみかけるようなことがあれば，お昼をおごってあげるよ。
(2) その宇宙船に十分な酸素がなかったら，乗組員は死んでいただろう。
(3) 彼が賢明な人だったら，そんなことはしないだろうに。
(4) 新鮮な水がなかったら，人類はすぐに絶滅するだろう。
(5) 彼の助けがなかったら，アユミは優勝を逃していただろう。
(6) 彼が話すのを聞けば，みんなが彼のことを褒めたてると思うだろう。
(7) もしすぐに出ていなければ，彼女はその電車に乗り遅れただろう。

検討 (1) 倒置による **if** の省略。文語的な用法。Should で始まる例は多い。 (2)(4)(5)「もし～がなかったら」という表現は **if it were**

not [had not been] for / without / but for などで表す。
(3) 主語に仮定の意味が含まれている。
(6) 不定詞句で if 節の内容を表す。
(7) otherwise「もしそうでなければ」。

応用問題 ………………… 本冊 *p. 106*

本冊 p. 106

158

答 (1) **With a little more patience, you could**
(2) **common sense would not do such a thing**
(3) **I could speak Russian half as well as he does**
(4) **I wished I had said nothing about**
(5) **English as fluently as if it were his mother tongue**
(6) **talked about Cleopatra as if he had**
(7) **If it were not for water, no living things would**
(8) **Had it not been for his help**
(9) **only I could get it finished**

検討 (1) with は without と同様に if 節にあたる内容を含む場合がある。= If you had had a little more patience, (2) 主語に仮定の意味が含まれている。= If you were a man of common sense, you would not do such a thing. **a man of** 〜「〜な人」。(3) I wish 〜「〜ならいいのに」。〈half as 〜 as ...〉「〜が…の半分」倍数表現。(4) 過去の実現しなかった願望。= I was sorry that I had said something about my father. (5)〈**as 〜 as if ...**〉「まるで…くらいに〜だ」 (6) as if で始まる節が過去完了形なので，「まるで〜したかのように」。(7) If it were not for 〜「〜がなかったら」の表現。(8) 選択肢に **if** がないことに着目する。**if** を使わずに仮定法を表現する場合は倒置の可能性を探る。Had it not been for 〜 = If it had not been for 〜 (9) If only 〜「〜さえすれば」= I wish 〜

テスト対策

並べかえ問題では，**if** が並べかえる語の中に含まれているかどうか確認する。if がなければ，if を伴わない表現を考える。
- 倒置による if の省略：「動詞[助動詞]＋主語…」
- 主語や副詞句などに「もし〜なら」の意味が含まれている場合

159

答 (1) c (2) b (3) a (4) b (5) a (6) d (7) c (8) d

全訳 (1) 私たちは今日初めて会ったが，昔からの友人のような感じがする。
(2) もう 10 分早く会社を出ていたらよかったのに！
(3) 彼女は寿司が大好きなので，彼は彼女に新しく開店した日本食レストランに行くことを勧めた。
(4) 彼はこうした人々に対して行動を起こすときだ。
(5) 事故が起きたとき地球からの適切な助けがなかったら，アポロ 13 号の宇宙飛行士たちは今頃生きていないだろう。
(6) もし万が一スペルミスを見つけたら，どうぞ教えてください。
(7) あなたの助けがなかったら，このコンピューターを適切に設定できなかったろう。
(8) マコトは昨夜大変疲れていた。さもなければ映画を見に行っていただろうに。

検討 (1)〈**as if [though]** ＋仮定法過去〉「…であるかのように」。(2) **if only** は **I wish** と同じく実現しなかった願望を表す。(3)「要求」「主張」「命令」「提案」などを表す動詞や，「感情」「必要」などを表す形容詞に続く that 節に，動詞の原形を用いて，不確かな未来を表すことがある(仮定法現在)。should を伴うのは主にイギリス英語の用法（→ 18「助動詞」を参照） cf. In a crisis situation, it

is **essential that** the pilot (**should**) **remain** calm.（危機的状況では，パイロットが冷静でいることが必要不可欠である）
(4)〈**it is time**＋仮定法過去〉「もう～してもいいころだ」。it is time to ～ でも表現できる。(5) 主節の would not be から，仮定法の Had it not been か Should it not be のいずれかを選ぶ。Should it not be ～ だと「もし万が一 ～ がなかったら」となって意味が成立しない。 Had it not been for ～「もし～がなかったとしたら」は If it had not been for ～ が倒置して if が省略されている。(6) Should you find ～「もし～を見つけたら」＝ If you should find ～。 (7) despite ～「～にもかかわらず」，due to ～「～のために」，owing to「～のために」。(8) otherwise は「さもないと」の意味で仮定を表す。if Makoto had not been very tired「もし大変疲れていなかったとしたら」という仮定とほぼ同じ意味。主節には仮定法過去完了の形が来る。

27 前置詞

基本問題 本冊 *p. 109*

160

答 (1) アサトはしばしばインターネット上でアメリカ人の友達とチャットをする。(共に副詞句)
(2) 列車の中で携帯電話を使っている人をどう思いますか。(**about people**：副詞句，**on the train**：形容詞句)
(3) この地域の建築規制は大変重要だ。(共に形容詞句)
(4) 泥棒が窓から家に入った。(共に副詞句)
(5) 将来いつの日か，人々は特別な訓練を受けずに宇宙に行けるようになるかもしれない。(すべて副詞句)

検討 (1) 共に chat を修飾。(2) about people は feel を修飾する副詞句。on the train は people を修飾する形容詞句で「電車に乗っている人々」の意味になる。using cell phones on the train とした場合は，using を修飾する副詞句になる。(3) in this area は regulations を修飾している。of great importance ＝ very important（→ 23 (2) を参照）。この形容詞句は補語の働きをしている。(4) into the house / through the window は共に got を修飾している。(5) in the future は副詞 someday を修飾する副詞句。into space / without any special training は共に go を修飾する副詞句。

161

答 (1) **off** (2) **since**

全訳 (1) (a) 松崎さんはジャケットと帽子，靴を脱いだ。 (b) 強い風がすべての書類を机から吹き飛ばした。
(2) (a) 私は1年間パリに行くのでフランス語の勉強を始めなければならない。 (b) 私は高校時代から健康管理に興味がある。

検討 (1) take off「脱ぐ」。 take が他動詞で off が副詞の場合，off を除いても意味が成立する。→ take his jacket「ジャケットを取る」。off ～「～から離れて」は my desk を目的語とする前置詞。off を除いて blew all the papers my desk では意味が成立しない。 (2) since のあとが節ならば接続詞。since のあとが句ならば前置詞。

162

答 (1) **at, in** (2) **on** (3) **above** (4) **between** (5) **toward** (6) **over** (7) **on, from** (8) **to** (9) **on, at, on** (10) **during** (11) **By** (12) **in** (13) **at** (14) **of** (15) **of**

全訳 (1) リンカーンは1863年ゲティスバーグで演説をした。
(2) 私が一番好きなことは浜辺で横になってリラックスすることだ。

⑶ マチュ・ピチュは海抜2,430メートルのところにある。
⑷ ハヤブサは太陽と地球の距離の40倍である60億キロの距離を移動した。
⑸ 私たちは家へと急いだ。
⑹ 彼らは世界中から来ている。
⑺ 岐阜城は丘の上にあり，その上からの眺めはすばらしい。
⑻ 少し歩くと私は公園に着いた。
⑼ タイタニック号は1912年4月14日に氷山に衝突し，その数時間後の15日午前2時20分に沈没した。
⑽ 私は夏休みに与那国島に行った。
⑾ 2050年までには世界の人口は94億人に達するかもしれない。
⑿ ここで待っていてください。1時間後に戻って来ますから。
⒀ 私は彼の言葉を聞いて大変驚いた。
⒁ 硬貨は金属でできている。
⒂ 権利章典について聞いたことはありますか。

検討 ⑴ 場所を表す **at**。時を表す前置詞で，年など比較的長い時点を表すのは **in**。
⑵ **on** は「〜の上に」と接触していることを表す。横や下への接触も表すことができる。cf. a picture **on** the wall「壁にかかった絵」。⑶ 〜 meters above sea level「海抜〜メートル」 ⑷ **between** は主に2つのものの間を，**among** は3つ以上のものの集合体の中を表す。 ⑸ **toward** は「〜の方へ」と運動の方向を表す。⑹ **all over the world**「世界中」 ⑺「〜からの〔視点〕」を表すには **from** を用いる。⑻ 運動の到達点を表す **to**。 ⑼ 日は **on**，時刻は **at** で表す。 ⑽ 夏休みなど，特定の期間の間を表すのは **during**。**while** は「〜している間に」を表す接続詞。⑾ **by**「〜までには」は動作・状態が完了する期限を，**until**[**till**]「〜まで(ずっと)」は動作・状態の継続が終了する時点を表す。世界の人口が94億人に達するのは，ある瞬間に完了すること。2050年までずっと継続する動作・状態ではない。
⑿ **in** は「〜後に」と時の経過を表す。
⒀ 原因・理由を表す **at**。 ⒁ 材料を表す **of**。cf. Paper is made **from** wood.（紙は木でできている〔原料〕） 製造の前と後とで材質が変化しない場合は材料で **of**，変化する場合は原料で **from** を用いる。cf. This desk is made **by** hand.（この机は手作りだ〔手段〕） ⒂ hear **of** 〜「〜について聞く」

テスト対策

前置詞の意味を問う問題としては，下記の項目が頻出。
- **by**「〜までに」と **until**[**till**]「〜まで」
- 時の経過を表す **in**「〜たったら，〜後に」
- 特定の日の午後，午前，夜を表す **on**
- **while** と対比した「〜の間」を表す **during**

163

答 ⑴ **out of** ⑵ **As for** ⑶ **Because of** ⑷ **instead of** ⑸ **in front of** ⑹ **In spite of**

全訳 ⑴ 男性はかばんから雑誌を取り出し，読み始めた。
⑵ 私について言うと，クラブ活動は学校生活の最高の部分だ。
⑶ 宗教のために，イスラム教徒の女性は男性に肌を見せることができない。
⑷ 風呂敷を「エコバッグ」としてビニール袋の代わりに使う人もいる。
⑸ わたしはユキに大観衆の前で歌を歌わせた。
⑹ ほとんど雨が降らなかったのに，人々は多量の水を浪費した。

検討 ⑴ out of 〜「〜から」。⑵ as for 〜「〜について言うと」= speaking of 〜。as for me は「(人はともかく)私は」= for my part。⑶ because of 〜「〜のために」。理由を導くもっとも一般的な前置詞句。cf. owing to / due to / on account of / thanks to ⑷ instead of 〜「〜の代わりに」= in place of 〜。⑸ in front of 〜「〜の前で」= before 〜。⑹ in spite of 〜「〜にもかかわらず」。in spite of the fact 〜 = though / although 〜

応用問題 本冊 p. 111

164

答　(1) 医療費を現金で払うか小切手で払うかは，あなた次第です。
(2) 多くの社会問題は貧困のために起きた。
(3) 彼女は一生懸命勉強して能力不足を補った。
(4) 彼はいなかったが，物事はいつものように進んだ。
(5) 彼は健康のためにタバコをやめた。

検討　(1) **be up to** ～「～次第である」。主語は Whether ～ check まで。= It is up to you whether you pay the doctor's bill by cash or by check.　(2) **owing to** ～「～のために」。come into being「生じる」。= Poverty caused many social problems.　(3) **by means of** ～「～の手段によって」。**make up for** ～「～を補う」。want は名詞で「不足，欠如」。= By working hard, ...　(4) **in spite of** ～「～にもかかわらず」。= Although he was absent, ...　(5) **for the sake of** ～「～のために」。

165

答　(1) **thanks to**
(2) **on account of**
(3) **at the cost of**
(4) **According to**
(5) **instead of**
(6) **by way of**

全訳　(1) 好天のおかげで今年の米は豊作だった。
(2) すべての授業は嵐のために休みになった。
(3) そのダムは多くの命を犠牲にして完成した。
(4) 今日の新聞によれば，メキシコで地震があった。
(5) このレストランでは調理にガスの代わりに電気を使っている。
(6) この飛行機はシカゴ経由でニューヨークに行く。

検討　(1) **thanks to** ～「～のおかげで」。
(2) **on account of** ～「～のために」。
(3) **at the cost of** ～「～を犠牲にして」。
(4) **according to** ～「～によれば」。
(5) **instead of** ～「～の代わりに」。
(6) **by way of** ～「～経由で」。

> **テスト対策**
> 理由を示す群前置詞 **because of, owing to, due to, on account of, thanks to** は頻出のイディオム。

166

答　(1) **in**　(2) **on**　(3) **in**　(4) **on**　(5) **of**　(6) **about**　(7) **to**　(8) **on**　(9) **for**　(10) **at**

全訳　5月の寒い土曜日だった。私は球場のベンチに座っていた。息子は野球チームに入っていた。私は息子のことを誇りに思っていた。彼のことが心配だったが，彼がグラウンドでプレーするのを見るのを楽しみにしていた。私は息子の背番号を探した。彼が打席に立つのを見つけて私がどんなにうれしかったか，想像できるでしょう。

検討　(1) **in** May「5月に」。(2) sit **on**「～に腰をおろす」。(3)「～の中の」。
(4) **on** the team「チームに所属している」。
(5) be proud **of**「～を誇りに思う」。
(6) worry **about**「～のことで心配する」。
(7) look forward **to**「～を楽しみにする」。
(8) **on** the field「グラウンドで」。
(9) look **for**「～を探す」。
(10) **at** bat「打席に立って」。

> **テスト対策**
> その他の重要な前置詞
> 場所：**behind**「～の後ろに」/ **by**「～のそばに」，**beside**「～のそばに」，**near**「～の近くに」/ **up**「～を上がって」，**down**「～を下って」
> 時：**before**「～の前に」，**after**「～の後に」/ **within**「～以内に」(cf. **in**「～後に」)

28 接続詞 (1)

基本問題 本冊 p. 113

167-A

答 (1) **and** (2) **but** (3) **so** (4) **or** (5) **for**

全訳 (1) 彼はプロジェクトを注意深く，かつ完璧に完成させた。
(2) 多くの人がその職に応募したが，1人しか採用されなかった。
(3) 私は紅茶が飲みたかったので，お湯を沸かした。
(4) 製品はトラックか船，あるいは飛行機で運ばれる。
(5) 私はどこに行くべきかわからない。というのも，この土地は初めてだから。

検討 接続詞が入る空所の前後の文を理解し，両者の関係を考える。 (1) **and**：並列的に語，句，節を結ぶ。(2) **but**：対立関係にある語，句，節を結合する。(3) **so**：結果。so の前にコンマを置いて「それで，だから」。(4) **or**：選択。A or B で，A と B は文法的に対等な語・句・節。and でつないであれば，3つの方法全部で運ばれるという意味になる。 (5) **for**：主節の後で，根拠を述べて「というわけ[理由]は～だから」。文頭に置くことはできない。

167-B

答 (1) **and** (2) **but** (3) **or** (4) **or** (5) **but**

全訳 (1) 急ぎなさい。そうすれば時間どおりに着きますよ。
(2) 今は学校をやめたいと思うかもしれないが，結局は後悔しますよ。
(3) 急ぎなさい。さもないと遅れますよ。
(4) すぐに私に返事をくれたほうがいいですよ。さもないと招待を取り消しますよ。
(5) こちらはジョンではなくトムです。

検討 (1)〈命令文，+**and ...**〉「～しなさい。そうすれば…」。= If you hurry up, you'll arrive on time. on time「時間どおりに」
(2) 逆接。quit school「退学する」。
(3)〈命令文，+**or ...**〉「～しなさい。さもないと…」。= If you don't hurry up, you will be late. (4) You'd better は命令文に近い。「～しなさい。さもないと～」。〈命令文，+ or ...〉と同じ。
(5)〈**not A but B**〉「A ではなく B」。

168-A

答 (1) **Neither** (2) **but** (3) **and** (4) **either** (5) **Both**

全訳 (1) ケンもジュリアも来週のパーティーには出席しないだろう。
(2) 新入社員たちは若いだけでなく勤勉だ。
(3) ケンもジュディも独身ですよね。
(4) ランチと一緒にスープかサラダのいずれかを選べます。
(5) ビバリーヒルズには金持ちも才能豊かな人も，両方とも住んでいる。

検討 (1) nor から neither を選ぶ。 (2) not only から but を選ぶ。(3) Both から and を選ぶ。(4) or から either を選ぶ。
(5) and から both を選ぶ。

テスト対策

neither A nor B / either A or B は並べかえ・選択問題の常連。相関する接続詞のどちらか一方が省略されていることが多いので，省略されていない接続詞をヒントに選択肢を選ぶ。

168-B

答 (1) **are** (2) **has** (3) **has** (4) **expects** (5) **are**

全訳 (1) 彼の父と祖父は，2人とも有名な弁護士だ。
(2) あなたかお姉さん[妹さん]のどちらかが，明日彼を訪問しなければならない。
(3) 人間だけでなくこの世界のどの動物にも，固有の能力がある。

(4) 彼の両親も彼も，彼が試験に合格するとは思っていない。

(5) 私のアシスタントも私も，どちらも夜遅くまで働いているのが好きだ。

検討 (1) both を含む句が主語になる場合は複数。(2)〈**either A or B**〉が主語のとき，**動詞はBに一致させるので**，単数形の has。(3)〈**not only A but (also) B**〉が主語のとき，**動詞はBに一致させるので**，単数形の has。(4)〈**neither A nor B**〉が主語のとき，**動詞はBに一致させるので**，単数形の expects。〈either A or B〉，〈neither A nor B〉は，動詞の形はBに一致させるのが原則。(5) (1)に同じ。

169

答 (1) ④：**私はスーザンが結婚したという知らせに驚いた。**

(2) ③：**私が遅れた理由は寝坊したことです。**

(3) ①：**彼女がそれが気に入らないのは明らかだった。**

(4) ②：**私は彼がその罪を犯していないことを疑っていない。**

検討 (1)〈名詞＋同格の **that** ～〉。(2) 補語になる that 節。The reason I came late は「私が遅れた理由」。**reason** の後に関係副詞 **why** が省略されている。(3) 主語になる名詞節。(4) 目的語になる名詞節。

170

答 (1) **whether he is coming or not [whether or not he is coming]**

(2) **if he knew about the robbery**

(3) **what this word means**

(4) **where this custom came from**

(5) **why this happened**

(6) **which is true**

(7) **what time the game starts**

全訳 (1) 彼が来るかどうかは不確かだ。

(2) 警官は彼に強盗について知っているかどうか聞いた。

(3) この単語の意味を知っていますか。

(4) 問題はこの習慣がどこから来たかだ。

(5) 科学者たちはどうしてこのことが起きたのかわからない。

(6) だれもどれが真実か確信を持てない。

(7) 私は何時に試合が始まるのかはっきりわからない。

検討 いずれも〈疑問詞＋**S**＋**V**〉の語順に注意する。(1) whether の導く節が目的語。or not は文末でも，whether の直後でもよい。同じ意味で if の導く節を目的語とすることはできるが，主語，補語になる場合，前置詞の目的語になる場合は whether で始まる節しか用いることはできない。(2) if の導く節が目的語。＝ The officer said to him, “Do you know about the robbery?”

(3) what の導く節が know の目的語。

(4) where の導く節が補語。(5) why の導く節が目的語。(6)(7)〈be 動詞＋形容詞＋疑問詞の導く節〉。

応用問題 本冊 *p. 115*

171

答 (1) **or** (2) **and** (3) **Neither, nor** (4) **as well as** (5) **if [whether]**

全訳 (1) 約束を守らなくてはならない，さもないと信用を失ってしまう。

(2) 成功したときのことを考えなさい。そうすればより成功する確率が上がりますよ。

(3) ジョンもケンもその問題を解けなかった。

(4) 彼は私のかかりつけの医師であると同時に友人だ。

(5) その女性は私が運転免許証を持っているかどうか聞いた。

検討 (1)〈命令文，＋**or ...**〉の書きかえ。

(2)〈命令文，＋**and ...**〉の書きかえ。

(3)〈**neither A nor B**〉「AでもBでもない」を用いる。(4)〈**not only A but (also) B**〉＝〈**B as well as A**〉

(5)「～ですか」という **Yes / No** で答える疑問文は接続詞 **if [whether]** を用いて間接

的に表現することができる。(→ 31「時制の一致・話法」を参照)

テスト対策

〈命令文, **and[or] ...**〉の構文は最も出題頻度が高い項目。**if** 節を用いた文への書きかえもできるようにしておくこと。

172

答 (1) **is not only a good singer but also**
(2) **am sorry that I broke my promise**
(3) **a rumor that a new factory will be**
(4) **asked me if I wanted to drink some coffee**

検討 (1)〈**not only A but also B**〉「AだけでなくBも」。(2)〈be 動詞＋形容詞＋that ...〉の形。(3) that 節は rumor の内容を示す同格の that。(4)〈**if+S+V**〉で「～かどうか」。if の後の〈主語＋動詞〉の語順に気をつける。

テスト対策

間接疑問の語順を問う問題は頻出。〈疑問詞＋S＋V〉[肯定文の語順] に注意。

29 接続詞 (2)

基本問題 本冊 *p. 117*

173

答 (1) **while** (2) **as soon as** (3) **until** (4) **since** (5) **than**

全訳 (1) ティムは携帯電話会社で働いているときにナオコと会った。
(2) 小包を受け取り次第電話をください。
(3) 1945 年になってようやく戦争は終わった。
(4) 私は6年前に日本に来てからずっと名古屋に住んでいる。
(5) 彼は到着するとすぐに病気になった。

検討 (1) **while** 節の中の動詞はしばしば進行形になる。(2) you have received the package は未来のこと。時を表す副詞節の中では，未来(完了)を表すのに現在(完了)形を用いる。(3)〈**not ～ until[till] ...**〉「…して初めて～」。(4) 現在完了進行形。since ...「…からずっと～している」。(5)〈**no sooner ～ than**〉「～するとすぐに」。no sooner が文頭に出て主語と動詞が倒置することも多い。cf. **No sooner had I** said this than I felt ashamed. (このことを言ったとたん，私は恥ずかしくなった)

テスト対策

〈**not ～ until[till] ...**〉と〈**no sooner ～ than ...**〉は選択問題・並べかえ問題で頻出。典型的な例文を覚えて，応用力をつけるとよい。

174

答 (1) **As** (2) **so that** (3) **such** (4) **so**

全訳 (1) 彼女は何もすることがなかったので，ナオミに電話をかけた。
(2) 電車に乗り遅れないように早く出なさい。
(3) 鈴木先生は大変よい先生なので，生徒はみんな彼女が好きだ。
(4) 私は大変速く走ったので息が切れた。

検討 (1) 理由を表す as。(2)〈**so that ～ can / will ...**〉「～が…するように」。(3)〈**such a[an]**＋形容詞＋名詞＋**that ...**〉「とても～なので…」。(4)〈**so**＋形容詞＋**that ...**〉「とても～なので…」。

テスト対策

目的を表す〈**so that ～**〉，
結果を表す〈**so**＋形容詞・副詞＋**that ～**〉・〈**such**＋(**a[an]**)＋形容詞＋名詞＋**that ～**〉は並べかえ問題で頻出。
また，〈**so**＋形容詞＋(**a[an]**)＋名詞＋**that ～**〉の形で名詞を強めることもできる。
such の後には名詞, **so** の後には形容詞・副詞が来ることに注意。

175

答 (1) **unless** (2) **even if**
(3) **whether** (4) **No matter**
(5) **as long as** (6) **as**

全訳 (1) 式は雨が降らなければ屋外で開かれる。
(2) たとえ泣いて求めたとしても, 彼にキャンディーを買ってあげてはいけない。
(3) その知らせの真偽はほとんど問題にならない。
(4) どんなに一生懸命練習しても, あなたはプロのダンサーには決してなれないよ。
(5) 静かにしていればここにいてもいいですよ。
(6) 生徒たちが取りに戻って来るまで, 本はそのままにしておいてください。

検討 (1) **unless**「～しない限り」。
(2) **even if**「たとえ～でも」。
(3) it は形式主語で whether 以下が真の主語。cf. **Whether** it is large or small makes little difference.（それの大小はほとんど問題にならない） (4) **〈no matter how＋形容詞〉**「どんなに～であろうと」。
(5) **as long as**「～さえすれば」（条件）。
(6) **as**「～のように」（様態）

応用問題 ・・・・・・・・・・・・・・・・・・・ 本冊 *p. 118*

176

答 (1) c (2) b (3) a (4) c (5) d
(6) a (7) b (8) a (9) a (10) d

全訳 (1) 彼らはその問題が解けるまで努力をあきらめないだろう。
(2) 私たちは病気になって初めて健康に気を使い始める。
(3) 忘れるといけないので, 彼女の電話番号を書きとめた。
(4) 彼女は大変やさしいので, みんなから愛されている。
(5) その講義は大変よかったので, 講堂は満員だった。
(6) 太陽系は大変大きく見えるかもしれないが, 宇宙のほんのわずかな部分でしかない。
(7) 彼女はまだ 16 歳だが, 年のわりに大変成熟して見える。
(8) 妻は私がどんなに遅く帰っても, いつも起きて待っていてくれる。
(9) 我々が環境に気をつけ始めなければ, 多くの問題を将来の世代に残すことになるだろう。
(10) ファイルをバックアップしている限り, データは安全でしょう。

検討 (1) only は接続詞ではない。空所前後の英文の意味を考えて, 意味が通じる接続詞を選ぶ。(2) **〈It is not until[till] ～ that ...〉**「～になって初めて…」。空所の後の that に着目する。(3) **in case** ～「～に備えて」→「忘れるといけないので」。他の接続詞では意味が成立しない。(4)(5)「大変～なので…だ」の言い方は, 〈**so**＋形容詞・副詞＋**that ...**〉, 〈**so**＋形容詞＋(**a[an]**)＋名詞＋**that ...**〉, 〈**such** (**a[an]**)＋形容詞＋名詞＋**that ...**〉のいずれか。(4)は空所の直後が kind a girl という語順なので so。
(6) however, nevertheless には, このような形の接続詞の働きはない。**although** は though とほぼ同意だが, やや意味が強く形式的。また, even though とは言えるが, even although とは言えない。
(7) **because of** ～「～のために」, **in spite of** ～「～にもかかわらず」は前置詞句で直後には名詞相当語句が来る。even though は though を強めた表現。
(8) **no matter** に続くのは **how**, **where**, **when**, **what** などの疑問詞。**however = no matter how**, **whenever = no matter when** という関係が存在するので, however, whenever は no matter には続かない。 (9)「環境に気をつけ始める」「多くの問題を将来の世代に残す」の2つの文の意味の整合性をとれるような接続詞を選ぶ。
(10) **in case** ～「～するといけないので」。**so that** ～「～するように」（通例助動詞が文に含まれる)。**despite** ～「～にもかかわらず」= **in spite of** ～。前置詞で節は続かない。

177

答 (1) **so that she could relax in**
(2) **so popular that it is necessary to make**
(3) **such a good argument that no one even**
(4) **no matter how fast you drive**
(5) **are going to the beach unless it rains**
(6) **don't have to do as you are told**

検討 (1) 目的を表す接続詞〈**so that** ～ **can[will, may] ...**〉。(2) 結果を表す接続詞〈**so**＋形容詞＋**that ...**〉「とても～なので…」。(3) 結果を表す接続詞〈**such a [an]**＋形容詞＋名詞＋**that ...**〉「とても～なので…」。(4) 譲歩を表す接続詞。**no matter how** fast you drive = **however** fast you drive「どんなに速く運転しても」。(5) 条件を表す接続詞。(6) 様態を表す接続詞。

テスト対策
ここで扱われた接続詞は，文と文を結ぶ従属接続詞。接続詞で始まる節と主節の関係を，常識的な意味の整合性から判断する。

30 否定

基本問題 本冊 p. 121

178

答 (1) **hardly** (2) **seldom** (3) **rarely** (4) **scarcely** (5) **few** (6) **little**

全訳 (1) 彼女が1人で外国に行くなんてほとんど想像できない。
(2) 私たちは彼女が笑っているのをめったに見ませんね。
(3) 私はめったに朝食を抜かない。毎日必ず食べることにしている。
(4) お腹はすいていませんか。あなたは今日はほとんど食べていませんから。
(5) 彼が訪問したことのない国は，世界にはほとんどない。
(6) お金がほとんど残っていないので，海外旅行をキャンセルすることにした。

検討 (1) **hardly** は程度，**seldom** は頻度を表す。can imagine「想像できる」を修飾する語は程度。(2) seldom は準否定語なので，否定文の付加疑問文に準じる。
(3) **scarcely** は程度，**rarely** は頻度を表す。skip「食事を抜く」を修飾するのは頻度。
(4)「今日はほとんど食べていない」だから，程度を表す scarcely。(5) country は数えられる名詞。few countries ... never ～ は「～していない国はほとんどない」。二重否定は肯定の意味になる。= He has visited almost all the countries in the world.
(6) money は数えられない名詞なので little を用いる。

179-A

答 (1) 有名な作家によって書かれたからといって，その小説が常によいとは限らない。
(2) ジムは私たちのどちらかは行けるが，両方は行けない，と言った。
(3) みんなが日常の生活で車が必要というわけではない。
(4) 年を取るにつれて賢くなるとは限らない。
(5) インターネット上の情報が信頼できる，というのは必ずしも真実とは言えない。

検討 (1)〈**not always** ～〉「いつも～とは限らない」,〈**not ... just because** ～〉「～だからといって ... ではない」。(2)〈**not both** ～〉「両方とも～とは限らない」。
(3)〈**not everyone** ～〉「みんなが～とは限らない」。(4)〈**not necessarily** ～〉「必

ずしも～とは限らない」, as「～するにつれて」。
(5) quite, exactly, entirely, absolutely, completelyといった強調の副詞を否定すると，部分否定になる。

179-B

答 (1) **Not every one of them knew that this would be their last meal.**
(2) **He doesn't always feel sorry for himself.**
(3) **This story doesn't necessarily impress the students.**
(4) **I haven't done all the work.**

全訳 (1) これが彼らの最後の食事になるだろうとは，全員が知っていたわけではない。
(2) 彼はいつも自分のことを気の毒に思っているわけではない。
(3) この話は必ずしも生徒に感動を与えるわけではない。
(4) 私はすべての仕事をしたわけではない。

検討 (1) none → not every one (2) never → not always (3) always → not necessarily (4) not ～ at all → not all ～。解答の英文は全否定「私はすべての仕事をしていない」と解釈される場合もある。Not all the work has been done. とすれば部分否定であることがはっきりする。

180-A

答 (1) 私は健康に悪いからということだけで喫煙に反対しているわけではない。
(2) 私たちは多数決を受け入れるしかない。
(3) 彼は兄[弟]に対しての不平ばかり言っている。
(4) 他の人を傷つければ，必ず自分も傷つく。
(5) 私の母は決して嘘をつかない人だ［私の母は最も嘘をつきそうにない人だ］。
(6) 私は寝る前に必ず歯を磨く。

検討 (1)〈**not ～ because ...**〉「…だからといって～ない」。(2)〈**have no choice but to *do***〉「～するしかない」=〈have no other choice than to do〉=〈cannot [can't] help -ing〉。
(3)〈**nothing but ～**〉= **only** ～「～だけ」。(4)〈**never ～ without -ing**〉「…せずに～しない → ～すると必ず…する」。
(5)〈**the last ～ to ...**〉「最も…しそうにない～ → 決して…しない～」。
(6)〈**never fail to ～**〉「～しそこなうことはない → 必ず～する」

180-B

答 (1) **What** (2) **from** (3) **free** (4) **beyond** (5) **without**

全訳 (1) あなたの助言はいつも役に立たない。: あなたの助言の何が役に立つだろうか（まったく役に立たない)。
(2) 結果はまったく満足のいかないものだった。: 結果は満足とはほど遠かった。
(3) だれにでも欠点がある。: 欠点のない人はいない。
(4) 私は昨日の事故をどうすることもできなかった。: 昨日の事故は私の手には負えなかった。
(5) 彼女を見るときはいつも彼女の姉[妹]を思う。: 彼女を見ると必ず彼女の姉[妹]を思う。

検討 (1) 修辞疑問文 (2)〈**far from ～**〉「～にはほど遠い → 決して～ではない」=〈**anything but ～**〉。(3)〈**free from ～**〉「～がない」。(4)〈**beyond[outside] one's control**〉「手に負えない」。cf. in control「制御して」 (5) 180-A (4)に同じ。

応用問題 ……………… 本冊 *p. 122*

181

答 (1) **Nobody** (2) **far** (3) **nothing** (4) **beyond** (5) **fails**

全訳 (1) あなたの考えなんかどうでもよい。
(2) 私は料理がまったくだめだ。
(3) 真実だけを話してください。
(4) 田舎は言い表せないほど美しい。
(5) この物語は常に聴衆を感動させる。

検討 (1) 修辞疑問「だれがあなたが何を考えて

いるか気にかけるだろうか」→「気にかける人はいない」。No one でも表せるが，2語になるので不適。(2)「上手な料理人にはほど遠い → 料理が下手」。(3) only = nothing but (4) **beyond description**「言葉で表現できないほど」は強調の表現。
(5) always = never fail to。

テスト対策

否定の慣用表現は、同じ意味になる表現をセットで覚えること。
〈far from ～〉＝〈anything but ～〉
〈nothing but ～〉＝〈only ～〉
〈never fail to ～〉＝〈always〉など

182

答 (1) **don't think** (2) **few**
(3) **free** (4) **No** (5) **Not all**

検討 (1) 日本語では「～ではないと思う」という表現を，英語では〈**I don't think**＋肯定文〉とすることが多い。(2) few「(数えられる名詞)がほとんどない」。(3) free from「～がない」。(4)「～なしに…ない」→否定が2つ重なる二重否定の文。= A trip to India will not be complete unless you visit the Taj Mahal. = You must visit the Taj Mahal if you want to complete a trip to India. (5) 部分否定 = not every book, not all the books.

183

答 (1) **Anyone doesn't know → No one knows**
(2) **learn → learns**
(3) **few → little**
(4) **necessary → necessarily**

全訳 (1) 宇宙に生命があるかどうかだれも知らない。
(2) 私の新しい犬は何も学習しません。私にできることは何かありますか。
(3) 試験勉強の時間はほとんどない。
(4) 生徒たちは，なぜ自分たちが勉強しているかを必ずしも理解しているわけではない。

検討 (1)〈Anyone ... not〉という語順での否定はできない。(2) never は否定語であっても動詞の形は変えない。三単現の s が必要。(3) time は数えられない名詞なので，few は使えない。(4) necessary は形容詞なので副詞 necessarily に変える。not necessarily で「必ずしも～でない」。

テスト対策

few，little の使い分けは，修飾する名詞が数えられるか数えられないかによるが，名詞によっては紛らわしい場合もある。§19「名詞・冠詞」116 などで復習しておくとよい。

31 時制の一致・話法

基本問題 本冊 *p. 125*

184-A

答 (1) **I knew that it was hard to solve the problem.**
(2) **I knew that we would have to do something to deal with the problem.**
(3) **I knew that it had been caused by industrial waste.**
(4) **I knew that the war was over in 1918.**
(5) **I knew that people would be upset if they knew that fact.**

全訳 (1) その問題を解決するのが難しいことはわかっていた。
(2) その問題に対処するために私たちは何かしなければならないだろうとわかっていた。
(3) それは産業廃棄物によって引き起こされたとわかっていた。
(4) その戦争が1918年に終結したことは知っていた。

(5) 人々がその事実を知れば動揺するだろうとわかっていた。

検討 (1) is を過去形にする。(2) will を過去形にする。(3) was caused を過去完了形にする。(4) 歴史的事実なので時制はそのまま。(5) 仮定法なので時制はそのまま。

184-B

答 (1) **I thought the book would be read by many people.**
(2) **I thought the chemical was harmless to people.**
(3) **I thought the company had done something illegal.**
(4) **I thought if they hadn't started the project, this problem would not have been brought about.**
(5) **I thought the chemical had been causing various kinds of diseases.**

全訳 (1) その本は多くの人々に読まれるだろうと思った。
(2) その化学物質は人間には無害だと思った。
(3) その会社は何か違法なことをしたと思った。
(4) もしそのプロジェクトを始めなかったらこの問題は引き起こされなかっただろう，と思った。
(5) 私はその化学物質が様々な種類の病気を引き起こしていると考えた。

検討 (1) will を過去形にする。 (2) is を過去形にする。(3) did を過去完了形にする。
(4) 仮定法なので時制を変えない。
(5) 現在完了進行形は過去完了進行形にする。

185-A

答 (1) **said to, you**
(2) **won't, you**
(3) **Lisa has**
(4) **What did you**
(5) **Do you want**

全訳 (1) その女性は私に，「あなたにお会いできてうれしいです」と言った。
(2) 私はミナに，「あなたのことは何も他の人に話しません」と言った。
(3) 私は警官に，「リサはその店に行ったことはありません」と言った。
(4) 私はアレックスに，「あなたは何を話したのですか」と言った。
(5) ジョーンズ先生はユウコに，「あなたはその話し合いに参加したいですか」と言った。

検討 (1) 直接話法の内容が平叙文で，時制は過去。伝達動詞は said to を用いる。
(2) wouldn't を時制の一致で won't にする。
(3) 過去完了形を現在完了形にする。 (4) 間接話法で what を使っているので，what で始まる疑問文にする。 (5) 間接話法で if を使っているので，直接話法は疑問詞のない疑問文にする。

185-B

答 (1) **told, she had**
(2) **asked, if[whether], had been**
(3) **asked, to give**
(4) **told[advised, asked], to**
(5) **not to, she had**

全訳 (1) サラは警官に，その少年について聞いたことはないと言った。
(2) 私はジョシュに，集会にはたくさんの生徒がいたか聞いた。
(3) クリスは正直な意見を言うようにと私に頼んだ。
(4) 私は風邪をひいている。医師は寝ているようにと私に言った。
(5) ジョーンズ先生はユウコに，コメントを書かなければならないことを忘れないようにと言った。

検討 (1) 直接話法が現在完了形なので間接話法は過去完了形にする。 (2) 疑問文なので伝達動詞は ask。直接話法が過去形なので過去完了形にする。 (3) 依頼の文。please もあるので伝達動詞は tell より ask がよい。

(4) 命令文。医師の発言で強く言っているとすれば tell だが，advise，ask でもよい。
(5) 否定の命令文は〈**tell＋人＋not to ～**〉とする。

応用問題 ………………… 本冊 *p. 126*

186

答 (1) **told them to stay (there) and not to**
(2) **he wanted me to do that**
(3) **when I would leave[when to leave]**
(4) **she had met Tom the night before[the previous night]**
(5) **suggested to me that we (should) go**
(6) **how much I wanted to live**

検討 (1) 命令文が２つ。後半が否定文なので，to ... and not to とする。
(4)「前の晩」は the night before。the previous night でもよい。
(5) **Let's → 〈suggest[propose] (to 人)＋S＋(should)＋*do*〉**。(6) 直接話法は I said to him, "I want to live in the village very much." very much の部分を間接話法で表す場合は，「村に住みたい」を強調する表現にする。

187

答 (1) **if[whether] I had seen Daniel the day before[the previous day]**
(2) **Ai suggested to John, the following**
(3) **Let's wait**
(4) **what she thought of**
(5) **May you succeed / I wish you success**
(6) **if he hurried up**
(7) **Let's leave early**
(8) **having kept her waiting**
(9) **Would[Could, will] you start**
(10) **not to forget to mail**

全訳 (1) アリスは私に，前日ダニエルに会ったかどうかをたずねた。
(2) アイはジョンに，来週公園に行こうと言った。
(3) マークは私に，「もう 10 分待とう」と言った。
(4) コウジはメアリーに，その本についてどう思うか聞いた。
(5)「成功をお祈りします！」とニールは私に言った。
(6) 私は彼に，急げばバスに間に合うよと言った。
(7) 私は彼らに，「早く出よう」と言った。
(8) タイラーはアンナに，待たせたことを謝った。
(9) 中井さんは彼らに，「恐れ入りますがすぐに始めていただけますか」と言った。
(10) トムは私に手紙を出し忘れないように注意してくれた。

検討 (1) yesterday → the day before。疑問詞のない疑問文なので，接続詞は if / whether を用いる。時制は過去完了にする。
(2) next week → the following week
(3)〈propose that＋S＋ (should) *do*〉から勧誘の表現を用いる。他に Why don't we wait ～ / Shall we wait ～ / What do you say to waiting ～ / How about waiting ～ など多様な表現が考えられる。
(5)「成功を祈る！」の定型表現は「祈願・願望」の may を用いて〈**May＋主語＋動詞！**〉「～でありますように」。cf. May you be very happy! (ご多幸を祈ります)
(6) Hurry up, and you'll catch the bus. → If you hurry up, you'll catch the bus. 条件文なので時制の一致を受け，過去形にする。 (7) 伝達動詞が suggest「提案する」なので Let's ～ で始める。
(8)〈**apologize to＋人＋for -ing**〉「人に～したことで謝る」。
(9) request ～ politely「丁寧に依頼する」から，Would you / Could you ～? などを使う丁寧な依頼の表現を考える。Would

you mind starting at once? としてもよい。⑽〈**remind＋人＋(not) to do**〉「(人に)～する[しない]ことを思い出させる」。

テスト対策

直接話法→間接話法の書きかえでは，以下の点に留意する。

- 伝達動詞 **say** ～ は，発言の内容に応じて変える。
  平叙文：**tell**
  疑問文：**ask**
  命令文：〈**tell / order / ask / request** など＋to ～〉
  Let's ～ の文：**suggest**，**propose** など
- 接続詞も発言の内容に応じて変える。
  平叙文：**that**
  疑問詞のない疑問文：**if[whether]**
  疑問詞のある疑問文：〈**疑問詞＋S＋V** ～〉
  Let's ～ の文：〈**that＋we[they]＋(should)＋動詞の原形** ～〉

32 特殊な構文・無生物主語

基本問題 本冊 *p. 129*

188-A

答 (1) **So did** (2) **so is**
(3) **Neither do** (4) **neither are**

全訳 (1)「私はアデルの最新のアルバムを買ったばかりだよ」「僕もだよ」
(2) ティムはギターが上手だし，ジルもうまい。
(3)「ケイコはコーヒーが好きではない」「私もです」
(4) 彼らは頭がおかしいのでも，愚かなのでもない。

検討 (1)「私もです」。前の発言が肯定文で一般動詞の過去形 bought なので，So **did** とする。(2) 直前は be 動詞を用いた肯定文なので，so **is** とする。a good guitarist は名詞表現で Tim plays the guitar very well. と同じ意味。(3) 前の発言が否定文なので，neither を用いる。I が主語になるので，does ではなく do を用いる。(4) 前の発言が否定文なので neither を用いる。they が主語なので，neither are とする。

188-B

答 (1) **アンは私に嘘をついたばかりか，私のお金を盗もうとした。**
(2) **ユミはその知らせを聞いて驚いた。彼女は一言も話さなかった。**
(3) **この地域では嵐が 1 時間以上続くことはめったにない。**
(4) **その知らせを聞くとすぐ，ユキノは意識を失った。**

検討 (1) Not only が文頭に出て，did she tell と倒置している。= She not only told me a lie, but she tried to steal my money. (2) Not a word「一言も」と言葉が出ないことを強調。それが文頭に来て倒置になっている。= She didn't say even a word. (3) rarely は「めったに～ない」という準否定語。文頭に来ると倒置が起きる。last は動詞で「続く」。(4) No が文頭に来た倒置表現。慣用表現として扱われる。〈**no sooner ... than** ～〉＝〈**hardly / scarcely ... when / before** ～〉「…するとすぐに～」。**as soon as** の同意表現。

189-A

答 ① **It was Tom that[who] went to the amusement park with his family last summer.**
② **It was the amusement park that Tom went to with his family last summer.**
③ **It was with his family that Tom went to the amusement park last summer.**
④ **It was last summer that Tom went to the amusement**

park with his family.

全訳 (元の文) トムは家族と去年の夏にその遊園地に行った。

検討 強調構文は It is[was] と that を除いても意味が通じる。一方，形式主語の〈It is＋形容詞・名詞＋that ...〉の構文では it is[was] と that を除くと意味が成立しない。be 動詞は that 以下の時制に合わせる。強調するものが人の場合は who を，物の場合は which を用いることがある。

189-B

答 (1) **It was yesterday that Mary lost her bag.**
(2) **It was because of the storm that the trains were stopped.**
(3) **It was John that[who] took responsibility for the trouble.**
(4) **Who was it that won the US Open?**

全訳 (1) メアリーがかばんをなくしたのは昨日のことだった。
(2) 電車が止まったのは嵐のためだった。
(3) トラブルの責任を取ったのはジョンだった。
(4) 全米オープンで優勝したのはだれですか。

検討 (3) take responsibility for 〜「〜の責任を取る」 (4) 強調する部分を問う疑問文は〈**What[Who] is[was] it that 〜 ?**〉となる。

190

答 (1) **Marie's arrival**
(2) **sharp rise**
(3) **complete destruction**
(4) **his death**
(5) **was hot**

全訳 (1) マリエの到着時間を教えてください。
(2) 原油価格が急激に上昇している。
(3) 軍によってその建物は完全に破壊された。
(4) 彼の死後財産は分割された。
(5) 暑かったのでシャワーを浴びなければならなかった。

検討 (1) Marie will arrive を名詞句にする場合は主語を所有格に，動詞を名詞にする。arrive の名詞形は **arrival**。 (2)「動詞＋副詞」を名詞句にする場合は副詞を形容詞に，動詞を名詞にする。risen は rise の過去分詞で，rise の名詞形は同じ **rise**。
(3) destroy の名詞形は **destruction**。cf. 建設は costruction でその動詞形は construct。 (4) he を所有格に，die を名詞形 **death** にする。 (5) the heat を節にする場合は，「暑い」なので，温度を表すときの主語 it を用いる。

191

答 (1) 今日はなぜここに来ましたか。
(2) 駅から 30 分歩けば，有名な教会に行けます。
(3) 私は病気のためにパーティーに出席できなかった。
(4) どうして気持ちが変わったのですか。

検討 無生物が主語の英文では，主語を原因・理由などを表す副詞的語句に言いかえて訳すとよい。問題文はおおよそ次のような英文で表現できる。
(1) **Why** did you come here today?
(2) You can get to the famous church **if** you walk from the station for half an hour.
(3) I couldn't join the party **because** I was ill.
(4) **Why** did you change your mind?

応用問題 本冊 *p. 130*

192

答 (1) c (2) a (3) c (4) b

全訳 (1) いかなる状況でも，ここでは夜一人で外出すべきではない。
(2) 木々は木陰と美しい景観を提供してくれるだけでなく，二酸化炭素も減らしてくれる。
(3) ドアを開け放しにしたのはあなた自身で

はありませんか。
(4) 教授から手紙をもらうなんて夢にも思っていませんでした。

検討 (1) **under no circumstances** は「何があっても決して〜ない」という否定表現。文頭に来ると倒置が起きる。倒置の形になるのは should だけ。had better であれば，hadn't you better go となる。(2) **Not only** が文頭にあるので倒置になる。trees provide の倒置は do trees provide。
(3) **Wasn't it** の部分に着目。強調構文を予測する。that you should leave では you が2回登場し不可。不定詞を使う場合は Weren't you the one to leave the door open? となる。(4) **little** は「ほとんど〜ない」という準否定語。文頭に来ると倒置になる。

テスト対策
〈It is 〜 that ...〉 の強調構文は並べかえ問題で登場する他，**〈not A but B〉** と融合した **〈It is not A but B that ...〉** の構文が，英文解釈でも重要な表現。

193

答 (1) **had she seen his face when**
(2) **she realize what was going**
(3) **It was while I was in London that**
(4) **It's you who are giving way to**
(5) **discouraged them from going out**
(6) **A little reflection will show you**
(7) **photograph always reminds me of the trip to Switzerland I**
(8) **will enabled him to work till midnight**

検討 (1) **〈Hardly [Scarcely, Barely] had + S + 過去分詞 + when [before] ...〉** で「〜するとすぐ…」という表現になる。
(2) **only** は時を表す副詞の前につくと「〜してやっと」という意味。準否定語で倒置が起きる。(3) 日本語から強調構文を予想する。I first met him while I was in London. の while 以下を強調したもの。
(4) 日本語から強調構文を予想する。You are giving way to your feelings. give way to は「〜に屈する」の意味で，ここでは「感情に負ける」から「感情的になる」。
(5) 主語が The heat となっているので無生物主語を予想する。**〈discourage + O + from -ing〉**「人に〜をやめさせる」。= They were reluctant to go out because it was hot.
(6) A little reflection「少しの反省」を主語にする無生物主語の文。= If you reflect a little, you will learn that you have misunderstood me.
(7) 無生物主語の典型的な文。= When I see this photograph, I always remember the trip to Switzerland I took by myself.
(8) strong に続くのは名詞。will には「意志」という名詞の意味がある。**〈enable + O + to *do*〉** で「O が〜できるようにする」= He was able to work till midnight thanks to his strong will.

テスト対策
無生物主語は，話法と並んで英語の総合力が求められる。
無生物主語の英文は，まず直訳してから，目的語の「人」が主語になる日本語にし，さらにその日本語から英語にすると，2文連立の問題に対処できるようになる。

文法総仕上げ問題 1　本冊 *p. 132*

1

答　(1) c　(2) b　(3) c　(4) a　(5) b
(6) d　(7) a　(8) c　(9) d

全訳　(1) 彼女は大学卒業後，歯科医になりたいと思っている。
(2) この植物はお客さんが取りに戻って来るまで世話をする必要がある。
(3) サッカーファンは，警察官たちによって法律を守らされた。
(4) ホフマンさんは1日おきに，早朝にジョギングをすることにしている。
(5) 警察を呼んで盗まれた車を見つけてもらいなさい。
(6) 多くの顧客は，注文した商品を受け取っていないことに不平を言った。
(7) 彼はバス停で待っていた妻を乗せるために，車を止めた。
(8) 国によっては，物を頭に乗せて運んでいる人々に会う可能性がある。
(9) 滞在する場所を見つけられなかったので，彼らは昨晩車の中で寝なければならなかった。

検討　(1) 時・条件の副詞節で未来を表す（→ 6「現在形・過去形」）。(2) take care of ～「～の世話をする」の受動態は be taken care of となる。(3) 使役動詞〈**make＋O＋*do***〉の受動態は〈**O＋be 動詞＋made to *do***〉。原形不定詞の部分が to 不定詞になる（→ 11「受動態」注意すべき受動態）。(4) make it a rule to *do*「～することにしている」。it は形式目的語で，真の目的語は to 不定詞の部分（→ 13「不定詞の重要構文」）。(5)〈**S＋V＋O＋to *do***〉の構文。〈**get＋O＋to *do***〉は「**O に～してもらう / ～させる**」の意味で，〈**have＋O＋*do***〉とほぼ同じ意味（→ 13「不定詞の重要構文」）。(6) complain about ～は「～について不平を述べる」。about の目的語は名詞もしくは動名詞。動名詞の否定は動名詞の前に **not** をつける。= Many customers complained that they didn't receive the goods they had ordered.（→ 15「動名詞」）(7) 動詞が目的語になるときは不定詞か動名詞になる。**stop doing** は「～するのをやめる」。stop に不定詞が続く場合は，stop は「立ち止まる，中断する」という自動詞で，続く不定詞は副詞的用法の「～するために」となる（→ 15「動名詞」）。(8) 空所直前の people と直後の things の関係を考える。people carry things という能動の関係ならば現在分詞に，people are carried ならば過去分詞となる。ここでは，「人々が物を運ぶ」のだから現在分詞にする（→ 16「分詞」）。come across は「出会う」。(9) コンマの前後の関係を考える。コンマ以下は文なので，空所を含む部分は「接続詞＋文，不定詞，分詞」が考えられる。この条件に入るのは Being が省略されたと考える unable のみ。= Since they were unable to find a place to stay, ...（→ 17「分詞構文」）

2

答　(1) (c) **laid → lay**
(2) (c) **using → used**
(3) (a) **Writing → Written**
(4) (c) **a fast rate → a faster rate**
(5) (b) **in → on**

全訳　(1) 私は東京の騒音にどうしても慣れることができずに，最初の数週間は真夜中に目を覚まして横になっていた。
(2) その写真は，動物実験に使われるかわいそうなウサギを写している。
(3) この雑誌は簡単な英語ではっきりと注意深く書かれているので，私たちの生徒に推薦できる。
(4) 私たちは，世界が人類史上のどの時代よりも速いペースで変化していることを認識すべきだ。
(5) セオドア・ルーズベルトは1858年10月27日にニューヨーク市に生まれた，当地出身唯一の大統領だ。

検討　(1) laid は lay の過去形で「～を横たえる」の意味の他動詞。awake は「起きている」という形容詞なので，目的語になることはなく，自動詞の lie「横になる」を過去形にして，「目を覚まして横になる」という S＋V＋C の文構造にする（→ 2「文構造」）。
(2) a poor rabbit using ... だと「〜を使っているかわいそうなウサギ」となり不自然。a poor rabbit which is used for animal experiments と考え，using を過去分詞にする（→ 16「分詞」「名詞＋分詞」の形）。
(3) Writing ..., this magazine ... は分詞構文。分詞構文の部分が現在分詞で直前に何もなければ，this magazine is writing ... という関係が成立しなければならないが，これでは「この雑誌が書いている」となって不自然。Since it is written clearly and carefully in simple English, ... と同じ意味で，分詞構文の受動態にする（→ 17「分詞構文」）。(4) a fast の直後の than に着目する。than は比較級を導くので，fast を faster として，「どの時代よりも速いスピードで」となる。比較する部分は it（= the world）has changed の changed が省略されたもの。at any time「どの時代」と比較しても速く変化しているので，The world is changing at the fastest rate in human history. と同意の最上級の内容を表している（→ 21「比較（1）」）。
(5) 日付を表す前置詞は **on**（→ 27「前置詞」）。the only president born there は Theodore Roosevelt の同格。born there は president を修飾する過去分詞句。

3

答 (1) **note in case Henry comes here**
(2) **reached the station only to find that the express had**
(3) **you have to do is to tell Tom to leave**
(4) **seen someone causing others trouble**
(5) **walked too fast for us to keep up with**

検討 (1) **in case** 〜 は接続詞で「〜の場合に備えて」（→ 4「修飾語句－副詞節」→ 29「接続詞(2)」）。(2) reach は他動詞で「〜に到着する」。前置詞は不要（→ 2「文構造」**S＋V＋O**）。駅に着いたときにはすでに急行は出発していたので，過去完了形にする（→ 10「過去完了」）。**only to find** は不定詞の副詞的用法で「(〜したが)…だけだった」（→ 12「不定詞の用法」）。(3) 目的格の関係代名詞はしばしば省略されるので，All you have to do「あなたがしなければならないすべて」というつながりになる（→ 23「関係代名詞」）。全体は All is to do ... の S＋V＋C の文構造（→ 2「文構造」）。to で始まる語句が補語になっている（→ 12「不定詞の用法」）。
tell は〈**S＋V＋O＋**不定詞〉の語順を取り，「〜に…せよと言う」（→ 13「不定詞の重要構文」）。work は無冠詞で「職場，勤め」。cf. leave for work「勤めに行くために家を出る」(4) 分詞は O との関係で過去分詞，現在分詞になる（→ 16「分詞」**S＋V＋O＋**分詞**(C)**）。「(だれかが)他人に迷惑をかける」は (someone) causes others trouble なので see someone causing others trouble となる。〈**cause＋O**(人)**＋trouble**〉で「人に迷惑をかける」の S＋V＋O＋O の文構造。= cause trouble to others。(5) too 〜 to ...「あまりに〜なので…できない」。不定詞の意味上の主語を明示する場合は **too 〜 for __ to ...** となる（→ 13「不定詞の重要構文」）。

文法総仕上げ問題 2

本冊 p. 134

1

答　(1) a　(2) b　(3) d　(4) c　(5) a
(6) b　(7) c　(8) c　(9) c　(10) b

全訳　(1) 彼女がその難しい試験に合格したなんて本当だろうか。
(2) あなたは昨夜デービッドのパーティーに来るべきでした。あなたがいなくて寂しかったです。
(3) 家で DVD を見るのが好きな人もいれば，映画を見に出かけるほうが好きな人もいる。
(4) 社会が文明化すればするほど，暴力を使う人々を憎むようになる，ということを覚えておくことは重要だ。
(5) 東京のあの地区は，店とレストランで若者を引きつけている。
(6) 世界は飛行機の発明以前の世界ではない。
(7) デーブの電話番号を知っていたらすぐに電話をするのだが。
(8) 子供がこの錠剤を飲み込むことがあったら，すぐに医師に電話をしてください。
(9) その考えは大変すばらしいが，問題はそれが実行できるかどうかだ。
(10) あなたはレシートを持っていないので，購入品を交換することはできません。

検討　(1) can は疑問文で強い疑念を表す。「いったい～だろうか」(→ 18「助動詞」)。
(2) 〈**should**＋完了形〉「～すべきだったのに」，〈**must**＋完了形〉「～したにちがいない」，〈**would**＋完了形〉「～しただろう」。文脈から判断する (→ 18「助動詞」**助動詞＋完了形**)。(3)〈**some ～, others ...**〉は「～する人もいれば，…する人もいる」という相関的な表現 (→ 20「代名詞」)。(4)〈**the**＋比較級 ～，**the**＋比較級 **...**〉「～すればするほど，ますます…」。it (= the society) hates people (better, less, more, worse) と続き，hate「憎む」と比較級の関係から判断する。= As a society becomes more civilized, it hates people who use violence more. (→ 22「比較 (2)」**比較級の慣用表現**) (5) 選択肢から関係詞の問題だと判断できる。空所の前の名詞が先行詞。空所に続く文の欠けている要素が関係詞の働き。先行詞は place，空所の直後の attracts は動詞で「引きつける」なので主格の関係代名詞 **which / that** が入る (→ 23「関係代名詞」)。(6) what の慣用表現 **what it used to be**「昔のそれ(＝世界)」。選択肢はいずれも正解の可能性がある。that であれば，The fact is that ...「事実は～なのだ」といった文に，why ならば，That is why「そういうわけで」，when ならば The day is when ...「その日は～だ」など。いずれも～の部分は文として完結している必要があるが，it (= the world) used to be ... は不完全で補語にあたる部分が必要 (→ 23「関係代名詞」)。(7)〈**If**＋**S**＋過去形(**were**)～，**S**＋**would**[**could**, **might**]＋**V**〉「もし～であれば，…するのだが」。if で始まる文の問題では，if 節内，及び主節の時制に着目する。主節が would call となっているので，仮定法過去 (→ 25「仮定法」**仮定法過去**)。
(8) 選択肢から倒置を予測する。a child swallow「子供は飲み込む」から，were / were it not for は不可。主節が命令形なので，did も不可。= if a child swallow one of these pills「万一，子供が錠剤を飲んだら」。実現性がきわめて少ない場合 (→ 26「注意すべき仮定法」**if ～ に代わる表現・倒置による if の省略**)。(9) 従属接続詞 **whether or not**「～であるかないか」。空所直後の or not に着目する。carry out は「実行する」(→ 28「接続詞 (1)」)。
(10) 選択肢は despite「～にもかかわらず」(前置詞)を除きすべて接続詞。接続詞の問題では，空所を含む節と主節の意味の整合性から判断する (→ 29「接続詞 (2)」**理由・目的・結果を表す接続詞**)。

2

答　(1) **is rich enough**
(2) **Because**[**Since**, **As**]　(3) **less**

(4) **superior** (5) **reminds, of**

全訳 (1) ヨウコはあのグランドピアノが買えるくらい裕福だ。

(2) この報告書は急いで書かれたので，完璧にはほど遠い。

(3) 私はあなたほどお金を使わなかった。

(4) その新型車は走っているどの車より優れている。

(5) この音楽を聞くと，いつも中学時代のことを思い出す。

検討 (1)〈**～ enough to ...**〉「…できるほど～だ」(→ 13「不定詞の重要構文」)。

(2) 完了形〈**having**+過去分詞〉で始まる分詞構文。分詞構文の意味は時，理由，付帯状況，条件，譲歩。分詞構文の部分と主節の意味の関係から判断する (→ 17「分詞構文」)。理由を示す接続詞は because, since, as。

(3) **less** は程度が低いことを表す場合に用いる (→ 21「比較 (1)」)。(4)〈**superior to ～**〉「～より優れている」。比較の対象を示す語に **than** ではなく **to** を用いる (→ 21「比較 (1)」)。(5)〈**S+reminds+人+of ～**〉「**S** は人に～を思い出させる」。物が主語で，人が目的語の無生物主語の構文 (→ 32「特殊な構文・無生物主語」)。

3

答 (1) **left the engine running while checking it**

(2) **three times as much money as I do**

(3) **who lives in Kyushu bought me a piano**

(4) **it had not been for her help**

(5) **people are advised not to drive unless**

検討 (1)〈**leave+O+C**〉「**O** を **C** の状態にしておく」(→ 16「分詞」**S+V+O+分詞**)。副詞節中の〈S+be 動詞〉は主語が主節の主語と同じ場合は省略できる。= while they are checking ... (→ 32「特殊な構文・無生物主語」) (2)〈__ **times as ～ as ...**〉「…の一倍～」(→ 22「比較 (2)」**as ～ as の慣用表現**)。(3) who の先行詞は My aunt (→ 23「関係代名詞」)。(4) if it had not been for ～「もし～がなかったら」(→ 26「注意すべき仮定法」仮定法を含む慣用表現)。

(5)〈advise＋人＋not to *do*〉は「人に～しないように助言する」。この受動態は be advised not to *do* となる (→ 13「不定詞の重要構文」)。cf. people are not advised to drive「人々は運転するようにとは助言を受けていない」。not の位置に注意。

unless (= if ～ not) は「～しない限り」(→ 29「接続詞 (2)」条件・譲歩などを表す接続詞)。